全国医药中等职业技术学校教材

# 药品购销实务

全国医药职业技术教育研究会　组织编写

张　蕾　主编　　吴阊云　主审

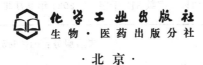

化学工业出版社

生物·医药出版分社

·北京·

**图书在版编目（CIP）数据**

药品购销实务/张蕾主编. —北京：化学工业出版社，
2006.3（2022.9 重印）
全国医药中等职业技术学校教材
ISBN 978-7-5025-8387-3

Ⅰ.药…　Ⅱ.张…　Ⅲ.药品-购销-专业学校-教材
Ⅳ.F763

中国版本图书馆 CIP 数据核字（2006）第 020657 号

责任编辑：陈燕杰　余晓捷　孙小芳　　　　文字编辑：赵爱萍
责任校对：郑　捷　　　　　　　　　　　　装帧设计：关　飞

出版发行：化学工业出版社　生物·医药出版分社（北京市东城区青年湖南街13号　邮政编码100011）
印　　装：涿州市般润文化传播有限公司
787mm×1092mm　1/16　印张13¼　字数312千字　　2022年9月北京第1版第12次印刷

购书咨询：010-64518888　　　　　　　　　售后服务：010-64518899
网　　址：http://www.cip.com.cn
凡购买本书，如有缺损质量问题，本社销售中心负责调换。

定　　价：38.00元

# 《药品购销实务》编审人员

主　　编　　张　蕾（北京市医药器械学校）

主　　审　　吴阎云（国家食品药品监督管理局执业药师资格
　　　　　　　　　　认证中心）

副 主 编　　姚　虹（上海市医药学校）

编写人员　（按姓氏笔画排序）

孙　宇（北京市医药器械学校）

沈　翎（北京市医药器械学校）

宋延青（北京市医药器械学校）

张　蕾（北京市医药器械学校）

张俊玲（山东中医药高级技工学校）

金华荣（湖北省医药学校）

赵宝丽（杭州市高级技工学校）

姚　虹（上海市医药学校）

徐　娟（北京市医药器械学校）

# 全国医药职业技术教育研究会委员名单

会　长　苏怀德　国家食品药品监督管理局

副会长　（按姓氏笔画排序）

　　　　王书林　成都中医药大学峨眉学院
　　　　严　振　广东化工制药职业技术学院
　　　　陆国民　上海市医药学校
　　　　周晓明　山西生物应用职业技术学院
　　　　缪立德　湖北省医药学校

委　员　（按姓氏笔画排序）

　　　　马孔琛　沈阳药科大学高等职业技术学院
　　　　王吉东　江苏省徐州医药高等职业学校
　　　　王自勇　浙江医药高等专科学校
　　　　左淑芬　河南中医学院药学高职部
　　　　白　钢　苏州市医药职工中等专业学校
　　　　刘效昌　广州市医药中等专业学校
　　　　闫丽霞　天津生物工程职业技术学院
　　　　阳　欢　江西中医学院大专部
　　　　李元富　山东中医药高级技工学校
　　　　张希斌　黑龙江省医药职工中等专业学校
　　　　林锦兴　山东省医药学校
　　　　罗以密　上海医药职工大学
　　　　钱家骏　北京市中医药学校
　　　　黄跃进　江苏省连云港中医药高等职业技术学校
　　　　黄庶亮　福建食品药品职业技术学院
　　　　黄新启　江西中医学院高等职业技术学院
　　　　彭　敏　重庆市医药技工学校
　　　　彭　毅　长沙市医药中等专业学校
　　　　谭骁彧　湖南生物机电职业技术学院药学部

秘书长　（按姓氏笔画排序）

　　　　刘　佳　成都中医药大学峨眉学院
　　　　谢淑俊　北京市高新职业技术学院

# 全国医药中等职业技术教育教材
# 建设委员会委员名单

# 前　　言

半个世纪以来，我国中等医药职业技术教育一直按中等专业教育（简称为中专）和中等技术教育（简称为中技）分别进行。自 20 世纪 90 年代起，国家教育部倡导同一层次的同类教育求同存异。因此，全国医药中等职业技术教育教材建设委员会在原各自教材建设委员会的基础上合并组建，并在全国医药职业技术教育研究会的组织领导下，专门负责医药中职教材建设工作。

鉴于几十年来全国医药中等职业技术教育一直未形成自身的规范化教材，原国家医药管理局科技教育司应各医药院校的要求，履行其指导全国药学教育、为全国药学教育服务的职责，于 20 世纪 80 年代中期开始出面组织各校联合编写中职教材。先后组织出版了全国医药中等职业技术教育系列教材 60 余种，基本上满足了各校对医药中职教材的需求。

为进一步推动全国教育管理体制和教学改革，使人才培养更加适应社会主义建设之需，自 20 世纪 90 年代末，中央提倡大力发展职业技术教育，包括中等职业技术教育。据此，自 2000 年起，全国医药职业技术教育研究会组织开展了教学改革交流研讨活动，教材建设更是其中的重要活动内容之一。

几年来，在全国医药职业技术教育研究会的组织协调下，各医药职业技术院校认真学习有关方针政策，齐心协力，已取得丰硕成果。各校一致认为，中等职业技术教育应定位于培养拥护党的基本路线，适应生产、管理、服务第一线需要的德、智、体、美各方面全面发展的技术应用型人才。专业设置必须紧密结合地方经济和社会发展需要，根据市场对各类人才的需求和学校的办学条件，有针对性地调整和设置专业。在课程体系和教学内容方面则要突出职业技术特点，注意实践技能的培养，加强针对性和实用性，基础知识和基本理论以必需够用为度，以讲清概念，强化应用为教学重点。各校先后学习了《中华人民共和国职业分类大典》及医药行业工人技术等级标准等有关职业分类、岗位群及岗位要求的具体规定，并且组织师生深入实际，广泛调研市场的需求和有关职业岗位群对各类从业人员素质、技能、知识等方面的基本要求，针对特定的职业岗位群，设立专业，确定人才培养规格和素质、技能、知识结构，建立技术考核标准、课程标准和课程体系，最后具体编制为专业教学计划以开展教学活动。教材是教学活动中必须使用的基本材料，也是各校办学的必需材料。因此研究会首先组织各学校按国家专业设置要求制订专业教学计划、技术考核标准和课程标准。在完成专业教学计划、技术考核标准和课程标准的制订后，以此作为依据，及时开展了医药中职教材建设的研讨和有组织的编写活动。由于专业教学计划、技术考核标准和课程标准都是从现实职业岗位群的实际需要中归纳出来的，因而研究会组织的教材编写活动就形成了以下特点。

1. 教材内容的范围和深度与相应职业岗位群的要求紧密挂钩，以收录现行适用、成熟规范的现代技术和管理知识为主。因此其实践性、应用性较强，突破了传统教材以理论知识为主的局限，突出了职业技能特点。

2. 教材编写人员尽量以产学结合的方式选聘，使其各展所长、互相学习，从而有效地克服了内容脱离实际工作的弊端。

3. 实行主审制，每种教材均邀请精通该专业业务的专家担任主审，以确保业务内容正确无误。

4. 按模块化组织教材体系，各教材之间相互衔接较好，且具有一定的可裁减性和可拼接性。一个专业的全套教材既可以圆满地完成专业教学任务，又可以根据不同的培养目标和地区特点，或市场需求变化供相近专业选用，甚至适应不同层次教学之需。

本套教材主要是针对医药中职教育而组织编写的，它既适用于医药中专、医药技校、职工中专等不同类型教学之需，同时因为中等职业教育主要培养技术操作型人才，所以本套教材也适合于同类岗位群的在职员工培训之用。

现已编写出版的各种医药中职教材虽然由于种种主客观因素的限制仍留有诸多遗憾，上述特点在各种教材中体现的程度也参差不齐，但与传统学科型教材相比毕竟前进了一步。紧扣社会职业需求，以实用技术为主，产学结合，这是医药教材编写上的重大转变。今后的任务是在使用中加以检验，听取各方面的意见及时修订并继续开发新教材以促进其与时俱进、臻于完善。

愿使用本系列教材的每位教师、学生、读者收获丰硕！愿全国医药事业不断发展！

全国医药职业技术教育研究会
2005 年 6 月

# 编 写 说 明

本书是在全国医药职业技术教育研究会的组织下，根据社会对医药中等职业人才的需求和医药中等职业学校的医药商品营销专业人才培养目标和专业教学计划，由医药中等职业学校的专业教师分工编写。

针对医药商品营销专业的特点和医药市场的最新发展趋势，本书依据中华人民共和国劳动和社会保障部《医药商品购销员》中级职业标准，本着"必需"、"实用"的原则组织内容，有很强的可操作性。

本书可作为全国医药中等职业学校医药商品营销专业的专业课教材，与《医药市场营销学》、《药事法规》、《医药职业道德》等教材配套使用，也可作为医药经营行业的职业培训教材和医药公司、零售药店、医院药学技术人员的参考书。

全书采用模块教学，共分六个模块，十一章，每章都含有学习目标和实践练习部分，突出了职业教育培养应用型专门人才的特色。

本书由张蕾担任主编，拟订编写提纲和教学大纲，进行全书的汇总修订，并负责编写第一章和第十一章；姚虹担任副主编，负责编写第三章、第六章和第九章；孙宇负责编写第二章、第四章的前五节和第七节；赵宝丽负责编写第五章前三节和第九节相关内容；张俊玲负责编写第五章后五节相关内容；宋延青负责编写第四章第六节和第五章中成药学部分；金华荣负责编写第八章；徐娟、沈翎负责编写第七章和第十章；吴阎云主任审阅全书，并提出许多宝贵意见。

本书在编写过程中得到了国家食品药品监督管理局执业药师资格认证中心和全国部分医药经营公司的大力支持，众多医药经营行业专家对本书的编写提供了众多方便和宝贵建议，北京市医药器械学校谢淑俊校长也为本书提供了很多宝贵建议，在此一并致谢。

由于时间紧，编写任务重，加之我们的水平有限，不足之处在所难免，望广大读者批评指正。

编　者

2006 年 1 月

# 目　　录

## 模块一　基础知识

# 模块二 药学知识

## 模块三 医药商品购销

# 模块一 基础知识

# 第一章 绪 论

## 【学习目标】

通过本章的学习，学生应达到以下要求。

- 了解药品市场的发展概况。
- 了解药品购销的含义。
- 熟悉药品购销的任务。
- 熟悉药品经营企业的两重性。
- 掌握药品的概念。
- 掌握药品的特殊性。
- 掌握医药商品购销员的职业素质要求，并在整个学习中贯彻此思想。

## 第一节 药品的概念及特殊性

### 一、药品的定义与名称

药品是人类生活中不可缺少的消费品，是人民生命健康的保障，不同时代、不同国家，药品具有不同的内涵。

1. 药品的定义

《中华人民共和国药品管理法》对药品做出如下定义："药品是指用于预防、治疗、诊断人的疾病，有目的地调节人的生理机能，并规定有适应证或者功能主治、用法用量的物质，包括中药材、中药饮片、中成药、化学原料药及其制剂、抗生素、生化药品、放射性药品、血清、疫苗、血液制品和诊断药品等。"此定义主要包括以下含义。

① 明确规定药品使用目的是用于预防、治疗、诊断人的疾病，有目的地调节人的生理机能，这是区别药品与保健品、食品、毒品、化妆品的基本点。

② 明确规定药品包括传统药和现代药（即中药和西药）。

③ 明确规定药品是人用药品，不包括农药和兽药。

④ 明确规定药品的范围包括中药材、中药饮片、中成药、化学原料药及其制剂、抗生素、生化药品、放射性药品、血清、疫苗、血液制品和诊断药品等。

世界各国根据各自的国情、用药习惯以及药品管理体制的需要，对药品有不同的定义。

2. 药品的名称

（1）通用名称和商品名称 药品的通用名称，又称药品法定名称，指列入国家药品标准的药品名称。已经作为药品的通用名称的，该名称不得作为药品的商标使用。药品的通用名称在药品标签、说明书、内外包装、广告中均应标明或注明。药品的商品名称是指经工商行政管理部门批准注册成为该药品的专用商品名称、受到法律保护的药品名称。药品的商品名称应当符合国家食品药品监督管理局的规定，并经国家食品药品监督管理局批准方可印在药品的包装、标签、说明书上使用。药品的商品名称不得与通用名称同行书写，其字体和颜色不得比通用名称更突出和显著，其字体以单字面积计不得大于通用名称所用字体的二分之一。

（2）化学药品名称与中药名称　化学药品的名称一般包括商品名称、通用名称、化学名称、英文名称、汉语拼音名称；中药材的名称包括法定中文名称、汉语拼音名称、拉丁名称；中药制剂的名称包括法定中文名称、汉语拼音名称。

（3）曾用名　指原实行地方标准时采用的名称，因不符合命名原则等原因，名称有所改变，可以在说明书上增加一项"曾用名"，便于使用者了解。"曾用名"于 2005 年 1 月 1 日起停止使用。

## 二、药品的特殊性

药品是一种能满足人们防病治病需要的特殊商品。其特殊性表现在医药商品具有防治作用和不良反应的两重性、防病治病的专属性、合理用药的时效性、质量控制的严格性。

**1. 药品作用的两重性**

药品具有防治作用和不良反应两重性，即药品在发挥预防、治疗、调解人体某项病理生理机能的过程中同时也会影响其他功能，可能产生不同程度的不良反应。管理有方、用之得当可以治病救人；失之管理、用之不当可以造成严重的后果，甚至可以危及生命。

据 WTO 统计，20 世纪 90 年代用药不当造成死亡人数超过由传染病所致的 10 倍。所以，在宣传、使用药品时，一定要强调药品的两重性，使人们能真正正确有效地使用药品，发挥其应有的作用，保障人民身体健康。

**2. 药品的安全有效性**

只有合理正确使用药品，才能发挥药品的防病治病的目的。药品的正确合理使用一般都必须依靠具备专门医学或药学理论知识的执业医师、执业药师指导。药品不像一般商品，彼此之间不可以相互代替。药品也不能当作补品长期食用。药品滥用很可能造成中毒或产生药源性疾病。据文献报道，美国现住院病人中有 1/7 是由于用药不当而住院的；据世界卫生组织统计，全世界死亡的病人中，有 1/3 是死于用药不当。

**3. 药品质量的重要性**

药品是治病救人的物质，其质量的优劣与公众的生命健康息息相关。质量合格的药品可以挽救人的生命，增进人的健康；质量不合格的药品会延误治疗或因毒副作用损害人的健康甚至危及人的生命。

药品的纯度、稳定性、均一性与药品的使用价值密切相关，杂质、异物混入药品，可能出现异常生理现象、毒副作用，直至是中毒。药品的物理、化学、生物药剂学、安全性、有效性、稳定性、均一性等质量指标均必须符合国家药品标准的规定。法定的国家药品标准是判断和保证药品质量的标准，是划分药品合格与否的唯一依据。只有达到国家药品标准的药品，才能进入流通渠道，才能确保发挥其疗效。

**4. 药品的时限性**

人们只有防病治病时才需用药，一旦需要必须及时保证供应。尤其在解毒、急救、灾情、疫情、战争等紧急情况需要药品时，能否及时提供足够的药品关系到一个人甚至成千上万人的生死存亡。药品生产、经营部门平时就应有适量的药品储备，特别是急救药品；有些药品虽然需用量少、无利润可言，也必须适量贮存，保证供应。

药品都有有效期，即在一定的贮存条件下，能够保证药品质量的期限。超过有效期的药品即劣药，不能再流通和使用。

所以药品生产、经营部门一定要适量储备药品，既能保证药品的及时供应，又要防止出现药品因积压过期造成浪费。

5. 药品等级的一致性

一般商品往往多有等级之分，所谓一等品、二等品、等外品等，甚至残次品也可以降价销售，但药品只有合格与不合格之分，凡不合格的药品绝不能出厂、销售和使用，否则就是违法。

6. 药品监督管理的科学性

药品监督管理的科学性表现在药品生产和经营企业必须经有关行政部门认可。药品的质量是否合格只能由药品检验机构的药学专业技术人员利用其具备的药学及其相关法律知识来判断，对于药品内在质量是否合格的判断必须借助专门的检验方法和检验仪器依照国家药品标准进行检验。药品在生产、流通过程中，始终受到国家药品监督管理部门的监督管理，必须符合国家药品管理法规定，具有严格的科学性。

7. 消费者低选择性

在药品销售和使用中，消费者、销售者和指导用药这三者的关系特殊。由于诊断、治疗用药需要高深的医学和药学理论知识，公众一般都不可能自行诊断疾病、选择使用药品，选择权集中在执业医师和执业药师手中。

为了保证公众用药安全、有效，《药品管理法实施条例》严格规定处方药必须凭医师处方购买、零售和使用。所以，对于处方药来说，消费者无选择权。对于非处方药来说，《药品管理法实施条例》虽规定非处方药可不凭医师处方，由消费者自行选择购买和使用，但大部分消费者仍在咨询医生或药师以后购买，特别是甲类非处方药。

总体来说，药品属于消费者选择性较低的特殊商品。

# 第二节　药品经营企业的性质和任务

## 一、药品经营企业开办的条件

《中华人民共和国药品管理法》第十五条规定，开办药品经营企业必须具备以下条件：

① 具有依法经过资格认定的药学技术人员；

② 具有与所经营药品相适应的营业场所、设备、仓储设施、卫生环境；

③ 具有与所经营药品相适应的质量管理机构或者质量管理人员；

④ 具有保证所经营药品质量的规章制度。

以上从四个方面原则性地规定了开办药品经营企业的条件，其中"依法经过资格认定"的药学技术人员是指依照国家有关规定、取得执业药师资格、具有药品经营所需的专业技术知识的人员。

## 二、药品经营企业的性质

医药行业既是我国社会主义的经济事业，又是人民的保健福利事业，因此医药经营企业具有经济事业和福利事业的两重性。医药产品的商品性决定了医药行业的本质是经济事业。在市场经济体制下，同样受经济规律的支配。但是，药品又是人们防病治病、康复保健的特殊商品。《中共中央、国务院关于卫生改革与发展的决定》中明确指出，我国卫生事业是政府带有一定福利政策的社会公益事业。它担负着保障各族人民身体健康的光荣使命，这说明医药行业又不同于一般的经济行业，其实现商品交换的目的与一般商品有区别。如《中华人民共和国药品管理法》规定，国家实行药品储备制度，以解决重大灾情、重大疫情及其他突发性事件时用药。当出现紧急情况时，要不惜一切代价确保供应。这就要求医药行业要树立面向社会的整体观念，把社会效益和经济效益有机地结合起来。

## 三、药品购销的含义和任务

药品作为一种特殊商品，具有保障人民生命健康的作用。在医药经营过程中，一切活动的目的是为人民提供安全有效的药品，满足人民防病治病的需要。医药行业最根本的宗旨是为人民健康服务。药品购销活动中要始终贯彻这一宗旨。

1. 药品购销的含义

所谓药品购销应该包括两层含义：一是药品购进，二是药品销售。

2. 药品购销的任务

从合格的医药生产企业或医药经营企业购进合格药品，同时保证销售给医院、药店和患者的药品符合规定。

3. 医药商品购销员的职业素质要求

① 热爱医药事业，全心全意为人民的健康服务。

② 救死扶伤，实行革命的人道主义。

③ 以病人为中心，提供安全、有效、经济、合理的药品。

④ 充分体现社会主义医药职业道德的四个"第一"，即"安全第一，质量第一，时限第一，人民健康利益第一"的原则。

# 第三节　药品市场的发展概况

## 一、药品市场的特点

1. 药品市场需求弹性较大

药品市场交易的品种繁多，既有中药，又有西药，既有国产药，又有进口药，品种、规格、质量、价格非常复杂。同一品种，可能同时有多家制药企业生产，即药品的通用名称相同，商品名不同，有的品种在功能上可能相互替代等，这些因素决定了药品市场的需求弹性较大，即药品价格的变化对该药的需求变化影响较大。

2. 药品市场需求的多样化和差异性

从药品需求者的消费习惯来看，由于消费者之间存在民族、居住地区、受教育程度、用药习惯等明显差异，因而药品市场的购买差异大，消费层次多。同时，随着社会生产力的提高和国际化倾向的日益增强，药品市场的流动性不断加强，药品需求结构总是不断地在动态发展中融合、变化。

3. 药品市场被动消费现象突出

购药者不一定是消费者，消费者又大多没有选择用药品种、产地等的权利，因此药品市场一般不是主动消费而是被动消费。

4. 药品市场专业性强

药品作为特殊的商品，关系到人民群众的身体健康，药品市场具有较强的专业性，如我国政府规定麻醉药品不准在市场上交易、在中药材专业市场上不准交易其他药品等，因此药品交易受到一定的限制和制约。

5. 药品市场竞争激烈

由于药品种类繁多、药源充足（少数品种例外），因而竞争激烈。需求者选择的余地较大，这就促使消费者对药品的质量、功效、价格等指标进行认真比较。

6. 新产品层出不穷，引导市场

随着科学技术的不断进步，新的产品不断涌现，引导药品市场。

7. 广告媒体影响市场

消费者不可能全面、及时地了解药品的特性，因而其消费行为常受广告和其他媒体的影响。

8. 药品市场分散，销售时间受到限制

从药品交易的规模和方式看，成交数量可多可少，市场层次可高可低，药品采购者往往不是最后的消费者。同时，药品都有明确的有效期规定，在此时限内，药品必须被消费完，否则一律报废。这促使医药企业必须在尽可能短的时间内把自己的产品销售出去，否则将遭受经济损失。

## 二、影响药品市场的因素

伴随着国民经济协调发展，我国医药总体将继续保持良好发展态势。与医药市场关系较密切的因素如下。

1. 宏观经济环境对药品市场的影响

随着我国经济的飞速发展和居民人均收入的稳步提高，有利于药品市场的总体份额增长。尤其是人口老龄化进程加速，全球经济进一步好转，对我国药品出口十分有利。

2. 医疗体制改革对药品市场的影响

医疗保险的全面实施对公费医疗造成的医院用药水平过高将起到一定的遏制作用，但由于其覆盖面扩大（从原实施公费医疗的 1.6 亿人扩大至参加社会医疗保险的 3 亿人），会抵消部分低用药水平所带来的需求萎缩因素。医院医药分开核算、分别管理的改革对医院用药的增减影响并不明显，因此对医药市场影响不大。

3. 零售药业格局改变对药品市场的影响

国家鼓励零售企业跨地区连锁经营，其结果必然是零售网络广为覆盖，服务水平提高，药品零售市场规模将随之迅速扩张。农村市场有可能通过零售连锁成为未来医药市场新的经济增长点。

4. 药品价格管理对药品市场的影响

2000 年 7 月国家计委出台的《关于改革药品价格管理的意见》的核心是"管放结合"，

管住医疗保险目录药品价格（甲类由国家计委定价，乙类由省级价格主管部门定价），放开目录外药品价格，由市场调节。这样一来，药品价格的升降主要靠市场因素决定，更符合市场经济的客观规律。

5. 购买药品招标政策对药品市场的影响

招标购药工作进一步深入开展，客观上对医药商业传统的销售模式产生了一定的冲击，加剧了医药商业的竞争。

6. 电子商务对药品市场的影响

2000 年起在国内医药市场上大做宣传的电子商务网站已有十几家。但鉴于支持网上交易的"物流、资金流、信息流"（特别是资金流）三大要素在我国现阶段还不成熟，预计医药电子商务近期不会掀起太大的波澜。

7. "入世"带来新的重组热潮

加入 WTO 对我国医药市场带来强烈的冲击。专家分析认为，降低药品进口关税、大型医疗器械取消管制对医药市场影响不大；开放药品分销服务对医药市场影响较大，因为这意味着封闭多年的医药商业将受到国外企业的冲击，对于经营企业多、小、散、市场开发能力弱的我国医药商业来说，将面临严峻的考验。为适应新形势的要求，我国医药行业（特别是医药经营企业）将会采取积极措施，通过资产重组、工商联合等方式组建新的大企业集团，争创新的竞争优势。重组、兼并、产供销一体化将成为医药市场上的一大热点。

## 三、药品市场未来发展趋势

1. 经济全球化，外资及国外企业进入国内

医药是高技术、高风险、高投入、高回报的产业，一直是发达国家竞争的焦点，随着经济全球化的发展，跨国公司为了增强国际竞争力，通过大规模的联合与兼并和国际资本市场运作，建立全球性的生产与销售网络，扩大市场份额。国内市场国际化和知识产权保护更加严格，世界范围的经济结构调整使印度等发展中国家成为我国药品市场强劲的竞争对手。

另外，药品零售市场的增长，已引起了外资企业的高度重视，外资、国外药品零售集团抢占中国药品零售市场阵地的趋势逐渐形成。如德国默克 2003 年 9 月宣布启动其中国市场的 OTC 项目；罗氏将中国纳入 OTC 全球 10 大核心国家之一，计划今后 5 年在中国的 OTC 销售年增长 50%，到 2008 年达到 10 亿元规模；2004 年 4 月，诺华公司整合旗下的"扶他林"系列品牌，标志着诺华公司将发展中国 OTC 市场。

专家预测，随着 2003 年和 2004 年各外企纷纷启动并预热 OTC 市场，中国 OTC 市场将出现一大批新的大品牌，并很有可能迎来一场 OTC 市场大战。

2. 现代生物技术飞速发展

现代生物技术的飞速发展将对医药工业产生革命性影响，对疑难疾病认识的深化、众多新型生物技术药物的问世、用生物技术改造传统产业等都将极大地改变医药工业的面貌。世界发达国家利用资金、技术、市场上的优势实施垄断，我国医药行业将在生物技术领域同发达国家展开新一轮的竞争。

3. 天然药物热潮涌起

随着回归自然潮流的涌起，国际市场对天然药物的需求量日益增加。目前世界植物制品销售额近 300 亿美元，其中天然药物销售额已达 160 亿美元，并以每年 10% 的速度递增。为此，各国竞相采用现代技术研究开发传统医药，抢占国际天然药物市场。这为我国中药开

拓国际市场提供了机遇。

　　4. 药品分类管理制度的实施影响药品市场格局的变化

　　随着我国处方药和非处方药制度的实施及进一步完善，零售药品市场将进一步扩大，"十五"期间年均约增长 15％左右。

　　5. 医疗保险制度改革推进药品市场的发展

　　"十五"期间我国城镇职工基本医疗保险制度改革全面展开，这一制度的基本原则是"低水平、广覆盖"。它的实施，一方面将扩大医疗保险人群范围；另一方面调整不合理的医药消费，抑制价格昂贵的进口药品及大型医疗设备的使用，促进价格低廉、疗效确切的国产普药的使用。医疗保险制度改革总体上会促进医药产品的消费，从而拉动医药经济的增长。

　　另外，农村合作医疗制度的建立和完善、农村三级卫生预防网的加强、农民收入的提高，为医药市场创造了发展空间。"十五"期间，农村药品消费需求已成为医药市场主要增长点。

　　6. 零售连锁药店将成为药品零售业的主流

　　药品零售企业采用连锁经营的方式，药品通过物流中心统一采购、统一配送，严把质量关，降低成本，刺激药品消费市场的发展，真正形成小病去药店，大病去医院的用药格局。

## 【习　题】

　　1. 药品的定义是什么？

　　2. 药品具有哪些特殊性？

　　3. 药品的名称包括哪些？

　　4. 医药经营企业的两重性是什么？

# 第二章 职业规范

## 【学习目标】

通过本章的学习，学生应达到以下要求。

- 熟悉优良药房工作规范。
- 掌握医药行业特点，掌握医药行业职业守则。
- 掌握医药商业企业服务规范。
- 培养在实践中遵守医药行业职业守则及医药商业企业服务规范的能力。

## 第一节 医药行业职业守则

> 前不久张先生70岁高龄的奶奶患上感冒，他来到某药店购药时，店员不由分说就给他推荐了价值200多元的几盒消炎药、感冒药。谁知奶奶吃药后，病情反而加重，要不是马上到医院就诊，差一点丢了性命。后来经医生确认，他在药店买的药有的根本不对症。

### 一、医药行业的特点

医药行业最根本的宗旨是为人民健康服务。在医药经营过程中，一切活动的目的是为人民提供安全有效的药品，满足人民防病治病的需要。由于医药商品不同于一般商品，决定了医药行业的特殊性。

医药行业的特殊性及其重要地位要求从业人员不仅要依靠法律的、行政的、经济的手段来保证经营活动的顺利进行，而且要通过道德的力量来启迪、激励从业人员，使他们自觉约束自己的行为，遵守医药行业职业守则，具有高尚的医药职业道德素质。

### 二、医药行业职业守则

#### （一）遵纪守法，爱岗敬业

医药行业同其他行业一样，也有一系列的法律法规和纪律。如为了加强药品监督管理，保证药品质量，国家颁布了《中华人民共和国药品管理法》。为了加强药品研制、生产、经营和使用等环节的管理，有关部门制定了《药物非临床研究质量管理规范》（简称 GLP）、《药物临床试验质量管理规范》（简称 GCP）、《药品生产质量管理规范》（简称 GMP）、《药品经营质量管理规范》（简称 GSP）等一系列规范，在实际工作中，从业人员应加强药事法律法规的学习，真正做到有法必依，因为这直接关系到职业活动的正常秩序和各项方针政策的贯彻落实。职业纪律是职业团体内部制定的劳动规则和秩序。具有强制性，但是职业纪律主要依靠医药工作者的自觉性来维持，这种自觉性是建立在职工对纪律必要性认识的基础上的。遵纪守法是医药行业从业人员必须具备的起码的基本品质，是行业职业道德的一项重要规范。

爱岗就是热爱自己的工作岗位，热爱本职工作。热爱本职，就是职业工作者以正确的态度对待各种职业劳动，努力培养热爱自己所从事的工作的幸福感、荣誉感。敬业的核心是要用一种恭敬严肃的态度对待自己的工作，勤奋努力，精益求精，尽职尽责，追求卓越。爱岗敬业作为基本的职业道德规范，是对人们工作态度的一种普遍的要求。爱岗与敬业总的精神是相通的，是相互联系在一起的。爱岗是敬业的基础，敬业是爱岗的具体表现。

医药职业道德要求从业者遵纪守法，爱岗敬业，有高度的责任心，对人民健康负责。具体要求如下。

1. 依法经营药品

从业人员要认真学习药事法律法规，并落实在行动上。严禁出售假劣药品。

2. 忠诚医药事业，立志献身

医药行业是保障人民身体健康、提高国民体质、为人类造福的行业，是人们心目中的崇高职业。忠诚医药事业，立志献身，就是热爱自己所从事的医药事业，对技术精益求精。医药技术和医药道德虽然属于不同的范畴，但两者是紧密联系的，只有具备高尚的医药道德，又有过硬的技术，才能获得良好的社会效果。

3. 对工作严肃认真，一丝不苟

医药人员肩负着维护人民身体健康的崇高使命，因此对待工作严肃认真、一丝不苟的职业道德尤为重要。它要求从业者必须有强烈的道德义务感和责任心，要把解除病人的疾苦作为义不容辞的职责，培养认真负责、细致周到、准确无误的良好职业道德。

4. 按处方配药，谨慎出售

销售药品必须准确无误，并正确说明用法、用量和注意事项。对处方药必须凭处方销售。调配处方必须经过核对，对处方所列药品不得擅自更改或者代用。对有配伍禁忌或者超剂量的处方，应当拒绝调配；必要时，经处方医师更正或者重新签字，方可调配。药品经营企业销售中药材，必须标明产地。销售非处方药，要有高度的职业责任感，关心顾客，了解用药目的，当好顾客的参谋。

**（二）质量为本，真诚守信**

质量为本是医药职业道德规范的重要内容，也是评价职业活动的主要依据。医药产品是保障人们身体健康的特殊产品，因此，对医药产品质量的要求应特别严格。药关人命，质量第一，如何在自己的职业岗位上把好质量关，是评价和判断每个医药职工职业活动和职业行为的首要依据。对社会来说，医药产品质量综合体现了经济、技术和科学的水平；对企业来说，产品质量综合体现了管理、技术和经营水平。保证和提高医药产品质量是企业整体素质的反映，是企业实现经济效益的关键，也是企业坚持社会主义方向的问题。因此，医药工作者一定要牢固树立质量第一的观念，以对人民用药安全高度负责的精神，把药品质量放在首位，熟悉药品知识，提高鉴别药品的能力，坚决杜绝假劣药。努力学习新的医药科学知识，熟练掌握本职工作的业务知识和基本技能，为消费者提供安全有效、质量可靠的药品。

医药质量体现在两个方面：一个是医药产品的质量；另一个是医药工作的服务质量，而服务质量中最突出的要求是真诚守信。真诚守信不仅是一般的社会公德，而且也是任何一个从业人员应遵守的职业道德。具体要求如下。

1. 重质量，重服务，重信誉

产品的质量和服务质量直接关系到企业的信誉，是企业的生命。产品质量高、服务质量好，企业的信誉就高，其产品让消费者信得过，企业也就拥有了强大的生命力；相反，产品质量低下，会使消费者感觉受到了欺骗，企业也就没有信誉可言。

**2．诚实劳动，合法经营**

药品是一种特殊商品，为了保证质量，国家制定了一系列规范，从业者应严格遵守，按照每道工序的操作规程去做，不允许投机取巧、偷工减料、制假售假、坑害消费者。从业人员在职业活动中，只有诚实劳动、合法经营，才能维护消费者利益，才能做到真诚守信。

**3．实事求是，不讲假话**

医药从业人员对产品的质量宣传要合乎实际，产品广告不能随意吹嘘，广告力求做到诚、真、实。

**（三）急人所难，救死扶伤**

医药从业人员从事的是一种维护人的生命和增进人类健康的服务工作。这些人员的职责、义务、态度和专业技术直接关系到人民群众的生命安危，涉及千家万户。无数事实证明，道德高尚，对患者极端负责，就能有效地减轻或解除患者的病痛；反之，就可能会造成患者和家属的终身痛苦或损失。因此，医药从业人员的神圣的职业道德特点就是防病治病，救死扶伤。具体要求如下。

**1．对患者一视同仁**

要求从业人员以人为本，对患者不论贵贱贫富、长幼妍媸、怨亲善友，均一视同仁。

**2．把患者的利益放在首位**

要求从业人员必须把患者的利益放在首位，以病人为中心，不得瞻前顾后、顾虑自身性命、考虑自身利益和得失。

**3．要有深切的同情心**

要求从业人员面对患者的要求要有同情心，把患者的疾苦当成自己的疾苦，待患者如亲人，急患者所急，一心赴救，竭尽全力为患者服务，真正实行革命的人道主义。

**4．业务熟练**

要求从业人员必须具备丰富的业务知识和熟练的职业技能，才能为患者提供优质的服务，才能尽到职业责任。

**（四）文明经商，服务热情**

医药经营行业是与各层次、各类型的人打交道的，因此文明礼貌经商和热情服务就显得十分必要。这不仅表示对服务对象的尊重，也表明对自己工作的重视和对自己的自信、自重。文明经商，服务热情，包括营业场所的文明，要保持营业场所的清洁卫生，保持良好的店容店貌，按要求陈列医药商品。销售商品要做到主动、热情、耐心、周到。具体要求如下。

**1．仪表整洁，举止大方**

要求从业人员穿着整洁，举止文雅、大方，佩戴胸卡，持证上岗，站柜姿势端正。接待顾客，做到眼勤、嘴勤、手勤、腿勤。

**2．微笑迎客，主动热情**

在接待来客时精神饱满，面带微笑，语言亲切，给人以宾至如归的感觉。要关心病人，态度和蔼，有问必答，不怕麻烦，要认真细致地向病人说清楚药品的用法用量和注意事项，切忌简单、生硬。发药时要称呼姓名和同志，对老年病人要用尊称，并做好核对工作，这是医药职业道德的具体表现。

3．尊重患者，平等待人

在当今社会，人与人之间的关系是平等互助的合作关系，人们在各自的工作岗位上，互相为对方提供服务，"人人为我，我为人人"。来买药的人，是服务的对象，而不是希望得到恩惠的乞求者，相互之间完全是平等的关系。此外，患者由于生理和疾病的痛苦而心情不佳，从业人员要充满同情爱护之心，满腔热情地为之服务，百问不烦。对患者不论男女老少、职务高低，都应平等对待。

4．公平销售，讲究信誉

从业人员要认真执行价格政策，坚持原则，秉公办事，不得利用工作之便牟取私利。对于紧缺医药商品要按规定供应。

## 第二节 医药商业企业服务规范

> 零售药店现在回到了一个新的起跑线上，引发了新一轮的"服务战"：有的药店推出会员制，宣称会员除可以享受数十种特价药品外，还能参加"百人幸运会员疗养"抽奖、不定期专家义诊、健康保健咨询等活动。一家连锁药店则紧跟而上，免费发放嘉宾卡，打出凡持嘉宾卡消费者可以享受平均10点利的药品，中药配方打5.5折的招牌，并且推出中西药处方上门接方、免费煎送中药、行动不便的特殊病人电话购药免费送药上门等便民举措。另一家连锁店则在药品降价的同时，响亮提出"本店价格最低、服务最优"的口号。

为进一步提高医药商业企业的素质，改进服务作风，提高服务质量，实现企业服务工作程序化、制度化、标准化，特制定医药商业企业服务规范。规范规定在服务工作中必须坚持党的"四项基本原则"，坚持文明经商，遵守社会主义商业职业道德。医药商业是经营特殊商品的行业，必须牢固地树立为生产，为科学研究，为医疗卫生、文教事业服务，为人民健康服务的思想。认真贯彻、执行"改革、开放、搞活"的方针政策，不断提高企业的社会效益和经济效益。

### 一、职业道德

认真贯彻《中华人民共和国药品管理法》和国家有关医药商品的管理条例、规定、办法。加强各类商品的质量管理，杜绝不符合质量标准的医药商品进入流通领域。

接待顾客一视同仁，不优厚亲属，不以貌取人，不对顾客评头品足，做到主动、热情、耐心、周到细致。

严格执行商品供应政策和价格政策。货真价实，明码标价。不以次顶好，不以假充真，不硬性搭配，不出售过期失效、霉烂变质商品。

买卖公平，计量准确。收购药材按质论价，不克扣客户；调剂中西药品严格把关，防止发生差错事故。

宣传医药商品要实事求是，不夸大商品使用性能和作用，如实反映毒副反应，不欺骗顾客。

耐心听取群众意见，及时反馈市场信息。

秉公办事，不利用职权或工作之便牟取私利，严格执行政策，抵制不正之风。

## 二、服务人员

1. 着装仪表

① 穿着整洁，有工作服的要统一着装，仪表文雅、大方，服务号码章（牌）要端正地佩带在胸前左上方。

② 举止端庄、自然，精力集中，不托腮、不抱肩、不叉腰、不背手插兜、不背向顾客、不前趴后仰。

2. 文明用语

① 营业人员要使用"请"、"谢谢"、"您好"、"对不起"、"请您慢走"、"祝您早日康复"等文明礼貌用语，并结合当地习俗，灵活掌握，运用自然，态度亲切，讲究语言艺术。力争说普通话，开放地区和旅游城市的医药商店的营业员，更应主动讲普通话。

② 要根据顾客的年龄、性别，给予适当的尊称。做到伤害顾客自尊心的话不讲；有损顾客人格的话不讲；埋怨、责怪顾客的话不讲；粗话、脏话、无理的话不讲；讽刺、挖苦顾客的话不讲。

3. 服务纪律

① 不准擅自离开工作岗位，有事请假。

② 不准在工作时间聚堆聊天，说笑打闹。

③ 不准在工作时间喝酒、吃东西、带孩子、干私事及做与工作无关的事。

④ 不准在工作时间会客和长时间谈话。

⑤ 不准同顾客吵架、顶嘴，不准讥笑嘲讽顾客。

⑥ 不以结账、点货、下账、作表为由怠慢顾客。

⑦ 不开"后门"，不泄露经济机密，不私分商品。

⑧ 不准动用商品和挪用销货款。

⑨ 不准动用和侵占顾客遗失的物品。

⑩ 不准玩忽职守，假公济私。

## 三、服务设施

1. 营业场所

① 门面整洁，牌匾醒目。

② 橱窗美观艺术，整体效果好，格调新颖健康，富有指导消费、吸引顾客和美化市容的作用。

③ 营业室布局合理，定位科学，组合紧凑，装饰精美。既能展示经营商品全貌，又能保持经营特点。服务公约、便民措施等张挂齐全，内容准确，用字规范。

④ 条件许可时，可以设置消费者休息席，备饮用水和一次性纸杯供消费者使用；可以摆放药品介绍资料和常用药品使用手册供消费者阅读；还可以备有血压计、体温表、体重秤等便利仪器供消费者使用，为消费者提供一个舒适的服务场所。

2. 清洁卫生

① 门前、院内无污物，不乱堆乱放杂物。要有存放垃圾、废物的设施。

② 室内整洁，空气清新，灯光明亮，客流畅通。保持货柜、货架、营业用具设备以及商品的清洁卫生。

## 四、零售营业接待程序

1. 零售企业在开业前必须做好的准备工作

① 按照岗位责任制的规定，上岗前做好全员准备工作。

② 检查商品出库和上货，做到出齐摆全，库有柜台有。

③ 陈列好商品，摆齐价格标签，货签对位。

④ 备好零钱、售货工具和包装用品，校准度量衡器。

⑤ 开业前 3～5min 定岗定位，准时开门，迎候顾客进店。

2. 开业后的接待要求

零售企业是直接为消费者服务的窗口，必须体现全心全意为人民服务的宗旨。

① 各零售药店按不同类型、规模制定相应的经营目录和必备商品目录。按目录积极组织货源，做到不出现人为脱销，提高调剂成方率。

② 顾客临近柜台时，将视线转向顾客，主动打招呼，态度和蔼热情，语言、动作要有礼貌。

③ 要抬头售货，做到人未到声先到，话未到眼神先到。帮助顾客选择商品，向顾客介绍系列性、连带性商品，当好顾客的参谋。

④ 拿递商品要轻拿轻放，动作敏捷，易碎、贵重的商品要双手放在顾客面前。

⑤ 中西药品的收方和调剂人员，要精神集中，严格把关。必须做到"四查十对"。查处方，对科别、姓名、年龄；查药品，对药名、规格、数量、标签；查配伍禁忌，对药品性状、用法用量；查用药合理性，对临床诊断。

⑥ 销售中西成药，要唱收、唱付，核对品名。出售中药饮片要剂量准确，分戥均匀，认真复核；发药时要对牌号、姓名、剂数，交代清楚煎药程序，服用方法；包装捆扎商品要外形美观、牢固，便于携带。

⑦ 交易结束时，与顾客打招呼道别，态度要亲切自然。

3. 销售后的回访服务

要充分体现维护消费者利益，为顾客负责的精神。

① 定期访问经常用药的顾客，掌握用药的季节规律和常见病、多发病的用药规律；掌握市场用药变化情况；掌握不同消费者用药心理，指导经营业务不断更新扩大。

② 出售贵重医疗器械商品实行调试、维修、上门服务，征询商品质量意见，及时反馈效应。

③ 对邻近的特殊病患者，实行服务上门。

4. 便民措施

要结合当地的实际需用情况和习惯，开展多项的便民措施。一般应做到以下内容。

① 开展医药咨询服务活动，坚持问病售药；在不影响药品质量的前提下，可拆零出售。

② 开展夜间售药、小外伤包扎、小器械租赁等服务项目。

③ 代办特殊需要的饮片小炒小炙加工、收方送药、代客煎药等。

④ 开展外埠函购代购、代办发运等服务。

## 五、批发营业接待程序

1. 各级批发企业在销售前必须做的准备工作

① 做好市场预测，定期分析商品供求情况，根据市场需求组织货源。

② 按经营商品和必备商品目录备齐品种、备足货源，保持合理库存。要求经营商品供应保持率达到 80%，必备品种供应保持率达到 90%。中药材的供应保持率在做到保证供应的前提下可放宽一些。

③ 加强商品宣传，搞好样品室（展销室）。样品陈列充实美观，新颖大方，有展有销。定期印发可供商品的目录和新商品介绍，把商品动态信息提供给用货单位。

2. 销售中必须做到的工作

① 接待客户热情、诚恳、耐心、周到。注意礼貌用语，做到四个一样：来人来函补货一样，进货批量大小一样，新老客户一样，工作忙闲服务态度一样。

② 掌握供应政策，做好商品供应。坚持保证重点、照顾特殊、兼顾一般的原则，合理分配，不搭售，不搭配，做好余缺调剂，互通有无。

③ 认真贯彻价格政策，合理订调商品价格。划拨结算要及时、正确。

④ 对医疗卫生、科学研究、文教、生产等部门所需医药商品，要有专门的外联人员，按月（旬）搜集需用计划定期服务上门；对特殊的疫情、急救用药（医疗器械），要千方百计地组织货源，保证供应。充分发挥国有企业主渠道作用，对市场负责，对人民生命和健康负责。

⑤ 对系统内的调拨供应要按照各类商品特点和市场需求情况，严格执行合同。根据先远后近、先正式合同后补充合同的原则，按序开单。军需、援外、疫情、急救药品优先开单；特殊急需商品随到随开；怕冻、怕热商品按季节特点掌握开单，努力提高供应合同执行率。

⑥ 认真贯彻"及时、准确、安全、经济"的运输原则，积极组织商品发运，提高货运工作量，坚持安全生产、文明装卸，保证运输任务按要求时间完成。

⑦ 认真做好急救供应工作。来函、来电要记录完整，开单、电复要准确及时，遇有重大事故要及时报告。

3. 树立批发企业的良好信誉，做到对国家负责、对客户负责

① 各类人员都要结合本职工作，注意搜集市场要求变化、生产发展和收购变化等信息，及时传递和整理反馈，为生产、为客户、为领导提供准确的应用信息，促进生产和流通不断扩大。

② 按"调拨责任制"规定，及时、合理地处理商品退换货悬案。收到有关业务查询的函电，要详细做好记录，及时联系有关方面予以答复，做到查找有据。

③ 对上门催调、查对合同和业务咨询的客户，要热情接待，认真办理。对上门提运商品或零星自提的客户，要看清提单内容，正确及时发货。

④ 对大件商品的供应实行适情而定，负责"三包"；对贵重医疗器械商品的供应，实行上门调试，定期维修，提供方便。

⑤ 经常采取访问或发函等形式征询用户对商品供应和商品质量的意见，配合和促进生产部门不断提高产品质量，改进产品包装。

⑥ 做好"医药结合"，经常深入医疗单位或定期召开座谈会，了解医疗需要，介绍商品

货源，做到"医知药情，药知医用"，不断改进供应工作。

4．批发部门的服务措施

① 牢固树立医药为医疗、科研和生产单位服务。小规格商品优先保证零售，地方病用药优先保证病区，灾情、疫情用药优先保证供应。

② 实行电话要货和预约服务。各级批发单位对电话要货都要有专门记录，及时供应。

③ 建立缺货登记簿。每日要登记缺货的具体品种和需要单位。每旬进行一次脱销、短缺品种的信息反馈。登记品种到货后，要及时通知登记单位，回访通知率要达到 60%。

④ 对特殊需要、特殊规格的药品、医疗器械、化学试剂和玻璃仪器，组织专项进货、专项进口，或者陪同需用单位专项采购。

⑤ 批发营业（业务）室设值班经理（主任）服务台和意见簿，随时听取意见。

## 六、营业后的结束工作

准点关门，耐心接待好最后一位顾客，整理好柜台货架。结算账目，点清现金、票据，做好记录，集中在保险柜中存放。

做好安全防范工作。离岗前，检查门窗、电、水火源，确认安全后，方可离开。

## 七、人员素质

要着眼于提高所有营业人员的素质，按照各项业务标准有计划地进行培训。新营业员上岗前要进行培训，上岗后要有试用期，达不到标准的不能上岗。要按照《医药商品购销员国家职业标准》定期对职工进行考核，结合各地区实际情况、制定各等级人员的奖励待遇。考核和定级结果要记入职工档案，作为考核职工、调资晋级的依据。

## 八、检查考核

全面贯彻服务规范是一项涉及面较广的系统工程，必须建立和健全原始记录，实行定期检查、考评、奖惩分类指导、分级管理、归口负责的管理办法。

## 第三节 优良药房工作规范

> "大病进医院，小病进药店"已经逐渐被普通市民所接受。一段时间内，平价药店的出现，让药店的生意着实"火"了一把。可是药店好进，服务员的脸却很难看。"要什么？"一位药店药品售货员这样询问前来买药的老人。"阿莫西林。""中间。"老者环顾四周，"中间"是个什么地方？再回身，售货员已漠然离去。

GPP 是优良药房工作规范（good pharmacy practice）的英文缩写。GPP 源于 1978 年的阿拉木图初级卫生保健宣言。该宣言指出：健康是基本人权，得到尽可能高水平的健康是全世界的一个最重要的社会目标。初级卫生保健必须提供促进健康、预防、治疗疾病和康复的服务。早在 1993 年，世界卫生组织和国际药联就颁布有关 GPP 的指导原则，1997 年重新修订的 GPP 明确指出，GPP 就是完成药学服务的途径。2002 年，中国非处方药物协会联合十余家单位共同发出倡议，倡导推行 GPP；2003 年，该协会发布《优良药房工作规范》（试行），这标志着中国有了自己的 GPP 规范文件。

GSP 是为了保证药品质量，由国家法律规定必须强制执行的，属于市场准入范畴；而 GPP 强调的是药学服务和对自我药疗的帮助，属于行业推荐的范畴，企业要不要进行 GPP 评议，完全是自主行为。

GPP 是为适应我国深化医药卫生体制改革和建立药品分类管理制度的形势，满足大众自我保健观念日益增强的要求，发挥社会药房在医疗保健体系中的作用，参照国际公认的相应规范而制定的，是中国非处方药物协会倡导的行业自律性规范。主要针对社会药房面向大众的药学服务和社会药房从业人员的素质提出指导原则和评价依据。

社会药房是医疗保健体系中为大众提供服务的最终环节，社会药房的从业人员，特别是药学技术人员是医疗保健体系中重要的工作人员，其首要责任是确保病人或消费者获得高质量的药学服务。药学服务是以病人或消费者的健康为中心所展开的各项活动和服务，目的是保证药品的安全有效，从而促进病人或消费者健康水平和生活质量的提高。

通过规范社会药房服务准则和从业人员的责任，保障人民用药安全有效便利，促进实现我国医疗资源的充分利用，提高社会药房的竞争能力和经营水平，引导行业正当竞争。

## 一、药学服务

药学服务是提供与药品使用相关的各种服务的一种现代化药房工作模式。为提供高质量的药学服务，社会药房应符合以下要求。

① 按照有关法律、法规及《药品经营质量管理规范》（GSP）的要求经营和销售药品，配备相应的人员和设施设备。

② 具备一定规模，建立药房专业分区和服务区，以保证提供合适合格的药品、保健品，指导合理用药，进行免费用药咨询，保证特殊病人或消费者咨询对话的隐私权，同时提供其他优良服务。

③ 根据需要对病人或消费者进行售药记录和用药跟踪，建立药历制度。药历是指为病人建立的用药档案。药历内容包括病人的一般资料，家族史，嗜好，过敏史，历次用药的药品名称、剂量、疗程，不良反应记录等。药历制度的建立能够保障病人用药的安全有效性，还可以增进客户关系，推进药学服务进程。

④ 为病人或消费者提供多种多样的特色服务，其中必须包含对特殊人群的优良服务、社区公益性健康讲座和服务。发放由政府、合法的学术或行业团体编写的自我药疗、自我保健等健康科普资讯，资讯内容要符合国家有关规定。

⑤ 配备相应的药学服务参考书，供药店药学技术人员和病人或消费者参考。

⑥ 拆零销售时必须提供药品说明书或药品标签，即在病人或消费者所购药品的外包装上附加标签，内容包括所售药品的名称、使用剂量、使用方法、批号、有效期、使用注意事项、禁忌等，确保病人用药安全有效。

## 二、社会药房人员及培训

社会药房从业人员的思想道德和文化水平必须符合 GSP 的要求，在此基础上按功能将主要从业人员划分为药品销售员、药师、执业药师。

### 1. 药品销售员

药品销售员须具备高中以上学历，必须取得国家相关部门的上岗资格证书。药品销售员要能完成一般的销售任务和日常业务，并在更高级别的药学技术人员的指导下，为病人或消费者提供有关的药学服务。

2. 药师

药师是经过国家有关部门考试合格确定的、取得药师专业技术职称证书的药学技术人员。其工作职责包括：在与病人或消费者有效沟通的基础上，能够了解病人或消费者的用药需求，准确提供非处方药；在执业药师指导下进行处方药的验方和销售工作，并做好处方、药物变态反应、药物不良反应的记录工作。为病人及消费者提供自我药疗和保健指导，单独或指导药品销售员为病人或消费者提供优质的药学服务。能够制定和审核售药标签、药历和药品促销资料；能够独立审查和调配处方；参加或指导药品销售员做好病人的随访和信息反馈分析工作；协助执业药师做好各项药房管理工作。

3. 执业药师

执业药师是经全国统一考试合格、取得《执业药师资格证书》并经注册登记、在社会药房执业的药学技术人员。执业药师负责处方的审核及监督调配、提供用药咨询与信息、指导合理用药、开展治疗药物的监测及药品疗效的评价等临床药学工作。执业药师对违反《中华人民共和国药品管理法》及有关法规的行为或决定，有责任提出劝告、制止、拒绝执行，并向上级报告；在执业范围内负责对药品质量的监督和管理，参与制定、实施药品全面质量管理，对本单位违反有关规定的行为进行处理。

## 【习　题】

1. 医药行业的特点是什么？
2. 医药行业职业守则包括哪些？
3. 医药商业企业服务规范中对服务人员有哪些要求？
4. 医药商业企业服务规范中零售营业的接待程序是什么？

# 第四节　实　践　练　习

## 【能力目标】

真正理解医药商业服务要求，并将所学知识自觉运用于实际工作中。

## 【实践指导】

参观药店，结合所学知识观察服务人员的服务，写一篇不少于1500字的关于医药商业服务方面的感想体会。

# 第三章　处方药与非处方药

## 【学习目标】

通过本章的学习，学生应达到以下要求。

- 熟悉非处方药的遴选原则。
- 掌握处方药与非处方药的基础知识。
- 掌握非处方药专有标识的使用范围、结构和标准图案。
- 培养学生正确识别处方药和常用的非处方药的能力。

## 第一节　处方药与非处方药的基础知识

> "健康说法"热线曾接到一位女士的电话，她说曾在一家规模较大的平价药房买金泉胃炎胶囊，当她付款时，收银员告诉她，凭医保卡买这种药的话必须要医生的处方，但如果支付现金的话就可以不需要处方。这下这位女士纳闷了，既然是处方药为何用医保卡就要处方，自己掏钱就不用，这是什么标准，这位女士怎么也想不明白，于是给健康说法热线打电话询问。
>
> 记者经调查答复，这位女士所买的金泉胃炎胶囊的确为处方药。药品分为处方药与非处方药，而处方药在目前零售药业中存在着单轨制管理和双轨制管理。如针剂、二类精神药品等国家专门规定的药品属于单轨制管理，必须有医生处方才可以购买；而像金泉胃药这样的处方药则属于双轨制管理的处方药，也就是说患者购买这类药品时既可以使用医保卡，也可以使用现金，只是在使用医保卡时必须出示处方。

我国于 2000 年 1 月 1 日开始实行非处方药与处方药分类管理制度。根据药品的品种、规格、适应证、剂量及给药途径的不同，将药品分为处方药和非处方药并做出相应的管理规定，由国家食品药品监督管理局负责非处方药目录的遴选、审批、发布和整理工作。但由于药品分类管理在我国尚处于起步阶段，对处方药监管采取的是"双轨制"的管理办法，即分期、分批公布必须凭处方购买的处方药类别品种，经过 3～5 年左右的时间，实现所有处方药药品的销售必须凭处方购买和使用。

单轨制处方药是指必须凭执业医师或执业助理医师的处方才能销售的药品。双轨制处方药是指凭执业医师或执业助理医师的处方或在驻店药师指导下销售的药品。

单轨制处方药范围如下。

注射剂，医疗用毒性药品，二类精神药品，其他按兴奋剂管理的药品，精神障碍治疗药（抗精神病药、抗焦虑药、抗躁狂药、抗抑郁药），抗病毒药（逆转录酶抑制剂和蛋白酶抑制剂），肿瘤治疗药，含麻醉药品的复方口服溶液和曲马朵（曲马多）制剂，未列入非处方目录的抗菌药和激素，含有关木通的龙胆泻肝丸复方甘草口服液，含广防己❶、青木香、马兜铃、寻骨风、天仙藤和朱砂莲的中药制剂以及国家食品药品监督管理局公布的其他必须凭处方销售的药品，在全国范围内须凭处方销售。

## 一、处方药和非处方药的概念

（1）处方药（prescription drug，ethical drug）　简称 Rx 药，是必须凭执业医师或执业助理医师处方才可调配、购买和使用的药品。"Rx"在处方左上角常可见到。

（2）非处方药（non-prescription drug）　是不需要凭执业医师或执业助理医师处方即可自行判断、购买和使用的药品。

非处方药在国外称之为"可在柜台上买到的药物"（over the counter），简称 OTC，此已成为全球通用的俗称。

实施药品分类管理的原因之一是方便广大群众，一些小病轻症可以经自我辨证认病而就近购药、及时用药，免去请假误工，去医院排队挂号、就诊、化验、取药等费时、费钱、费力之苦。为了使群众更为方便，根据药品的安全性，非处方药分为甲、乙两类。非处方药中安全性更高的一些药品划为乙类，乙类非处方药除可在药店出售外，还可在超市、宾馆、百货商店等处销售。当然，这些普通商业企业需经相应药品监督管理部门批准方可销售乙类非处方药。

那么非处方药不需要凭执业医师或执业助理医师处方购买使用，是否医院就不使用非处方药了呢？这样理解非处方药是不对的。

《处方药与非处方药分类管理办法》（试行）第十条明确规定：医疗机构根据医疗需要可以决定或推荐使用非处方药。这是由于非处方药几乎都是临床使用必备的药物，如解热镇痛药、抗过敏药、助消化药、感冒药、皮肤科用药等，尤其是维生素与矿物质更是住院病人的常用药，门诊病人用得也不少，故此，医院将继续使用非处方药。

处方药和非处方药不是药品本质的属性，而是管理上的界定。无论是处方药还是非处方药，都是经过国家药品监督管理部门批准并取得药品批准文号的，其安全性和有效性是有保障的。非处方药主要用于治疗各种消费者容易自我诊断、自我治疗的常见轻微疾病。非处方药均来自处方药，多是经过临床较长时间考验，疗效肯定，服用方便，安全性比处方药相对要高的药品。

## 二、处方药和非处方药的管理要点

① 处方药和非处方药的生产企业必须具有《药品生产企业许可证》，其生产品种必须取得药品批准文号。

② 销售处方药和甲类非处方药的零售企业必须具有《药品经营许可证》，必须配备驻店执业药师或药师以上药学技术人员。《药品经营许可证》和执业药师证书应悬挂在醒目、易见的地方，执业药师应佩戴标明姓名、技术职称等内容的胸卡。

③ 乙类非处方药，经省级食品药品监督管理局或其授权的药品监督管理部门批准的其他商业企业也可以零售。零售乙类非处方药的商业企业必须配备专职的具有高中以上文化程度，经专业培训后，由省级食品药品监督管理局或其授权的药品监督管理部门考核合格并取

---

❶　根据《中国药典》2005 年版规定，广防己、青木香、关木通三种中药已被禁止使用。

得上岗证的人员。

④ 处方药必须凭执业医师或执业助理医师处方销售、购买和使用。执业药师必须对处方进行审核、签字后依据处方正确调配、销售药品，对处方不得擅自更改和代用，对有配伍禁忌或超剂量的处方应拒绝调配、销售，必要时经处方医师更正，重新签字方可调配、销售。零售药店必须留存处方两年备查。

⑤ 处方药不得开架自选销售。

⑥ 处方药和非处方药必须分柜摆放。

⑦ 零售药店必须从合法的药品批发企业、药品生产企业采购药品，保存采购记录备查。

⑧ 处方药只准在专业性医药报刊进行广告宣传，非处方药经审批可以在大众传播媒介进行广告宣传。

⑨ 非处方药标签和说明书除符合规定外，用语应当科学、易懂，便于消费者自行判断、选择和使用。非处方药的标签和说明书必须经国家食品药品监督管理局批准。

⑩ 非处方药的包装必须印有国家指定的非处方药专有标识，必须符合质量要求，方便贮存、运输和使用。每个销售基本单元包装必须附有标签和说明书。

处方药与非处方药的主要区别见表3-1。

表3-1　处方药与非处方药的主要区别

| 项　目 | 处 方 药 | 非 处 方 药 |
| --- | --- | --- |
| 疾病类型 | 病情较重、需要医生确诊 | 小病轻症或解除症状 |
| 疾病诊断者 | 医生 | 患者自我认识和辨别，自我选择 |
| 取药凭据 | 医生处方 | 不需处方 |
| 主要取药地点 | 医院药房、药店 | 药店，超市（乙类） |
| 品牌保护方式 | 新药保护、专利保护期 | 品牌 |
| 宣传对象 | 医生 | 消费者 |
| 广告 | 只准在专业性医药报刊进行广告宣传 | 经审批，可在大众传播媒介进行广告宣传 |

## 第二节　非处方药的遴选

> 哪些药品能作为非处方药，哪些药品不能作为非处方药，是由谁决定的呢？是不是由药品生产企业或经营企业自行决定的呢？

处方药与非处方药根据药品品种、规格、适应证、剂量及给药途径不同进行分类管理。我国上市的中药、西药有上万个品种，哪些作为非处方药，不是由药品生产企业或经营企业自行决定的，是由国家食品药品监督管理部门组织有关部门和专家进行遴选并批准的。非处方药来源于处方药，非处方药在使用的过程中，国家将实行严格控制，对不宜继续作为非处方药使用的药品，可再转为处方药进行管理。

### 一、遴选原则

非处方药遴选坚持"安全有效、慎重从严、结合国情、中西医并重"的指导思想和"应用安全、疗效确切、质量稳定、使用方便"的基本原则。

1. 应用安全

① 根据文献和长期临床使用证实安全性高；

② 无潜在毒性，药品残留物在体内代谢快，不会引起蓄积作用，不会掩盖其他疾病症状；

③ 基本上无不良反应，不会引起药物依赖性，无"三致"（致畸、致癌、致突变）作用；

④ 组方合理，无不良相互作用，中药组方中无"十八反，十九畏"。

2. 疗效确切

① 药物作用针对性强，功能与主治或适应证明确；

② 使用剂量一般不需要调整，用量较为固定；

③ 连续使用不会发生耐药性、耐药性、使药品失去治疗效果。

3. 质量稳定

非处方药质量必须可以控制，性质稳定，不需要特殊保存条件。

4. 使用方便

① 使用时不需要进行特殊检查与试验；

② 剂型、规格便于自用与携带，以口服、外用、吸入、肛塞等剂型为主。

## 二、范围与依据

西药遴选自《中华人民共和国药典》（以下简称《药典》）、1996 年以前中华人民共和国卫生部颁布的《药品标准》（以下简称《标准》）、《新药品种资料汇编》（以下简称《汇编》）、《药典》1995 年版第二部《临床用药须知》（以下简称《须知》），以及《进口药品注册证号目录》。中成药遴选自《药典》1995～2005 年版一部、《标准》中药成方制剂 1～13 册，《标准》中药保护一分册、《标准》新药转正标准 1～12 册。

## 三、遴选分类

西药非处方药分类是参照《国家基本药物目录》，根据非处方药遴选原则与特点，划分为 23 类。中成药非处方药分类是参考国家中医药管理局发布的《中医病证诊断疗效标准》，将其中符合非处方药遴选原则的 38 种病症归属为 7 个治疗科，即内科、外科、骨伤科、妇科、儿科、皮肤科、五官科。

## 四、遴选结果

第一批国家非处方药目录包括西药 23 类 165 个品种（每个品种含有不同剂型）。其中"活性成分"121 个，既可单独制成制剂，也可作为复方制剂成分；"限复方制剂活性成分"25 个，仅限作为复方制剂成分，而不能单独使用；"复方制剂"19 个，其中属《药典》与部颁标准的 11 个品种：阿司匹林（阿苯片）、氢氧化铝复方制剂、三硅酸镁复方制剂、甘油（开塞露）、口服补液盐、复方维生素 B、十一烯酸复方制剂、四环素醋酸。处方组成可含的成分范围，如对乙酰氨基酚复方制剂、碱式硝酸铋复方制剂、盐酸苯丙醇胺复方制剂、盐酸伪麻黄碱复方制剂、多种维生素、复方碳酸钙、苯甲酸复方制剂、甲硝唑复方制剂。中成药 160 个品种（每个品种含有不同剂型）。

到 2005 年底国家已经公布了七批非处方药目录，共计 4000 多个品种。

## 五、特殊管理药品的处理

根据非处方药遴选原则，医疗用毒性药品、麻醉药品以及精神药品原则上不能作为非处方药,但根据国际惯例和治疗需要,个别麻醉药品与少数精神药品可作为"限复方制剂活性成分"使用。因此,第一批目录中有 3 个精神药品:苯巴比妥、盐酸苯丙醇胺、咖啡因。

### 六、药品名称

西药名称采用通用名称,个别品种在通用名称后注有常用名称。中成药采用国家规定的名称。

### 七、药品剂型

遴选确定的剂型,以消费者使用安全、有效、方便为原则。故以口服和外用的常用剂型为主。

### 八、"受限"的含义

目录中,注解项下的"受限"是根据《药典》、《须知》、《标准》、《汇编》等规定范围,对该药适应证、剂量及疗程进行了调整与限制。

有的非处方药既是处方药又是非处方药。如阿司匹林、布洛芬、西咪替丁等药物,在"三限定"的要求下,可作为非处方药,而超过"三限定"范围即为处方药。如阿司匹林作为非处方药时,只用于退热、止痛,每次剂量不能超过 500mg,每日不超过 3 次;作为处方药则可用于抗风湿性关节炎等,剂量每日可达 5000mg。医疗机构可调配非处方药,根据医疗需要可以决定或推荐使用非处方药。消费者有权自主选购非处方药,并必须按非处方药标签和说明书内容使用。

### 九、使用注意

因非处方药不需要凭执业医师或执业助理医师处方,消费者可按药品说明书自行判断、购买和使用,为此,对部分品种规定了使用时间、疗程,突出强调"如症状未缓解或消失应向医师咨询"。

## 第三节 非处方药专有标识

有记者在采访时发现,许多小型药店并未将国家食品药品监督管理局(SFDA)有关 OTC 标识的使用规定落到实处。记者在对某城市城乡结合部一个居民社区的药店进行调查时,发现该社区共有 8 家小药店,不规范使用非处方药专有标识的有 5 家:其中一家把甲类 OTC 标识悬挂在柜台上;两家在货柜上悬挂的是手写或打印的非处方药标识,极不规范;另外两家虽然标识没问题,但存在摆摆样子、走走过场的问题,在非处方药标识下面赫然摆出了多种保健食品。看来,规范使用非处方药标识已经到了刻不容缓的地步。

药店应如何使用非处方药标识?有哪些地方需注意呢?

非处方药专有标识(见图 3-1)是用于已列入《国家非处方药目录》,并通过国家食品药品监督管理局审核登记的非处方药药品标签、使用说明书、内包装、外包装上的专有标识和经营非处方药药品的商业企业在分类销售时作为指南性的标志。经营非处方药药品的企业在使用非处方药专有标识时，必须按照国家食品药品监督管理局公布的坐标比例和色标要求使用。

非处方药自国家食品药品监督管理局核发《非处方药药品审核登记证书》之日起 12 个月后，其药品标签、使用说明书、内包装、外包装上必须印有非处方药专有标识。未印有非处方药专有标识的非处方药药品一律不准出厂。

非处方药专有标识图案为椭圆形背景下的 O、T、C 三个英文字母。字母颜色为白色，背景色分为红色和绿色，红色专有标识用于甲类非处方药药品，标准色为 M100、Y100；绿色专有标识用于乙类非处方药药品和企业指南性标志，标准色为 C100、M50、Y70。

使用非处方药专有标识时，药品的使用说明书和大包装可以单色印刷，标签及其他包装必须按照国家食品药品监督管理局公布的色标要求印刷。单色印刷时，非处方药专有标识下方必须标示"甲类"或"乙类"字样。

非处方药专有标识应与药品标签、使用说明书、内包装、外包装一体化印刷，其大小可根据实际需要设定，但必须醒目、清晰，并按照国家食品药品监督管理局公布的坐标比例（见图 3-2）。

图 3-1　非处方药专有标识　　　　　　图 3-2　标识结构图

标准色：甲类非处方专有标识色标 M100、Y100；

乙类非处方专有标识色标 C100、M50、Y70

非处方药药品标签、使用说明书和每个销售基本单元包装印有中文药品通用名称（商品名称）的一面（侧），其右上角是非处方药专有标识的固定位置。

## 【习　题】

1. 什么是处方药和非处方药？
2. 处方药与非处方药是如何划分的？
3. 非处方药专有标识的使用范围。

## 第四节　实　践　练　习

## 【能力目标】

通过本章的学习使学生完成以下任务。

· 正确识别非处方药的标识，掌握其使用范围。

· 能识别处方药和常用的非处方药。

**【实践指导】**

### 一、非处方药的标识及其使用范围

非处方药专有标识图案为椭圆形背景下的 O、T、C 三个英文字母。字母颜色为白色，背景色分为红色和绿色，红色专有标识用于甲类非处方药药品；绿色专有标识用于乙类非处方药药品和经营非处方药企业在分类销售时的指南性标志。

### 二、识别处方药和常用的非处方药

（1）材料　若干药品或药品的小包装（销售包装）。

药品种类如下（由任课教师根据各地市场上的药品自行选择）。

① 包装上有甲类非处方药、乙类非处方药标识的药品。

② 单轨制处方药：注射剂（大容量注射液、小容量注射液、粉针剂），抗菌药（抗生素、磺胺类、喹诺酮类、抗结核类、抗真菌类药物），含有关木通的龙胆泻肝丸，"复方甘草口服液"，含麻醉药品的复方制剂（联邦止咳露），含广防己、青木香、马兜铃、寻骨风、天仙藤和朱砂莲的中药制剂。

③ 双轨制处方药。

（2）步骤

① 通过包装标识识别非处方药。

② 识别必须凭处方销售的单轨制处方药。

③ 通过非处方药目录识别非处方药与处方药。

# 模块二　药学知识

## 第四章　药物基础知识

【学习目标】

通过本章的学习，学生应达到以下要求。

- 熟悉药物与机体间的关系。
- 熟悉影响药物作用的因素及合理用药原则。
- 熟悉常用中成药基础知识。
- 掌握常见药物剂型的特点。
- 掌握药物包装的要求。
- 培养学生分辨药物常用剂型和识别药物包装及包装标识的能力。

### 第一节　药物的分类及剂型

有些病人认为口服药不如注射药见效快、作用强，只要感到身体不舒服就会要求医生给他打针或"挂盐水"。而另外有一些病人的想法却与之恰好相反，患病后，总希望多吃药，少打针，免遭"皮肉之苦"。实际上，这两种想法都不利于疾病的治疗。那么，患病后应怎样选择用药的途径与药物剂型呢？

#### 一、药物的分类

药品的分类方法很多，几乎与药学有关的每一学科都有从本学科角度出发的分类方法，由于各有侧重，很难找到一种能够为医药商业、医药生产、临床医生及患者共同接受的分类方法。但无论哪一种分类方法，其目的都应是为了便于深入研究药品的质量和性质，从而有利于合理地组织药品流通或是选购和使用等。药物常用的分类方法主要有以下几种。

1. 根据药物来源分类

动物：如牛磺酸、甲状腺素等。植物：如黄连素、吗啡、颠茄等。矿物：如芒硝、硫黄、硼砂等。合成或半合成：如阿司匹林、硝酸甘油等。

2. 根据药理作用及临床用途分类

抗感染药物、消化系统药物、呼吸系统药物……

3. 根据剂型分类

注射剂：粉针剂、大输液剂等。口服制剂：固体制剂如片剂、胶囊剂等；液体制剂如糖浆剂、乳剂等。外用制剂：半固体制剂如软膏剂等；液体制剂如滴鼻剂、酊剂等。气雾剂：

外用喷雾剂、口腔喷雾剂等。新剂型：TDDS、脂质体等。

**4. 按商业习惯分类**

片剂：单压片、多层片等。针剂：注射液、注射用粉针等。水剂：合剂、糖浆剂等。粉剂：散剂、颗粒剂等。

**5. 按管理要求分类**

可分为非处方药和处方药，非处方药分甲类、乙类；处方药目前分单轨制管理与双轨制管理两类或分为国家基本药物和基本医疗保险药物。国家基本药物指临床应用的各类药品中经过科学评价而遴选出的在同类药品中具有代表性的药品，其特点是临床必需、安全有效、质量稳定、价格合理、使用方便、中西药并重；基本医疗保险药物指列入国家基本医疗保险用药范围的药品，分甲、乙两类，为临床必需、安全有效、价格合理、使用方便、市场能保证供应的药品。

## 二、药物的剂型及特点

**1. 液体制剂**

液体制剂系指药物分散在适宜的分散介质中制成的液体形态的制剂。液体制剂可供内服或外用两类：内服液体制剂如合剂、糖浆剂、混悬剂、乳剂等；外用液体制剂如皮肤用的洗剂、搽剂，五官科用的洗耳剂、滴耳剂、洗鼻剂、含漱剂、滴牙剂、涂剂等，直肠、阴道、尿道用的灌肠剂、灌洗剂等。

液体制剂的优点有：①药物分散度大，吸收快，奏效迅速；②给药途径广泛，易于分剂量，适用于婴幼儿和老年患者；③可外用于皮肤、黏膜和人体腔道等；④可通过调整制剂浓度减少刺激性；⑤某些固体药物制成液体制剂后有利于提高生物利用度。其缺点是：①药物分散度大，易引起药物的化学降解；②液体制剂携带、运输、贮存都不方便；③水性液体制剂容易霉变，需加入防腐剂；④非均匀性液体制剂（如乳剂、混悬剂等），药物的分散度大，表面积也大，易产生一系列的物理稳定性问题。

（1）合剂（mixtures）合剂系指以水为溶剂，含有一种或一种以上的药物成分的内服液体制剂（滴剂除外），在临床上除滴剂外所有的内服液体制剂都属于合剂。合剂中的药物可以是化学药物，也可以是中药材的提取物。合剂主要以水为溶剂，有时为了溶解药物可加少量的乙醇。合剂中加入甜味剂、调色剂、香精等。以水为溶剂的合剂需加入防腐剂，必要时也可加入稳定剂。合剂可以是溶液型、混悬型、乳剂型的液体制剂，如水合氯醛。

口服液为合剂的一种，目前应用得较多。口服液应是澄清溶液，或含有极少量的一摇即散的沉淀物。

（2）洗剂（lotions）洗剂系指专供涂抹、敷于皮肤的外用液体制剂。洗剂一般轻轻涂于皮肤或用纱布蘸取敷于皮肤上。洗剂的分散介质为水和乙醇。洗剂有消毒、消炎、止痒、收敛、保护等局部作用。洗剂可分为溶液型、混悬型以及它们的混合型液体制剂，其中混悬剂居多。混悬型洗剂中常加入甘油和助悬剂。

（3）搽剂（liniments）搽剂系指专供揉搽皮肤表面用的液体制剂。搽剂用乙醇和油作分散剂，有镇痛、收敛、消炎、杀菌、抗刺激等作用。起镇痛、抗刺激作用的搽剂多用乙醇为分散剂，使用时用力揉搽，可增加药物的渗透性。搽剂可分为溶液型、混悬型、乳剂型液体制剂，如复方地塞米松搽剂。

（4）滴耳剂（ear drops）滴耳剂系指供滴入耳腔内的外用液体制剂。以水、乙醇、甘油为溶剂，也可用丙二醇、聚乙二醇等。乙醇为溶剂虽然有渗透性和杀菌作用，但有刺激性。以甘油为溶剂作用缓和，药效持久，有吸湿性，但渗透性较差。滴耳剂有消毒、止痒、收敛、消炎、润滑作用。外耳道有炎症时，pH 值在 7.1～7.8 之间，所以外用滴耳剂最好为弱酸性，如复方硼酸滴耳液。

(5) 滴鼻剂（nasal drops）　滴鼻剂系指专供滴入鼻腔内使用的液体制剂。以水、丙二醇、液体石蜡、植物油为溶剂，多制成溶液剂，但也有制成混悬剂、乳剂使用的。为促进吸收、防止黏膜水肿，应适当调节渗透压、pH 值和黏度。油溶液刺激性小，作用持久，但不与鼻腔黏液混合。滴鼻剂 pH 值应为 5.5～7.5，应与鼻黏液等渗，不影响纤毛运动和分泌液离子组成，如复方强的松龙滴鼻剂。

(6) 含漱剂（gargarisms）　含漱剂系指用于咽喉、口腔清洗的液体制剂，有清洗、去臭、防腐、收敛和消炎的作用。一般用药物的水溶液，也可含少量甘油和乙醇。溶液中常加适量着色剂，以示外用漱口，不可咽下。含漱剂要求微碱性，以利于除去口腔中的微酸性分泌物，溶解黏液蛋白，如复方硼酸钠溶液。

(7) 灌肠剂（clysma）　灌肠剂系指经肛门灌入直肠使用的液体制剂。包括泻下灌肠剂，是以清除粪便、降低肠压、使肠道恢复正常功能为目的的液体制剂，如 5% 软肥皂溶液；含药灌肠剂，是指起局部作用或发挥全身作用的液体制剂，局部可起收敛作用，吸收可产生兴奋或镇静作用。药物在胃内易被破坏，对胃有刺激性，因恶心呕吐不能口服给药的患者可灌肠给药，如 10% 水合氯醛；营养灌汤剂是指患者不能经口摄取营养而应用的含有营养成分的液体制剂。这类制剂须在直肠保留较长时间以利于药物吸收，可以是溶液剂，也可以是乳剂，如 5% 葡萄糖溶液。

2. 注射剂

注射剂（injection）系指药物制成的供注入体内的灭菌溶液、乳浊液或混悬液，以及供临用前配成溶液或混悬液的无菌粉末或浓缩液。包括水溶液型注射剂，易溶于水或增加其溶解度后易溶于水，且在水溶液中稳定或经用稳定化措施后稳定的药物，可制成水溶液型注射剂，如氯化钠、氨茶碱、维生素 C 等注射剂；油溶液型或非水溶液型注射剂，油溶性药物可制成油或其他非水溶液型注射剂，如维生素 E、黄体酮等注射剂；混悬型注射剂，在水中微溶、极微溶解或几乎不溶的药物，在一般注射容量内其溶液浓度达不到治疗要求的剂量时，可制成水性或油性的混悬液，如醋酸可的松、普鲁卡因、青霉素等；乳浊型注射剂，油类或油溶性药物，可制成乳浊型注射剂，如静脉注射用脂肪乳注射剂；注射用无菌粉末，亦称粉针剂，为药物的无菌粉末或疏松的冻干块状物，临用前加溶剂溶解或混悬后注射。

输液剂指由静脉滴注输入体内的大剂量注射剂。由于是大量输入静脉，若有不慎易产生严重后果。其种类主要有电解质输液，如氯化钠、碳酸氢钠、乳酸钠等注射液，用以补充体内水分及电解质，纠正体内酸碱平衡等；营养输液，如糖类（葡萄糖、果糖、木糖醇等）、氨基酸、脂肪乳注射液等，用以补充体液、营养及热能等；血浆代用液，如右旋糖酐、羟乙基淀粉、变性明胶等注射液，用以代替血浆。

注射剂是应用最广泛最重要的剂型之一，具有以下优点。①作用迅速可靠：其药液直接注入组织或血管，无吸收过程或吸收过程很短，因而血药浓度可迅速达到高峰发挥作用。又因其不经过消化道，不受 pH、酶、食物等影响，无首过效应，药物含量不易损失，因此疗效可靠，可用于抢救危急病人。②适用于不宜口服的药物：易被消化液破坏的药物或首过效应显著的药物，以及口服后不易吸收或对消化道刺激性较大的药物，均可设计制成注射剂。③适用于不能口服药物的病人：如昏迷或不能吞咽的病人。④可发挥局部定位的作用：如局麻药的使用和造影剂的局部造影。

注射剂的缺点如下。①研制和生产过程复杂：由于注射剂要求无菌无热源，生产过程严格，步骤较多，需要较高的设备条件，而且注射剂中药物一般均以分子状态或微米级的固体小粒子或油滴分散在水中，分散度很大，且要经过高温灭菌，往往产生药物水解、氧化、固体粒子聚结变大或油滴合并破裂等稳定性问题。研制过程中必须采取相应的措施予以解决，贮存过程中也比固体制剂稳定性差。②安全性及机体适应性差：由于注射剂直接迅速进入人体，无人体正常生理屏障的保护，因此若剂量不当或注射过快，或药品质量存在问题，均有可能给患者带来危害，甚至造成无法挽回的后果。此外注射时的疼痛、不能由患者自己给药、注射局部产生硬结以及静脉注射引起血管炎症等都是临床应用时存在的问题。

**3. 滴眼剂**

滴眼剂（eye drops）系指一种或多种药物制成供滴眼用的水性、油性澄明溶液、混悬液或乳液。亦可将药物以粉末、颗粒、块状或片状物的形式包装，另备有溶液，在临用前以溶剂溶解形成的溶液或混悬液的制剂，还包括眼内注射溶液。滴眼剂应属于无菌制剂，可发挥消炎杀菌、散瞳缩瞳、降低眼压、诊断以及局部麻醉等作用，也有治疗白内障的滴眼剂上市。

**4. 散剂**

散剂（powders）系指一种或数种药物经粉碎制成的粉末状制剂，可供内服或外用。散剂可分为三类：按组成药味多少分为单散剂与复散剂；按剂量分为分剂量散与不分剂量散；按用途分为内服散、溶液散、煮散、外用散、吹散、撒布散等。散剂为我国传统古老剂型之一，虽然西药散剂应用日趋减少，但中药散剂在临床上仍广为应用。散剂的优点有：①比表面积大、易分散、奏效快；②外用覆盖面大，具保护、收敛作用；③制作单位剂量易控制，便于小儿服用；④贮存、运输、携带方便。

**5. 颗粒剂**

颗粒剂（granules）系指药物与适宜的辅料制成的干燥颗粒状制剂。颗粒既可吞服，又可混悬或溶解在水中服用。根据其在水中溶解情况，分为可溶性颗粒剂、混悬性颗粒剂及泡腾性颗粒剂。

颗粒剂的优点有：①飞散性、附着性、聚集性、吸湿性等均较小；②服用方便，适当加入芳香剂、矫味剂、着色剂等可制成色、香、味俱全的药剂；③必要时可以包衣或制成缓释制剂。但颗粒剂由于粒子大小不一，在用容量法分剂量时不易准确，且几种密度不同、数量不同的颗粒相混合时容易发生分层现象。

**6. 胶囊剂**

胶囊剂（capsules）系指将药物盛装于硬质空胶囊或具有弹性的软质胶囊中制成的制剂。分为硬胶囊剂、软胶囊剂和肠溶胶囊剂，一般供口服用，也可供其他部位如直肠、阴道、植入等使用。

胶囊剂不仅整洁、美观、容易吞服，还有以下优点：①可掩盖药物的不良臭味和减少药物的刺激性；②与片剂、丸剂等相比，制备时不需加黏合剂，在胃肠液中分散快、吸收好、生物利用度高；③可提高药物的稳定性，胶囊壳可保护药物免受湿气和空气中氧、光线的作用；④可弥补其他剂型的不足，如含油量高或液态的药物难以制成丸、片剂时，可制成胶囊剂，又如对服用剂量小、难溶于水、胃肠道不易吸收的药物，可使其溶于适当的油中，再制成胶囊剂，以利吸收；⑤可制成缓释、控释制剂，如可先将药物制成颗粒，然后用不同释放速率的高分子材料包衣，按需要的比例混匀后装入胶囊中，可制成缓释、肠溶等多种类型的胶囊剂；⑥可使胶囊具有各种颜色或印字，便于识别。但其也有缺点，如在胃中溶解后，局部浓度过高而刺激胃黏膜，易风化、具有吸湿性的药物不宜制成胶囊。

7. 滴丸剂和微丸剂

（1）滴丸剂　滴丸剂系指固体或液体与基质加热熔融混匀后，滴入不相混溶的冷凝液中，收缩冷凝而制成的球形或类球形制剂。滴丸剂主要供口服，亦可供外用和局部如眼、耳、鼻、直肠、阴道等使用。

滴丸剂的特点是：①发挥药效迅速、生物利用度高、副作用小；②液体药物可制成固体滴丸，便于服用和运输；③增加药物的稳定性，因药物与基质溶合后与空气接触面积减少，不易氧化和挥发，基质为非水物，不易引起水解；④生产设备简单、操作容易，重量差异较小，成本低，无粉尘，有利于劳动保护；⑤根据需要可制成内服、外用、缓释、控释或局部治疗等多种类型的滴丸剂。

（2）微丸剂　微丸剂系指由药物和辅料组成的直径小于 2.5mm 的圆球实体。可根据不同需要制成快速、慢速或控释药物的微丸，一般填充于硬胶囊中、袋装或制成片剂后服用。

微丸剂的特点是：①药物在胃肠道表面分布面积增大，服后可迅速达到治疗浓度，提高生物利用度，减小局部刺激性；②可由不同释药速度的多种小丸组成，故可控制释药速度制成零级、一级或快速释药的制剂；③基本不受胃排空因素的影响，药物的体内吸收速度均匀，且个体间生物利用度差异小；④微丸含药比例范围大，可从 1%～95%，单个胶囊内装入控释微丸的最大剂量可达 600mg；⑤制备工艺简单。

8. 片剂

片剂（tablets）系指药物与辅料均匀混合经制粒或不经制粒压制而成的片状或异形片状的制剂，可供内服和外用。

片剂按其制备方法、用法和作用的不同，主要分为如下几种形式。

（1）压制片　指药物与辅料均匀混合经压制而成的片剂。一般不包衣的片剂多属于此。

（2）包衣片　指在压制片外面包上衣膜的片剂。根据包衣物料的不同，可分为糖衣片、薄膜衣片及肠溶衣片等。

（3）多层片　指有两层或多层组成的片剂，各层可含不同的药物或辅料。可避免复方制剂中不同成分之间的配伍变化。

（4）泡腾片　指含有碳酸氢钠和有机酸遇水可发出二氧化碳而成泡腾状的片剂。多用于可溶性药物。

（5）咀嚼片　指在口腔中咀嚼或吮服使片剂溶化后吞服，在胃肠道发挥作用或经胃肠道吸收发挥全身作用的片剂。

（6）含片　指含于口腔中，使药物缓慢溶解产生持久局部作用的片剂。

（7）舌下片　指置于舌下能迅速溶化，药物经舌下黏膜吸收发挥全身作用的片剂。

（8）肠溶片　指用肠溶性包衣材料进行包衣的片剂。可防止药物在胃内分解失效，控制药物在肠道内定位释放等。

此外还有分散片、阴道片、控释片、缓释片等。

片剂的优点是：①剂量准确，应用方便；②生产机械化、自动化程度高，产量大，成本较低；③质量稳定，携带、运输和贮存方便；④能适应治疗、预防用药的多种要求；⑤片面可以压上主药名称和药量的标记，也可用不同颜色着色使其便于识别或增加美观。其缺点有：①婴儿、幼儿和昏迷病人等不易吞服；②因片剂需加入若干种辅料并且经过压缩成型，故易出现溶出度和生物利用度方面的问题。

9. 栓剂

栓剂（suppository）系指药物与适宜基质制成的有一定形状供人体腔道给药的固体制剂。栓剂在常温下为固体，塞入腔道后在体温下能迅速软化熔融或溶解于分泌液，逐渐释放药物而产生局部或全身作用。栓剂按给药部位可分为肛门栓和阴道栓两种，后者主要用于阴道疾病的局部治疗。栓剂有润滑、收敛、抗菌局麻等局部作用，现在又发现栓剂可通过直肠给药途径发挥全身作用，并可减少首过效应。

10. 软膏剂

软膏剂（ointments）系指药物与适宜基质均匀混合制成的具有一定稠度的半固体外用制剂。其中用乳剂型基质制成的易于涂布的软膏剂称乳膏剂。软膏剂主要起保护、润滑和局部治疗作用。

11. 膜剂

膜剂（films）系指药物溶解或分散于成膜材料中或包裹于成膜材料中，制成的单层或多层膜状制剂。膜剂可供口服、口含、舌下给药，也可用于眼结膜囊内或阴道内，外用可用于皮肤和黏膜创伤、烧伤或炎症表面的覆盖。

膜剂的优点有：①无粉末飞扬；②成膜材料用量少；③含量准确；④稳定性好；⑤配伍变化少（可制成多层复合膜）；⑥吸收起效快，也可控速释药（制成不同释药速度的膜）。其缺点是载药量少，只适用于剂量小的药物。

12. 气雾剂

气雾剂（aerosol）系指药物与适宜的抛射剂封装于具有特制阀门系统的耐压密封容器中制成的制剂。使用时，借抛射剂的压力将内容物喷出，药物喷出时多为细雾状气溶胶，也可以使药物喷出呈烟雾状、泡沫状或细流。气雾剂可在呼吸道、皮肤或其他腔道起局部或全身作用。

气雾剂的优点有：①具有速效和定位作用，气雾剂可直接喷于作用部位，药物分布均匀，起效快；②药物密闭于容器内能保持药物清洁无菌，且由于容器不透明，避光且不与空气中的氧或水分直接接触，所以稳定性好；③无局部用药的刺激性；④可避免肝脏首过效应和胃肠道的破坏作用。其缺点是需要耐压容器、阀门系统和特殊的生产设备，成本高。

13. 缓释制剂和控释制剂

缓释制剂系指用药后能在较长时间内持续释放药物以达到延长药效目的的制剂。控释制剂系指药物能在设定的时间内自动以设定速度释放，使血药浓度长时间恒定地维持在有效浓度范围内的制剂。

缓释、控释制剂的优点有：①对半衰期短的或需要频繁给药的药物，可以减少服药次数，使用方便，这样可以大大提高病人服药的顺应性，特别适用于需要长期服药的慢性疾病患者；②使血药浓度平稳，避免或减少峰谷现象，有利于降低药物的毒副作用；③可减少用药的总剂量，因此可用最小剂量达到最大药效。其缺点是：①释药率及吸收率不易获得一致，口服制剂更为明显；②控释制剂较一般制剂大，工艺复杂，价格较贵；③某些药物不宜制成缓释或控释制剂。

14. 药物新剂型

（1）经皮吸收制剂　经皮吸收制剂（transdermal drug delivery systems，TDDS）系指

经皮肤敷贴方式给药而起全身治疗作用的一类制剂。TDDS 具有避免药物受胃肠道生理因素影响，避免首过效应，减少给药次数等优点。我国对硝酸甘油、东莨菪碱、可乐定等的 TDDS 的研究已获得成果，并投入生产。

（2）靶向制剂　靶向制剂（targeting drug systems，TDS）系指载体将药物通过局部给药或全身血液循环而选择性地浓集定位于靶组织、靶器官、靶细胞或细胞内结构的给药系统。药物制成靶向制剂可以提高疗效，降低毒副作用，提高用药的安全性、有效性、可靠性和患者的顺应性。靶向制剂主要有脂质体、微乳剂、微球等。

# 第二节　药品的质量及包装

> 　　1995 年，胡先生因患三叉神经痛到医院就诊，医生开出处方让其服用上海某制药厂生产的"卡马西平"药。该药写明剂量每日 1～10 片。服药 7 日后，胡先生腰部、下肢出现皮疹。他在服药前和服药期间多次细看过该药说明书，未见到不良反应中有"皮疹"内容，故继续服药。几天后，胡先生体温上升，视力模糊，上下眼皮及口腔溃疡，腹部绞痛，昏迷，送医院急诊，诊断为"因卡马西平引起的多型红斑药疹"，经专家全力抢救才脱离危险。病人出院后至今没停止过治疗，目前全身上下仍是疤痕累累，皮肤色素深沉，耳鸣，四肢麻木，双目视力下降。
>
> 　　"卡马西平"为上海某制药厂生产，胡先生将药厂推向了被告席。经有关部门调查核实，该药厂擅自删除了卡马西平药品说明书有关"皮疹、荨麻疹、白细胞减少、粒细胞缺乏"等 28 项毒副作用的内容，致使患者受害。此案以该制药厂败诉而告终。该制药厂在此后相当长的时间里，企业声名狼藉，经济上付出了巨大代价。

## 一、药品质量

### （一）药品质量特点

1. 药品质量的物质性

药品质量的物质性可以概括为安全性、有效性、可控性、稳定性。安全性与有效性构成了药品的最基本特性。

（1）安全性　由于药品作用具有两重性，其不良反应是客观存在的，所以安全性是评价药品最重要的指标之一。通过安全试验就可以了解药品在正常使用剂量及途径时对机体可能产生的有害作用；同时也能了解机体对超量药物的耐受程度等。临床上一般用安全指数来表示药品的安全性。

（2）有效性　药品的有效性是人们使用药品的唯一目的，是评价药品质量最重要的指标之一。如阿司匹林有良好的解热镇痛作用；头孢氨苄有明显地抑杀革兰阳性菌的作用，被广泛用于革兰阳性菌感染的病例。

（3）可控性　随着市场上药品品种与数量的增多，药品质量若无可控性，就很难保证药品的安全、有效，同时也给药品的监督管理工作带来困难。

（4）稳定性　药品的稳定性与药品的生产、使用、运输及保管贮存有很大的关系，如青霉素（青霉素钾）因在水溶液中稳定性很差而只能制成注射用粉末；因遇光、热、水分子等易失效而必须严封于凉暗干燥处保存，并制定了有效期（有效期 4 年）等。

2. 药品质量的社会性

药品质量的社会性表现在许多方面，可以概括为时间性、区域性、个体性。

（1）时间性　随着药品更新换代的速度加快，对同一药物的评价会随时间的推移而改变，如磺胺类抗菌药问世之初，曾以抗菌广谱、疗效确切、价格便宜等优点获得好评。但随着时间的推移，磺胺类药的缺点不断暴露出来，如易产生抗药性、可致肝和肾损害等，再加上一大批优秀的抗菌药品相继问世，致使磺胺类药品不再是广受欢迎的抗菌药品。

（2）区域性　一些地方病用药受使用区域的影响非常大。如吡喹酮是一个新型的广谱抗血吸虫病药，疗效比较确切，不良反应较少，在血吸虫病流行地区不失为一个优质药品。但对其他地区来说，由于其使用价值难以实现，很难说它是一个优质商品。

（3）个体性　因患者的年龄、性别、生理及病理状况、经济条件等不同，对药品质量的评价不同。

**（二）药品的质量标准**

药品的质量标准分法定标准和非法定标准两类。

法定药品标准是国家对药品品种、规格、技术要求、试验检验方法、包装、标志、储运和保管等方面所作的统一规定。是药品生产、供应、使用、检验单位必须共同遵守的法定依据，属于强制性标准。包括国务院药品监督管理部门颁布的《中华人民共和国药典》、局颁药品标准和省、自治区、直辖市药品监督管理部门颁布的《中药炮制规范》。它们均为法定药品标准。

《药典》是一个国家记载药品规格、标准的法典。由国家组织的药典委员会编写，并由政府颁布施行，具有法律的约束力。

非法定标准可以由行业集团乃至制药公司制定，不能低于法定标准。

1. 中华人民共和国药典

新中国成立后，编纂了我国第一部《中华人民共和国药典》（1953 年版），收载各类药品 531 种。现行版为 2005 年版，收载各类药品 3214 种。分为一部、二部和三部。一部收载常用中药材和中成药等，二部收载常用化学药品、抗生素和放射性药品，三部收载生物制品。

2. 国外药典

世界上大约有 38 个国家有自己的药典，此外还有国际和区域性药典。这些药典无疑对世界医药科学技术交流和国际贸易有极大促进作用。现对主要药典加以介绍。

（1）《美国药典》（《Pharmacopoeia of the United States》）简称 U.S.P.，现行版为 2005 年版，USP29-NF24。

（2）《英国药典》（《British Pharmacopoeia》）简称 B.P.，现行版为 2005 年版。

（3）《日本药局方》（《Pharmacopoeia of Japan》）简称 J.P.，每五年一版，现行版为第 15 版修正版。

（4）《国际药典》（《Pharmacopoeia Internatioanlis》）简称 Ph. Int.，系 WHO 为统一世界各国药品的质量标准和质量控制的方法而编纂。国际药典目前有 5 卷：卷 1（1979 年）为通用分析方法；卷 2（1981 年）和卷 3（1988 年）为世界卫生组织基本药物示范目录中的大部分药物的质量标准；卷 4（1994 年）为有关试验、方法的信息，药品原料、赋形剂的一般要求和质量说明，以及剂型。当前为卷 5（2003 年），是制剂通则以及药品原料和片剂的质量标准，这实际上将涵盖目录上的有机合成药物与一些抗疟疾药物及其最广泛应用剂型的所有各论。

## 二、药品的包装

### (一) 药品包装的基本要求

1. 适应不同流通条件的需要

药品在流通领域中可受到运输装卸条件、贮存时间、气候变化等情况的影响，所以药品的包装应与这些条件相适应。如怕冻药品发往寒冷地区时，要加防寒包装；药品包装措施应按相对湿度最大的地区考虑等。同样，在对出口药品进行包装时应充分考虑出口国的具体情况，将因包装而影响药品质量的可能性降低到最低限度。

2. 和内容物相适应

包装应结合所盛装药品的理化性质和剂型特点，分别采取不同措施。如遇光易变质、露置空气中易氧化的药品，应采用遮光容器；瓶装的液体药品应采取防震、防压措施。

3. 符合标准化要求

符合标准化要求的包装有利于保证药品质量，便于药品运输、装卸与贮存，便于识别与计量，有利于现代化港口的机械化装卸，有利于减少包装、运输、贮存费用。此外，药品包装还有一些具体要求，如药品包装（包括运输包装）必须加封口、封签、封条或使用防盗盖、瓶盖套等；标签必须贴牢、贴正，不得与药物一起放入瓶内；凡封签、标签、包装容器等有破损的，不得出厂和销售。特殊管理药品、非处方药及外用药品的标签上必须印有规定的标志。在国内销售的药品的包装、标签、说明书必须使用中文，不能使用繁体字、异体字，如加注汉语拼音或外文，必须以中文为主体；在国内销售的进口药品，必须附中文使用说明。凡使用商品名的西药制剂，必须在商品名下方的括号内标明法定通用名称等。

### (二) 药品包装的类别

药品的包装分内包装与外包装。

(1) 内包装 系指直接与药品接触的包装（如安瓿、注射剂瓶、铝箔等）。内包装应能保证药品在生产、运输、贮存及使用过程中的质量，并便于医疗使用。

药品内包装材料、容器（药包材）的更改，应根据所选用药包材的材质，做稳定性试验，考察药品包装材料与药品的相容性。

(2) 外包装 系指内包装以外的包装，按由里向外分为中包装和大包装。外包装应根据药品的特性选用不易破损的包装，以保证药品在运输、贮存、使用过程中的质量。

无论哪一种形式的包装，都必须有利于保护药品的质量，有利于药品的装卸、贮存、运输、销售。

### (三) 常用的包装材料

为了保证药品质量的完好，所有药品包装用材料及容器都必须按法定标准生产。直接接触药品的包装材料及容器（包括油墨、黏合剂、衬垫、填充物等）必须卫生、无毒，不与药品发生化学反应，不发生组分游离或微粒脱落；不准采用可能影响药品卫生的包装材料及容器。政府对直接接触药品的包装材料及容器的生产实施生产许可证制度。

(1) 玻璃 玻璃具有能防潮、易密封、透明和化学性质较稳定等优点，但玻璃也有许多缺点，如较重、易碎，还可因受到水溶液的侵蚀而释放出碱性物质和不溶性脱片。为了保证药品的质量，药典规定安瓿、大输液瓶必须使用硬质中性玻璃，在盛装遇光易变质的药品时，应选用棕色玻璃制成的容器。

（2）塑料 塑料具有包装牢固、容易封口、色泽鲜艳、透明美观、质量轻、携带方便、价格低廉等优点。但是由于塑料在生产中常加入附加剂，如增塑剂、稳定剂等，这些附加剂直接与药品接触可能与药品发生化学反应，以致药品质量发生变化。塑料还具有透气透光、易吸附等缺点，这些缺点均可加速药品氧化变质的速度，引起药品变质。

（3）纸制品 纸制品的原料来源广泛，成本较低，刷上防潮涂料后具有一定的防潮性能，包装体积可按需要而制造，具有回收使用的价值，是当今使用最广泛的包装材料之一。但其强度低、易变形。

（4）金属 常用的金属材料是黑铁皮、镀锌铁皮、马口铁、铝箔等。金属材料包装耐压、密封、性能好，但是成本比较高。

（5）木材 木材具有耐压性能，是常用的外包装材料。由于木材消耗森林资源，正逐步被纸及塑料等材料代替。

（6）复合材料 复合材料是用塑料、纸、铝箔等进行多层复合而制成的包装材料。常用的有纸-塑复合材料、铝箔-聚乙烯复合材料、铝箔-聚酯等。这些复合材料具有良好的力学强度、耐生物腐蚀性能、保持真空性能及抗压性能等。

（7）橡胶制品 橡胶主要用于瓶装药品的各种瓶塞，由于直接与药品接触，故要求具有非常好的生化稳定性及优良的密封性，以确保药品在有效期内不因空气及湿气的进入而变质。

从发展趋势来看，包装材料在向以纸代木、以塑代纸或以纸、塑料、铝箔等组成各种复合材料的方向发展。特种包装材料（如聚四氟乙烯塑料、有机硅树脂、聚酯复合板或发泡聚氨酯等）应用处于上升趋势。

**（四）包装上的标识**

根据《中华人民共和国药品管理法》的规定，药品的包装必须印有或贴有标签。药品的标签分为内包装标签与外包装标签。内包装标签与外包装标签不得超出国家药品监督管理局批准的药品说明书所限定的内容，文字表达应与说明书保持一致。

内包装标签可根据其尺寸的大小，尽可能包含药品名称、适应证或者功能主治、用法用量、规格、贮存、生产日期、产品批号、有效期、生产企业等标识内容。必须标注药品名称、规格及产品批号。

中包装标签应注明药品名称、主要成分、性状、适应证或者功能主治、用法用量、不良反应、禁忌、规格、贮存、生产日期、产品批号、有效期、批准文号、生产企业等内容。

大包装标签应注明药品名称、规格、贮存、生产日期、产品批号、有效期、批准文号、生产企业以及使用说明书规定以外的必要内容，包括包装数量、运输注意事项或其他标记等。

1. 药品批准文号

药品批准文号是药品生产合法性的标志。《中华人民共和国药品管理法》规定，生产药品"须经国家食品药品监督管理部门批准，并发给药品批准文号"。以前上市药品的批准文号的格式不尽相同，为加强药品批准文号管理，国家食品药品监督管理局已发文规范了新的药品批准文号格式，并将已合法生产的药品统一换发药品批准文号。统一以后的批准文号格式如下。

化学药——国药准字 H×××××××××

中药——国药准字 Z×××××××××

生物制品——国药准字 S×××××××

进口分装药品——国药准字—J×××××××

药用辅料——国药准字 F×××××××

其中，H 代表化学药品，Z 代表中药，S 代表生物制品，J 代表进口分装药品，F 代表药用辅料。

另外，进口药品的包装和标签还应标明"进口药品注册证号"。香港特区、澳门特区、台湾省药品的包装和标签也应标明"医药产品注册证号"。

2. 药品批号

在规定限度内具有同一性质和质量，并在同一连续生产周期生产出来的一定数量的药为一批。每批药品均应指定生产批号。

根据药品的批号，可以追溯和审查该批药品的生产历史，能够判断该药品出厂时间的长短，便于掌握先生产、先销售、先使用的原则以防久贮变质。此外，药品的抽样检验，均以批号为单位进行处理。

产品批号的识别：我国医药企业一般用 6 位或 8 位数来表示批号，前 2 位或前 4 位表示年份，中间 2 位表示月份，后 2 位表示药品的生产批次，也有一些企业以生产日期来表示批次。如批号为 040125，则表示为 2004 年 1 月生产的第 25 批。进口药品的批号由各国生产厂家自定，其表示方法极不一致，在此从略。

3. 药品有效期

(1) 定义　药品有效期指在一定的贮存条件下，能够保证药品质量的期限。按规定，药品包装应标明有效期的终止日期。

(2) 有效期和失效期的识别　药品标签中的有效期应当按照年、月、日的顺序标注，年份用 4 位数字表示，月、日用 2 位数字表示。其具体标注格式为"有效期至××××年××月"或者"有效期至××××年××月××日"；也可以用数字和其他符号表示为"有效期至××××.××."或者"有效期至××××/××/××"等。

预防用生物制品有效期的标注按照国家食品药品监督管理局批准的注册标准执行，治疗用生物制品有效期的标注自分装日期计算，其他药品有效期的标注自生产日期计算。

有效期若标注到日，应当为起算日期对应年月日的前一天，若标注到月，应当为起算月份对应年月的前一月。

国外生产的进口药品常以 EXpiry date/EXp（截止日期）表示失效期，或以 Use Before（在此之前使用完）表示有效期。

4. 药品注册商标

药品注册商标是由文字、符号及图形等综合组成的。药品注册商标是药品的销售包装及其他宣传品上专用的标志，也是药品生产者为把自己的产品与他人的同类产品相区别的标志。

注册商标印制方法是，在药品包装物上的商标名称的右上方，印上一个 Ⓡ。R 是英语 Registered Trademark 的缩写，表示已登记注册。注册商标有效期一般为 10 年。

5. 药品包装上的条形码

条形码是商品的识别标志，它是印在商品销售包装上的粗细不等的深色线条，线条下编有数码。通常数码由 13 位数字组成，第 1～12 位是产品代码（前 3 位是国别码；中间 4 位为制造商号，代表企业，有唯一性；后 5 位是实际产品代码），第 13 位是校验码。

6. 专有标识

特殊管理的药品（麻醉药品、精神药品、医疗用毒性药品和放射性药品）、外用药品、非处方药品，必须在其包装上印有符合规定的专有标识。

### （五）药品说明书

药品说明书是药品质量标准的一部分，是医疗上的重要文件，是医生和药师开方、配方的依据，具有科学及法律上的意义。同时药品的说明书也是药品生产厂家报请审批药品生产的必备资料之一，生产厂家不仅应对药品质量负责，同时也应对说明书内容是否真实并符合要求负责。

| 1. 化学药品说明书格式××××说明书 | 2. 中药说明书格式××××说明书 |
|---|---|
| 【药品名称】 | 【药品名称】 |
| 通用名： | 品名： |
| 曾用名： | 汉语拼音： |
| 商品名： | |
| 英文名： | |
| 汉语拼音： | |
| 本品主要成分及其化学名称为： | 【主要成分】 |
| 其结构式为(复方制剂应写为"本品为复方制剂，其组分为")： | |
| 【性状】 | 【性状】 |
| 【药理毒理】 | 【药理作用】 |
| 【药代动力学】 | |
| 【适应证】 | 【功能与主治】 |
| 【用法用量】 | 【用法与用量】 |
| 【不良反应】 | 【不良反应】 |
| 【禁忌证】 | 【禁忌证】 |
| 【注意事项】 | 【注意事项】 |
| 【孕妇及哺乳期妇女用药】 | |
| 【儿童用药】 | |
| 【老年患者用药】 | |
| 【药物相互作用】 | |
| 【药物过量】 | |
| 【规格】 | 【规格】 |
| 【贮藏】 | 【贮藏】 |
| 【包装】 | 【包装】 |
| 【有效期】 | 【有效期】 |
| 【批准文号】 | 【批准文号】 |
| 【生产企业】 | 【生产企业】 |
| 企业名称： | 企业名称： |
| 地址： | 地址： |
| 邮政编码： | 邮政编码： |
| 电话号码： | 电话号码： |
| 传真号码： | 传真号码： |
| 网址： | 网址： |

# 第三节　药物与机体间的作用

> 某家长希望儿子长得高大威风，从3岁起便让儿子服用甲睾酮片。开始效果不错，孩子生长速度显著加快，8岁前一直比同龄人高大壮实，性格也很成熟。但8岁后，孩子唇边竟长出了小胡子，此后继续服药，但不再长高。到了21岁仍只有140cm。

## 一、药物对机体的作用

药物与机体细胞间的初始作用称为药物作用，而药物作用引起的机体器官原有功能的改变称为药物效应。前者是过程，后者是结果，例如肾上腺素与心脏的受体结合称药物作用，其效应则是所继发的心率加快、心肌收缩力加强等。通常上述两者统称为药物作用。

### （一）药物的基本作用

在药物影响下机体（包括病原体）所发生的生理、生化功能变化——兴奋或抑制，称为药物的基本作用。

1. 兴奋作用

药物使原有功能增强者（如肌肉收缩增强、腺体分泌增加、酶活性提高等）称为兴奋作用。过度的兴奋往往呈现痉挛或惊厥。

2. 抑制作用

药物使原有功能减弱者（如肌肉松弛等）称为抑制作用。

有些药物对同一机体的不同器官和组织可分别产生兴奋或抑制作用，如肾上腺素对心脏呈现兴奋作用，而使支气管平滑肌舒张则为抑制作用。

### （二）药物作用的方式

1. 局部作用和吸收作用

药物吸收入血之前在用药局部所产生的直接作用，称为局部作用，如酒精、碘酒对皮肤表面的消毒作用。吸收作用又称药物的全身作用，是指药物从给药部位被吸收入血液循环后所产生的作用，如退热药的解热镇痛作用。

2. 直接作用和间接作用

直接作用如吗啡镇痛、强心苷类药物作用于心脏等。间接作用则是由直接作用所引起的，如地高辛使肾血流增加、尿量增多、心脏性水肿的症状减轻。

3. 选择作用和普遍细胞作用

许多药物在适当剂量时仅对机体的某一器官或组织产生明显的作用，而对其他器官或组织作用轻微或几乎不产生作用，这种现象就是药物的选择作用。药物的选择作用代表了药物的主要防治作用，是选择用药的主要依据。与选择作用相反，药物无所选择地影响机体各组织和器官，称为普遍细胞作用，能对许多组织产生损伤性毒性。

### （三）药物作用的两重性

药物在具有防治作用的同时也具有不良反应。

1. 防治作用

（1）预防作用　利用药物进行疾病的预防。

（2）治疗作用　治疗作用是药物的主要作用。一般分为对症治疗与对因治疗。

对症治疗的目的是改善疾病症状但并不能消除体内的致病因素。这种治疗虽不能从根本上消除病因，但能缓解症状，减轻病人的痛苦；对因治疗的目的是消除致病因素。治疗疾病时对症治疗与对因治疗同样重要，临床医师应根据病情合理应用。

2. 不良反应

药物不良反应（adverse drug reactions，简称 ADR）系指合格药品在正常用法用量下出现的与用药目的无关的或意外的有害反应。主要包括以下方面。

（1）副作用　使用正常剂量药物时，伴随着治疗作用出现的与治疗目的无关的作用称为副作用，属于药物固有的效应。副作用在治疗中是经常出现的，可以给病人带来痛苦，但比较轻微。大多数药物都可能同时兼有几种药理作用，而治疗目的可能仅需要其中的一部分，这时其他的作用有时就成为副作用；而改变一下用药目的后，副作用与治疗作用有可能相互转化。出现副作用的主要原因是由于药物的选择性较差，作用范围较广。一个成熟的药品的副作用应是可预知的，因此有些副作用是可以设法减轻或消除的。

（2）毒性反应　是指用药剂量过大或用药时间过长而引起的反应，一般是在超过极量时才发生。但有时也可因为病人的遗传缺陷、病理状态或合并用药使敏感性增加而在治疗量时发生毒性反应。毒性反应可以立即发生（用药剂量过大发生急性毒性），也可以经长期蓄积后发生（用药时间过长发生慢性毒性）。

（3）变态反应　是指抗原（药品或其他致敏原）与抗体结合而形成的一种对机体有损害的病理性免疫反应，也称过敏反应。变态反应与用药的剂量无关或关系很小，一般仅见于少数过敏体质病人。不同的药物可以产生相同的症状，轻者如荨麻疹、药热、哮喘、血管神经性水肿等，严重者可出现剥脱性皮炎、造血系统抑制、过敏性休克，如不及时抢救可危及生命。对于易致变态反应的药物或过敏体质的病人，用药前应做过敏试验，阳性反应者禁用。

（4）耐受性　是指机体对某种药物的敏感性特别低，要加大剂量才出现预期的作用。产生耐受性的原因有先天与后天两种。先天耐受性多受遗传因素影响，在初次用药时即出现，后天耐受性则因反复使用某种药使机体的反应性减弱而获得。

（5）耐药性　是细菌、病毒和寄生虫等接触药物后，产生了结构、生理、生化的变化，形成抗药性变异菌株，它们对药物的敏感性下降甚至消失。

（6）依赖性　一些作用于中枢神经系统的药物连续应用后可致依赖性。临床上可分为"精神依赖性"与"躯体依赖性"。"精神依赖性"也称"心理依赖"，是一种强烈、迫切地要求服用某种药品以获得愉快与满足感的欲望。"躯体依赖性"也称"生理依赖性"或成瘾性，是指用药者被迫性地要求连续定期使用某种药品，以得到欣快感，一旦停药会产生戒断反应。

（7）继发反应和后遗反应　继发反应是指由药物的治疗作用引发的不良后果。后遗反应是指血药浓度已降到有效值以下仍然残留的药物效应。

（8）"三致"反应　是指"致畸、致癌、致突变"，属慢性毒性范畴，是由于药物影响了细胞的 DNA 从而在分裂过程中发生遗传异常，诱发畸胎和癌变。

新的药品不良反应是指药品说明书中未载明的不良反应。药品严重不良反应是指因服用药品引起以下损害情形之一的反应：①引起死亡；②致癌、致畸、致出生缺陷；③对生命有危险并能够导致人体永久的或显著的伤残；④对器官功能产生永久损伤；⑤导致住院或住院时间延长。

## 二、机体对药物的作用

机体对药物的吸收、分布、代谢和排泄的过程，称为药物的体内过程。了解这些过程及血药浓度随时间变化的规律，对制定合理的给药方案、确保用药安全具有重要的实际意义。

**（一）吸收**

药物从给药部位进入血液循环的过程称为吸收。药物吸收的快慢和多少，直接影响药物起效的快慢和作用的强弱。

1. 消化道的吸收

（1）口服给药　这是最常用的给药方法。胃的吸收面积小，排空迅速，所以吸收量少。小肠是吸收的主要部位，由于小肠吸收面积大，并有血流量大、毛细血管壁的膜孔较大、蠕动缓慢和 pH 偏中性的特点，所以弱酸性和弱碱性药物均易被吸收，但高度解离的药物如季铵盐类药物难吸收。

由胃肠吸收的药物，进入门静脉后都要经过肝才能进入体循环。因此，有些口服的药物在首次通过肝时即发生转化灭活，使进入体循环的药量减少，药效降低，这种现象称为首关效应。首关效应较多的药物不宜口服给药。

（2）舌下给药　由于口腔黏膜为多孔的类脂质膜，脂溶性较高、用量较小的药物，可用舌下给药的方法由口腔黏膜吸收，此法具有吸收迅速和避开首关效应的特点，但吸收面积小，吸收药量少，适合于高脂溶性、有效剂量比较小的药物。

（3）直肠给药　药物经肛门灌肠或使用栓剂进入直肠或结肠，其吸收面积不大，吸收量较口服少，但可避开首过效应。

2. 注射部位的吸收

临床常用的皮下注射或肌内注射，药液沿结缔组织或肌纤维扩散，穿过毛细血管壁进入血液循环。其吸收速度与局部血流量和药物制剂有关。由于肌肉组织血管丰富，血流供应充足，故肌内注射较皮下注射吸收快，休克时周围循环衰竭，皮下注射或肌内注射吸收速度减慢，需静脉给药方能即刻显效。静脉注射时无吸收过程。

3. 皮肤黏膜和呼吸道的吸收

外用药物时由于皮肤角质层仅可使脂溶性高的药物通过，皮脂腺的分泌物覆盖在皮肤表面，可阻止水溶性物质通过，所以完整皮肤的吸收能力很差。但脂溶性很高的药物可经皮肤吸收，如硝酸甘油、美曲膦酯（敌百虫）。黏膜吸收能力虽比皮肤强，但除口腔黏膜外，其他部位的黏膜给药其吸收作用的治疗意义不大。呼吸道给药主要由肺泡吸收，肺泡血流丰富且表面积较大，吸收极其迅速，凡气体或挥发性药物可直接进入肺泡。药物溶液经喷雾器雾化后，可到达肺泡迅速吸收。

4. 影响吸收的主要因素

（1）药物的理化性质　药物的分子大小、脂溶性高低、溶解度和解离度等均可影响吸收。一般认为，药物脂溶性越高，越易被吸收；小分子水溶性药物易吸收；水和脂肪均不溶的药物，则难吸收。解离度高的药物口服很难吸收。

（2）药物的剂型　口服给药时，溶液剂较片剂或胶囊剂等固体制剂吸收快，因为后者需有崩解和溶解的过程。皮下注射或肌内注射时，水溶液吸收迅速；混悬剂或油制剂由于在注射部位的滞留而吸收较慢，故显效慢，但作用时间久。

（3）吸收环境　口服给药时，胃的排空功能、肠蠕动的快慢、pH 值、肠内容物的多少和性质均可影响药物的吸收。如胃排空迟缓、肠蠕动过快或肠内容物多等均不利于药物的吸收。

**（二）分布**

药物被吸收之后，经血液循环到达各组织器官的过程称为分布。药物在体内的分布是不均匀的，血流丰富的组织，药物分布得快而且量多。一般地说，药物的分布与药物作用关系密切，分布浓度高者，药物在此部位的作用也较强，如碘和碘化物分布在甲状腺的浓度较高，对该部位的作用较强。但有的药物并非如此，如吗啡作用于中枢，却大量分布于肝。影响分布的因素主要包括以下几方面。

1. 药物的理化性质和体液 pH

脂溶性药物或水溶性小分子药物均易透过毛细血管壁进入组织；水溶性大分子药物或离子型药物则难以透出血管壁进入组织。体液 pH 也能影响药物的分布。

2. 药物与血浆蛋白的结合

在血液中总有或多或少的药物与血浆蛋白结合形成结合型药物，由于分子量变大，不易跨膜转运，从而影响药物的分布和排泄。药物与血浆蛋白的结合是可逆的，结合后暂时失去药理活性。未结合的药物为游离型，具有药理活性。结合型药物与游离型药物以一定比例处于动态平衡，当游离型药物被转化或排泄、血药浓度降低时，结合型药物可自血浆蛋白释出呈游离型。药物不同，其血浆蛋白结合率也不同，结合率高的药物生效慢、作用时间较长。两种药物同时使用可能竞争与同一蛋白结合而发生置换现象。

3. 药物与组织的亲和力

有些药物与某组织细胞有特殊的亲和力，使药物在其中的浓度较高，从而表现出药物分布的选择性。如碘主要集中在甲状腺、钙沉积于骨骼中。

4. 血脑屏障与胎盘屏障

血脑屏障是指血浆与脑细胞或脑脊液间由特殊细胞构成的屏障，这是大脑自我保护机制。药物只有通过血脑屏障才能进入脑组织，此屏障能阻止某些大分子、水溶性和解离型药物通过；脂溶性药物可以通过。当脑膜有炎症时，血脑屏障的通透性增加，使某些药物易进入脑脊液中，如青霉素一般难以进入脑脊液，但在脑膜炎患者的脑脊液中可达有效浓度。

胎盘屏障是由胎盘将母体与胎儿血液隔开的屏障，其通透性与一般细胞膜相似，脂溶性高的药物易通过，解离度高的药物则难通过。有些药物对胎儿有毒性或者导致畸形，故孕妇用药应慎重。

**（三）代谢**

药物的代谢是指药物在体内发生的化学变化过程，又称生物转化。多数药物经过代谢后失去药理活性，称为灭活，少数由无活性药物转化为有活性的药物或者由活性弱的药物变为活性强的药物，称为活化。也有些药物在体内几乎不被代谢，以原形药物排出。

药物进行代谢需要酶的参与。肝脏是药物代谢的重要场所，肝脏微粒体的细胞色素 P-450 酶系统是促进药物代谢的主要酶系统，故又称肝药酶。部分药物也可在其他组织被有关的酶催化而分解。

凡能使肝药酶的活性增强或合成加速的药物称为药酶诱导剂，它可加速药物自身和其他某些药物的代谢，这是药物产生耐受性的原因之一。如苯巴比妥的药酶诱导作用很强，连续用药能加速自身的代谢和抗凝血药华法林的代谢，使其药效降低。凡能使药酶活性降低或合成减少的药物称药酶抑制剂，它能减慢其他某些药物的代谢，使药效增强。如氯霉素为药酶抑制剂，能减慢苯妥英钠的代谢，两药同服可使苯妥英钠的血药浓度升高、药效增强，甚至出现毒性反应。故联合用药时应注意药物间的相互影响。

**（四）排泄**

药物排泄是指药物在体内经吸收、分布、代谢以后，最终以原形或代谢产物通过不同途径排出体外的过程。

1. 肾排泄

肾是排泄药物的主要器官。游离型药物及其代谢产物可经肾小球滤过，与血浆蛋白结合的药物分子较大不易滤过。药物自肾小球滤过进入肾小管后，可不同程度地被重吸收。脂溶性药物重吸收的多，故排泄速度慢；水溶性药物重吸收的少，易从尿中排出，故排泄速度快。有的药物在尿中浓度较高而发挥治疗作用，如呋喃妥因经肾排泄时，尿中可达有效抗菌浓度，故可治疗泌尿道感染。

肾功能不良时，药物排泄速度减慢，反复用药易致药物蓄积甚至中毒，故应注意。

2. 胆汁排泄

某些药物及其代谢物可经胆汁排泄进入肠道。有的抗菌药在胆道内的浓度高，有利于肝胆系统感染的治疗。有的药物经胆汁排泄在肠中再次被吸收形成肝肠循环，可使药物作用时间延长。

3. 乳汁排泄

乳汁排泄指药物经简单扩散的方式自乳汁排泄。由于乳汁略呈酸性，又富含脂质，所以脂溶性高的药物和弱碱性药物如吗啡、阿托品等可自乳汁排出，故授乳妇女用药应予注意，以免对婴幼儿引起不良反应。

**（五）药物的半衰期**

1. 药物半衰期的含义

药物消除的快慢多用"半衰期（$t_{1/2}$）"表示。半衰期是指药物在血液中的浓度（或效应）下降一半所需的时间。它反映了药物在体内的消除速度，消除快的药物半衰期短，消除慢的药物半衰期长。经 5 个半衰期后药物浓度下降到原来的 3% 左右，可认为基本消除完毕。一般根据该药物的半衰期长短来决定给药的间隔时间。对于肝、肾功能不好的患者来说，半衰期相对延长，如仍按常规给药，有引起中毒的危险。

2. 半衰期的意义

半衰期对临床用药方案可提供很好的指导：①有助于了解药物在体内的消除速度，调整用药间隔时间；②按半衰期连续给药，估计达稳态血浓度的时间；③估计停药后药物的消除时间。

# 第四节　影响药物作用的因素

李大妈患有高血压病，医生为其检查后，开了北京降压 0 号，并嘱其隔日服一片。回到家，李大妈想，隔日服一片不就等于每日服半片吗，于是自作主张，改为每日半片。10 日后，李大妈感到头晕、耳鸣，到医院检查，血压升到了 190/105mmHg。

## 一、药物因素

1. 剂型

同一药物的不同剂型有明显不同的药代学特征。如水溶液注射剂吸收较油溶液和混悬剂快，维持时间短。散剂的口服吸收快于片剂和胶囊剂。缓释制剂使药效明显延长。靶向制剂可定向分布于病灶部位。

## 2. 剂量

在一定范围内，剂量越大，药物在体内的浓度就越高，作用也越强。随着剂量的加大，血药浓度继续升高，则会引起毒性反应，出现中毒症状甚至死亡。几乎所有的药物均有从量变到质变的基本规律，因此临床用药应注意药物剂量与作用的关系，严格掌握用药的剂量，以期出现较好的疗效。

(1) 最小有效量　最小有效量系指刚产生有效作用的最小剂量。

(2) 常用量（治疗量）　常用量系指能产生明显作用的剂量，是在最小有效量至极量之间的一个剂量范围，是临床上经常用于防治疾病的剂量，在一般情况下，常用量既可获得较好的疗效又比较安全。此量在《中国药典》和药物学书籍中都有明确规定。

(3) 极量　极量系指治疗剂量的最大极限，超过该量就有中毒的危险，很少使用。《中国药典》对作用强烈、毒性较大的药物规定了极量，可视为用药的极限，超过极量而又无科学依据致医疗事故者应负法律责任。

(4) 最小中毒量　最小中毒量系指能够使人中毒的最小剂量。

(5) 安全范围　安全范围系指最小有效量和最小中毒量之间的范围。此范围愈大，用药愈安全，反之则易引起中毒。

(6) 治疗指数　治疗指数系指半数致死量和半数有效量的比值，即 $LD_{50}/ED_{50}$，常用它来表示药物的安全范围。

## 3. 给药途径

有些药因给药途径不同而表现出完全不同的药理作用，如硫酸镁口服有泻下作用，而注射给药则有抗惊厥作用。有的药物因给药途径不同而致药理活性不同，如儿茶酚胺类药口服无效，只有注射给药才有拟交感活性。

一般来说，药效出现时间从快到慢依次为：静脉注射、吸入给药、舌下给药、肌内注射、皮下注射、直肠给药、口服给药、皮肤给药。

## 4. 给药时间

一般情况下，饭前服药吸收较好，发挥作用较快；饭后服吸收较差，发挥作用也较慢。但有刺激性的药物在饭后服可减少对胃肠道的刺激。给药的时间有时可影响药物疗效，需视具体药物而定，如催眠药应在睡前服用；助消化药需在饭时或饭前片刻服用；驱肠虫药宜空腹服用，以便迅速入肠，并保持较高浓度。

用药次数应根据病情的需要及药物的半衰期而定，如肝、肾功能不全的患者的用药剂量应减少，用药次数也相应减少；半衰期短的药物给药次数应增多。有些药物反复连续使用，会产生耐受性和耐药性。

## 5. 联合用药及药物相互作用

两种以上药物同时或先后应用，有时会相互影响。使用得当时，可提高疗效；使用不当时，可降低疗效，造成浪费，甚至产生严重的不良反应。

药物相互作用，按照发生的原理，可分为药动学的相互作用和药效学的相互作用。药动学的相互作用指一种药物的吸收、分布、代谢、排泄等为其他药物所改变。药效学的相互作用用主要是指一种药物改变了另一种药物的作用。

# 二、机体因素

## 1. 年龄与体重

一般所说的药物剂量是适用于 18～60 岁成年人的药物平均剂量，儿童及老年人由于生理特点不同，对药物反应与成年人有所不同，这不仅与体重有关，也与机体的发育状况有关。因为小儿的肝功能、肾功能、中枢神经系统等尚未发育完全，因此应用某些在肝脏内代谢的药物易引起中毒，如氯霉素主要在肝脏内代谢，早产儿、新生儿的肝功能发育不全，极易引起中毒（如灰婴综合征等）。

老年人的生理功能和代偿适应能力在逐渐衰退，对药物的代谢和排泄功能降低，因此对药物的耐受性也较差，故用药剂量也应比成年人少。如老年人对升压药、麻醉药等特别敏感，使用时应严格掌握剂量。

2. 性别

药物对不同的性别作用无明显差异，但妇女的特殊生理阶段，如月经、妊娠、分娩、哺乳等特殊过程，用药时应适当注意，以免引起胎儿或乳儿中毒的可能。故在此期间，切不可滥用药物。

3. 精神状态

一般情况下，乐观的情绪对疾病的痊愈可产生有利的影响，而忧郁、悲观的情绪可影响药物的疗效。使用安慰剂后，能够使很多疾病（如高血压、心绞痛、神经官能症等）的症状得到很大程度的改善这一事实，充分说明精神因素与疗效之间有很大的关系。

4. 病理状态

病人的病理状态可以影响药物的作用，如解热镇痛药可使发热的病人体温下降，对正常体温无影响；肝、肾功能不全时，药物代谢和排泄速度减慢，因而作用加强，持续时间延长，甚至引起蓄积中毒，应予以注意。

连续用药一段时间后，机体对药物反应可能发生改变，影响药效，如产生"习惯性"，即精神上对药物产生依赖性，中断使用会出现主观不适感，渴望再次用药。某些药物还可能进一步引起"成瘾性"，一旦停药则会出现戒断症状。

5. 个体差异

有少数病人对药物的作用有所不同，甚至有质的改变。有的病人对某种药物特别敏感，别人的最小有效量对于该病人可能就是中毒剂量，这种现象被称为"高敏性"；有的病人对某种药物特别能耐受，需要用比别人更大的剂量才能产生应有的疗效，这种现象被称为"耐受性"。另有少数人由于体质特异，对某些具有抗原性的药物产生变态反应，甚至发生过敏性休克；还有的人由于遗传性缺陷、体内缺乏某种酶，导致对药物的生物转化异常，用药后产生特殊反应，称特异质反应。对于作用强而安全范围较小的药物，应根据病人的具体情况来调整剂量，即剂量的"个体化"。

## 三、食物因素

（1）食物对药物吸收的影响 空腹服用对乙酰氨基酚（扑热息痛）20min 达最高血浓度，但饭后服疗效可推迟 2h。四环素类在饱腹时服用，其血药浓度比空腹时降低50％～80％。

（2）食物中高蛋白、钙镁离子与药物之间的相互作用 如高蛋白饮食可降低左旋多巴的疗效，低蛋白饮食可增加疗效。

（3）药物与某些饮料间的相互作用 如酒能加强中枢抑制药的作用，不宜与镇静助眠药合用，否则会引起中枢抑制过度。饮酒前后服用降糖药可产生乙醛蓄积综合征。其他如茶、果汁、烟都能与药物发生相互作用。

（4）药物与高糖食物的相互作用 食用糖分含量高的食物可以增加血糖，对糖尿病患者的血糖影响较大，可的松类药物可以升高肝糖原，升高血糖引起尿糖，因此，服用这类药物应食用低糖饮食。

总之，药物之间、药物与食物之间、药物与机体之间都存在着相互作用，在药物使用中应重视。

## 第五节 药物的用法用量及合理用药

### 一、药物的用法与用量

1. 用药方法

（1）口服给药 口服是最安全方便的用药方法，也是最常用的方法。药物口服后，可经过胃肠吸收而作用于全身，或留在胃肠道行效于胃肠局部。

（2）注射给药 注射也是一种重要的给药途径。注射方法主要有皮下注射、肌内注射、静脉注射、鞘内注射等数种。

（3）局部给药 局部给药主要是引起局部作用，如涂搽、含漱、滴入、洗涤等。

2. 用药剂量

（1）小儿用药剂量 小儿正处于生长发育期，器官及功能尚未发育完全，用药要十分慎重。小儿用药绝不是单纯的将成人剂量缩减，而是在很多方面有其特殊性，因此小儿用药剂量是一个既重要又复杂的问题，小儿在药物品种、剂量、剂型、规格、用法等方面要作出细致的考虑。表4-1是小儿用药剂量参考表。

表4-1 小儿用药剂量参照表

| 年 龄 | 按年龄换算剂量（折合成人剂量） | 按年龄推算体重/kg |
|---|---|---|
| 新生儿 | 1/10～1/8 | 2～4 |
| 6个月 | 1/8～1/6 | 4～7 |
| 1岁 | 1/6～1/4 | 7～10 |
| 4岁 | 1/3 | |
| 8岁 | 1/2 | 1岁以上体重按下式计算：实足年龄×2+8＝体重（kg） |
| 12岁 | 2/3 | |

（2）老年人用药剂量 老年人肝肾功能降低，使药物半衰期延长，甚至发生药物蓄积性中毒。一般给予老年人的用药剂量为成人常用量的3/4。

### 二、合理用药原则

怎样才算合理用药现尚缺乏具体标准，对某一疾病也没有统一的治疗方案。由于药物的有限性（即品种有限及疗效有限）和疾病的无限性（即疾病种类无限及严重度无限），因此不能简单以疾病是否治愈作为判断用药是否合理的标准。从理论上说，合理用药是要求充分发挥药物的疗效而避免或减少可能发生的不良反应。当然这也不够具体，因此只能提几条原则供临床用药参考。

（1）明确诊断 根据疾病性质和病史衡量得失决定是否需要用药。选药不仅要针对适应证还要排除禁忌证。

(2) 根据药理学特点选药 尽量少用所谓的"撒网疗法",即多种药物合用以防漏诊或误诊,这样不仅浪费而且容易发生相互作用。

(3) 了解并掌握各种影响药效的因素 用药必须个体化,不能单纯套用公式。

(4) 祛邪扶正并举 在采用对因治疗的同时要采用对症支持疗法,这在细菌感染及癌症肿瘤的化学治疗中尤其不应忽视。

(5) 对病人始终负责 严密观察病情反应,及时调整剂量或更换治疗药物。要认真分析每一病例的成功及失败的关键因素,总结经验教训,不断提高医疗质量,使用药技术更趋合理化。

### 三、特殊人群用药原则及注意事项

1. 小儿用药

(1) 合理使用抗菌药物 使用庆大霉素时要注意耳毒性、肾毒性;喹诺酮类药物影响骨关节,特别是负重关节的软骨组织的损害,18岁以下儿童和孕妇慎用。

(2) 正确使用解热镇痛药 双氯芬酸(感冒通)、安乃近、阿司匹林不宜作为治疗感冒的常用药。患有水痘等病毒感染的12岁以下的儿童慎用阿司匹林。对乙酰氨基酚疗效好,副作用小,口服吸收迅速完全,但应注意剂量不宜加大,3岁以下儿童慎用。

(3) 正确使用微量元素及维生素 维生素是身体生长发育和维持健康的要素,服用这类药物要根据身体需要,若滥用和过量的长期使用则会产生毒副反应。

2. 老年人用药

①根据诊断确定用药;②严格遵循个体化原则,寻求最宜剂量;③用药从简;④加强药物监测;⑥选择适宜的投药方法,以确保用药安全。

3. 妊娠期及哺乳期妇女用药

妊娠期妇女用药有时可产生不良影响。妊娠晚期服用阿司匹林可引起过期妊娠、产程延长和产后出血。服用对乙酰氨基酚则无不良影响,故妊娠期妇女需用解热镇痛药时,可选用对乙酰氨基酚,而不用阿司匹林。妇女在妊娠期对泻药、利尿药和刺激性较强的药物比较敏感,可能引起早产或流产,也应注意。在妊娠期妇女营养不良的情况下,可适当补充铁、钙、叶酸、维生素 $B_1$ 和维生素 $B_6$ 等。

哺乳期妇女在哺乳婴儿时,药物在乳汁中的排泄会对婴儿产生影响。如卡那霉素和异烟肼给乳母应用时,有可能导致婴儿中毒;磺胺类药物可引起婴儿发生溶血性贫血,或造成新生儿黄疸,应禁止使用。

因此,为确保用药安全,应注意用药人群、患者病史,选择适宜的药物和给药途径,避免滥用。

## 第六节 常用中成药基础

中成药是祖国医药学的重要组成部分,是我国历代医药学家经过千百年来临床实践经验的总结,对保障我国人民的生存和健康起到十分重要的作用,人们应该努力继承和发扬,使其在防治疾病过程中做出更大贡献。

## 一、中成药的含义及特点

中成药是在中医理论指导下，选择疗效确切的方剂，以经过炮制的合格中药饮片为原料，按规定的处方和标准加工制备并经检验合格的一定剂型，以供临床医生辨证使用，或由患者根据经验直接选购的药物制剂。

中成药的处方多来自传统中医药经典著作，也有的来自经验方及祖传秘方，临床应用一般根据医生处方投药，也可以由患者根据中成药常识及经验直接购取应用，前者多为处方药，后者称为非处方药，但应在执业药师或药师指导下应用。

中成药一般具有特定的名称、适当的包装，标明有功能主治、用法用量以及禁忌、注意事项等。在剂型上传统剂型有丸剂、散剂、膏剂、丹剂、酒剂等。现代剂型有片剂、颗粒剂、冲剂、口服液剂、胶囊剂、针剂等多种，每种剂型都有不同的特性及治疗特点，临床上可以根据病情的轻重缓急及不同的部位选择应用。中成药具有不用煎煮、易于携带、方便贮存和运输、可以大规模生产等特点。

## 二、中成药的组方特点

### 1. 按配伍原则组方

来源于医药文献的中成药，是古人遵循祖国医学理论，按照"君、臣、佐、使"配伍原则组方的。其组方法度严谨，结构合理：注意发挥相互协同或促进作用，提高疗效；或者利用药物之间相互制约的作用，相辅相成，扩大治疗范围；或者抑制其毒副作用、减少不良反应等。

（1）君药 即根据治法的要求，针对主病或主证起主要治疗作用的药物，是方剂中不可缺少的主药。

（2）臣药 有两种意义。①辅助君药加强治疗主病或主证的药物。②针对兼病或兼证起主要治疗作用的药物。

（3）佐药 有三种意义。①佐助药：即协助君、臣药以加强治疗作用，或直接治疗次要症状的药物。②佐制药：即用以消除或减少君、臣药的毒性，或制约君、臣药峻烈之性而又不影响其疗效的药物。③反佐药：即病势急而邪又甚，用正治法可能拒药，或可能激生他变时，选用一两味与君药性味相反而又能在治疗中起到相成作用的药物。

（4）使药 有两种意义。①引经药：即能引导方中群药直达病所的药物。②调和药：即对方中群药有调和作用的药物。

如《伤寒论》中的麻杏甘石汤改成的麻杏止咳糖浆，方中麻黄为君药，具有宣肺平喘的作用；生石膏为臣药，清泄肺热；麻黄辛温，石膏辛寒，使宣肺而不助热，清肺而不留邪，肺气肃降有权，喘急可平；杏仁降气平喘，助麻黄、石膏清气平喘为佐药；甘草调和诸药，为使药。四药配伍成为一个治疗风热壅肺、喘咳口渴有效方。

属于经验方的中成药，虽大多数仍可按"君、臣、佐、使"来组方，但药多庞杂，每方常由数组药物组成，有的品种因药物众多作用重叠，它的适应范围较广，但针对性、专一性不足。这类中成药容易被广大群众所掌握，常可不经医生指导而自行购用，并以其作用稳妥、缓和，而成为中成药的一大特色，但这类药大多适用于较轻的病症和疾病初起阶段，这是应当注意的。

### 2. 按照现代科学组方

根据药物化学成分、动物实验结果或有关报道资料，以临床验证、新研制的中成药，除部分是在总结临床经验的基础上按照中医理论组方外，其余的是按药物的化学成分、动物实验和有关报道资料而制成。这类成药针对性强，常是治疗一种疾病的有效药物，对于已经确诊的患者，作用起来比较方便。如益肝灵片具有改善肝功能作用，用于急慢性肝炎和迁延性肝炎。又如柴胡注射液具有解痛退热作用，用于感冒、流行性感冒，对这类成药的组方原则，应根据各种药物化学成分、药理作用等进行分析，不能单用中医理论解释。

### 三、中成药的使用方法

中成药的使用方法多为内服、外用及注射等。掌握中成药的使用方法，也是充分发挥成药作用的重要环节。

1. 内服

（1）送服　包括用开水送服，或用药引送服两种，以前者使用最广，如片、丸、散、丹、膏滋，常用温开水送服；后者根据病情需要，选用黄酒或白酒、盐汤、红糖水及药物煎汤送服。

（2）调服　用乳汁或糖水将散剂调成稀糊状喂服，适用于小儿；亦可用丸药研化，糖水调服，适用于不能吞咽的病人。

（3）嚼化　将药物含于口中，缓缓溶解、慢慢咽下多用于咽喉病，如清凉润喉片、梅苏丸等。

（4）炖服　凡属胶剂（阿胶、龟板胶等），单用时可用黄酒加冰糖隔水炖化后服用。

（5）冲服　用开水冲药稍后服用，如午时茶、榄葱茶。亦可用于颗粒剂，如板蓝根颗粒剂、川贝枇杷颗粒剂。

2. 外用

（1）涂患处　适用于油膏剂、水剂，将患处局部洗净，均匀地将药涂抹一层，如玉红膏、癣药水等。

（2）撒布患处　外用散剂多用此法。是将药粉直接均匀地撒布于患处，如生肌散、止血散、冰硼散等。

（3）调敷患处　外用散剂选用适当的液体辅料调成糊状，敷于患处，如白酒调九分散、醋调三黄散。

（4）吹布患处

喉疾：用外用散剂直接吹入喉部，治疗咽喉肿痛，如珠黄散、锡类散等。

吹耳：用外用散剂直接吹入耳内，治疗耳内生疮流脓，如烂耳散、红棉散。

（5）点眼　如眼药散剂，用所附小玻璃棒沾凉开水，调眼药用少许点于眼角。如拨云散、加锭剂，即以之蘸水点于眼角。

（6）熏洗　用于暴发火眼、眼边红烂。先熏后洗，一日1～2次。

（7）栓剂外用　如治疗阴道炎的妇宁栓，在睡前洗净阴部，将药栓送入阴道深部，再用无菌棉球塞入阴道口，隔日一次。

（8）外熨　如坎离砂，用于风寒痹痛、脘腹冷痛。外用。取本药一筒，放入碗内，加米醋15g，立即搅拌，装入布袋，待发热后，熨患处，药凉后取下。

### 四、应用中成药的注意事项

中成药除供医生临床应用外，在一些轻浅疾患或慢性疾患中广大群众都有自行购买中成药的习惯。因此在购药时药店的执业药师或药师有责任给予消费者正确的用药指导和咨询，消费者不要盲目购买和使用。

1. 不要仅以中成药名称选药

中成药品种繁多，在名称上近似而易淆者，如银翘解毒丸与羚翘解毒丸、人参归脾丸与人参健脾丸等，此种情况不胜枚举。在名称上虽仅一两字之差，但功效应用却往往不同。如人参归脾丸用于心脾两虚，食欲不振，心悸失眠；人参健脾丸用于脾胃虚弱，消化不良，食少便溏，倦怠乏力等。此外，尚有一药数名、一名数药的情况，因此要加以注意，不能只看药名，必须详细阅读其内容如处方组成、功效、适应证、产地及规格等，才可保证无误。

2. 服药要求

除前面论述的服用方法外，有的成药尚有特殊要求。总之，在治疗过程中，应根据病情的需要和药物的性能来决定不同的服法，才能确保疗效。

3. 服药次数与剂量

中成药大多每日2次，少数每日1次或3次。大蜜丸每次一丸，小蜜丸、水丸每次6～9g。有的剧毒药，更应遵守剂量规定，或在医生指导下服用。

4. 禁忌

(1) 配伍禁忌　如中成药与中成药配伍应用时，不要把有起相反、相畏作用的中成药配合应用。

(2) 妊娠禁忌　如理气、活血化瘀、腹泻逐水及毒性中成药孕妇不宜服用。

(3) 服药时饮食禁忌　如含有地黄、何首乌的中成药，忌用葱、萝卜、蒜；含有鳖甲的中成药忌用苋菜；蜜丸禁用生葱。此外根据病情，忌食寒凉、辛辣、腥荤等。

## 【习　题】

1. 药品剂型如何分类？
2. 片剂、胶囊剂的特点有哪些？可分为几类？
3. 栓剂、软膏剂、气雾剂各自的特点有哪些？
4. 注射剂的特点有哪些？可分为几类？
5. 药品包装上的标志有哪些？有何意义？
6. 药物的体内过程有哪些？
7. 举例说明药品的不良反应有哪些？
8. 什么是首过效应、药物半衰期、治疗指数、安全范围？
9. 影响药物作用的因素有哪些？
10. 合理用药的基本原则有哪些？特殊人群用药时应注意什么？

## 第七节　实践练习

### 【能力目标】

通过本章的学习使学生完成以下任务。

· 正确辨别药物剂型。

· 正确区分常见剂型，如压制片与包衣片、硬胶囊和软胶囊等。

- 正确区分包装类别及常见包装材料。
- 正确识别药品标签上的各项内容和标识，并说明其意义。

## 【实践指导】

### 一、掌握各种药物剂型的特点和药品包装的类别和标识

### 二、识别常用药物剂型和药品包装

材料：若干常用药品和药品的小包装（销售包装）。

① 药品剂型尽可能包括市场上出现的各种剂型（由任课教师根据各地市场上的药品自行选择）。

② 药品包装包括处方药、带有专有标识的非处方药和外用药等。

步骤：

① 根据所给药品正确区分药物剂型；

② 根据所给药品包装正确说出标签上各项内容的含义。

# 第五章　常见病及用药指导

## 【学习目标】

通过本章的学习学生应达到以下要求。

- 熟悉各种疾病的临床表征。
- 掌握常见病的用药指导。
- 培养学生为患者提供优质药学服务的能力。
- 作为医药商品购销员只是提供用药指导，不能推荐用药。
- 注意　本章只是提供常见病的临床表征，有时表征也会掩盖严重疾病，当患者病情严重或较难判别，请提示患者尽早就医。这里介绍的只是常用药，临床用药的个体差异性很大，因此要尊重用药的个体化原则，确保用药安全。

## 第一节　呼吸系统疾病及用药指导

### 一、流行性感冒

> **病例：**
>
> 　　冬季的一天，某患者就医。自诉：下班回家路上突感头痛，全身肌肉酸痛、乏力、畏寒。量体温 39℃，同时已感到咽痛，伴有咳嗽。

**（一）疾病判断**

据上述症状，同时做血常规检查结果：白细胞计数明显减少，淋巴细胞增多，曾接触过患流感的同事，综合判断初步判定为流感病毒所致的流行性感冒。

**（二）用药指导**

1. 西药

（1）针对发热、肌肉酸痛、头痛等症状可介绍一些抗感冒药，如阿司匹林、对乙酰氨基酚、阿司匹林（阿苯片）、复方盐酸伪麻黄碱缓释胶囊、复方氨酚烷胺胶囊、美息伪麻片、双扑伪麻片、复方氨酚葡锌片、布洛芬（复方锌布颗粒剂）、氨酚美伪滴剂或双芬伪麻、美扑伪麻片等。

（2）若有浓黏黄痰，咳嗽加剧　可用氯化铵、愈创甘油醚（愈创木酚甘油醚）、乙酰半胱氨酸（商品名化痰片）等祛痰。除严重干咳影响休息外，一般不用喷托维林（咳必清）等镇咳。

（3）若高烧不退，为预防细菌并发感染，尤其是肺炎发生，可介绍用一些抗菌药物，如抗生素类、喹诺酮类或磺胺类。

（4）适当服用抗病毒药　金刚烷胺、吗啉胍、利巴韦林（三氮唑核苷）。

2. 中成药

（1）中医病因病机　本病属中医的"时行感冒"、"春温"、"风温""疫疠"等范畴。其发病是由于外感时行邪气或疫疠之气，阻遏肺卫所致。

（2）辨证分型　①风温袭卫；②阳明热盛。

**（三）药品介绍**

1．抗感冒药

（1）阿司匹林（Aspirin）

【商品名称】　醋柳酸、巴米尔、司尔利、赛宁、伯基、协美达

【规格】　片剂：0.3g，0.5g。肠溶片：0.3g，0.5g。栓剂：0.1g，0.3g，0.45g，0.5g，直肠给药用。泡腾片：0.1g，0.5g。

【主要适应证】　本品用于发热、头痛、神经痛、急性风湿性关节炎及类风湿关节炎、痛风症等。小剂量可预防暂时性脑缺血发作、心肌梗死、动脉血栓等。

【用法与用量】　口服解热镇痛：成人，每次0.3～0.6g，一日3次。儿童日剂量，2～4岁0.15g；4～6岁0.225g；6～9岁0.3g；9～11岁0.375g；11～12岁0.45g。

【不良反应】　常见恶心、呕吐等消化道症状，长期服用可引起头痛、耳鸣、视力模糊，特异体质可引起皮疹、血管神经性水肿、哮喘等变态反应。

【注意事项】　胃与十二指肠溃疡者慎用非肠溶片，有哮喘病史者及孕妇尽量避免使用。

（2）**对乙酰氨基酚**（Paracetamol）

【商品名称】　必理通、醋氨酚、退热净、一滴清、百服咛、泰诺林

【规格】　片剂：0.1g，0.3g，0.5g。

【主要适应证】　解热作用与阿司匹林相似，镇痛作用较弱，对胃肠刺激小，口服吸收快而完全，适用于阿司匹林不耐受或过敏者。

【用法与用量】　口服：成人，每次0.3～0.6g，每隔4h 1次，一日不宜超过2g。儿童，以体重计每次10～15mg/kg。

【不良反应】　长期大量使用可引起肝脏损害，偶见皮疹、恶心、呕吐、腹痛、厌食。

【注意事项】　肝、肾功能不全者慎用，3岁以下小儿因肝肾发育不全应避免使用。

（3）**复方盐酸伪麻黄碱缓解胶囊**

【商品名称】　新康泰克缓解胶囊

【规格】　每粒含盐酸伪麻黄碱90mg、马来酸氯苯那敏4mg。

【主要适应证】　减轻感冒引起的鼻塞、流涕、打喷嚏等症状。

【用法与用量】　口服：成人，每12h服1粒，24h不超过2粒。

（4）**美息伪麻片**

【商品名称】　白加黑

【规格】　日用片：每片含对乙酰氨基酚325mg、盐酸伪麻黄碱30mg、氢溴酸右美沙芬15mg。

夜用片：每片含对乙酰氨基酚325mg、盐酸伪麻黄碱30mg、氢溴酸右美沙芬15mg、盐酸苯海拉明25mg。

【主要适应证】　缓解感冒引起的鼻塞、喷嚏、流涕、发热、肌肉痛等。

【用法与用量】　口服：成人和12岁以上儿童，日用片每6h服1片，夜用片临睡前服1片。

**（5）双扑伪麻片**

【商品名称】　银得菲、服克

【规格】　每片含对乙酰氨基酚 325mg、盐酸伪麻黄碱 30mg、马来酸氯苯那敏 2mg。

【主要适应证】　缓解发热、流涕、喷嚏、鼻塞、头痛等症状。

【用法与用量】　口服：成人，一次 1 片，一日 3 次。

**（6）复方氨酚烷胺胶囊**

【商品名称】　快克、新速效感冒片、感康

【规格】　胶囊剂：每粒含对乙酰氨基酚 250mg、盐酸金刚烷胺 100mg、马来酸氯苯那敏 2mg、人工牛黄 10mg、咖啡因 15mg。

【主要适应证】　适用于缓解感冒及流感引起的发热、头痛、鼻塞、咽痛等症状，也可用于流感的预防和治疗。

【用法与用量】

口服：成人，每次 1 粒，每天 2 次。

2. 抗菌药（略）

3. 抗病毒药

**（1）金刚烷胺（Amantadine）**

【商品名称】　金刚胺、三环癸胺

【规格】　片剂、胶囊剂：0.1g。颗粒剂：0.1g/袋。糖浆剂：0.1g/5ml。

【主要适应证】　可抑制甲型流感病毒的活性，对亚洲甲型流感病毒感染的高热有退热作用，用于预防治疗早期甲型流感病毒感染。此外还可治疗震颤麻痹症。

【用法与用量】　口服：治疗甲型流感病毒每次 0.1g，一日 2 次，3～5 天为一个疗程。治疗震颤麻痹症开始每日 0.1g，以后逐渐增至每次 0.1g，一日 2 次。

【注意事项】　孕妇及哺乳期妇女，一岁以下婴儿禁用，癫痫、肾衰竭患者慎用。

**（2）利巴韦林（Ribavarin）**

【商品名称】　三氮唑核苷、病毒唑、威乐星

【规格】　片剂：0.1g，0.05g。注射剂：0.1g/1ml。

【主要适应证】　为一广谱抗病毒药，对甲型流感病毒或乙型流感病毒、副流感病毒、甲型肝炎病毒、丙型肝炎病毒均有抑制作用，用于流感早期治疗及甲肝、荨麻疹等病症的治疗。

【用法与用量】　口服：每次 0.1～0.2g，一日 3 次。静脉滴注：每日 10～15mg/kg，分 2 次。

【注意事项】　肝功能不全者禁用。有较强致畸作用，孕妇禁用。

4. 中成药

首选银翘解毒丸，或羚翘解毒丸、双黄连颗粒、板蓝根颗粒、金莲花片、清开灵口服液等。具体介绍见普通感冒、气管炎、肺炎。

**（四）特别提示**

流行性感冒是由流感病毒引起的急性呼吸道传染病，并发性感染病症尤以病毒性肺炎或细菌性肺炎多见且严重，多发生于秋末、冬季。故对易感人群如儿童、老年人、医护人员等在流感高发季节到来之前及时接种流感疫苗，因流感病毒易变异，故每年都要接种。在流感流行时，不要到人群密集场所，要多喝水。

## 二、普通感冒

> *病例：*
>
> 在初春的一天，小张起床后开始鼻塞、流涕、喷嚏不断，逐渐出现咽痛、咳嗽、低热症状。

**（一）病例判断**

据典型的早期上呼吸道卡他症状（咽痛、干咳、鼻塞、流涕等）、低热症状、及血常规检查结果（白细胞略下降），判定为普通感冒。

**（二）用药指导**

1. 西药

（1）若无细菌感染的并发症，可选择对症治疗的抗感冒药，减轻鼻塞、头痛、发热的症状。

（2）若并发了细菌感染成为肺炎，及时就医用抗感染药治疗。

2. 中成药

（1）中医病因病机　本病属中医的"伤风"、"感冒"范畴。认为是由于风邪乘人体抗病能力不足，侵袭肺卫所致。常与寒邪、热邪、湿邪合而致病，又因人体体质强弱不同，临床常分以下四型。

（2）辨证分型　①风寒证；②风热证；③暑湿证；④气虚证。应对症治疗。

**（三）药品介绍**

1. 西药（略）

2. 中成药

（1）**正柴胡饮颗粒**

【处方组成】　柴胡、防风、赤芍、生姜等。

【功能主治】　发散风寒，解热止痛。用于外感风寒初起的发热恶寒、无汗、头痛、鼻塞、喷嚏、咽痒咳嗽、四肢酸痛等症。适用于流行性感冒初起、轻度上呼吸道感染等疾患。

【用法与用量】　含糖颗粒开水冲服，一次 10g，一日 3 次，小儿酌减或遵医嘱；无糖颗粒开水冲服，一次 3g，一日 3 次，小儿酌减或遵医嘱。

（2）**感冒清热颗粒**

【处方组成】　荆芥穗、薄荷、防风、柴胡、紫苏叶、葛根、桔梗、苦杏仁、白芷、苦地丁、芦根。

【功能主治】　疏风散寒，解表清热。适于外感风寒感冒兼清邪热。头痛发热，怕冷，关节酸痛，鼻塞流清涕，咽干稍疼，咳嗽痰少。

【用法与用量】　颗粒剂，含糖型每次 12g，无糖型每次 6g，一日 2～3 次，开水冲服；口服液，每次 10～20ml，一日 2～3 次口服。

（3）**银翘解毒片**

【处方组成】　金银花、连翘、薄荷、荆芥、淡豆豉、牛蒡子、桔梗、淡竹叶、甘草。

【功能主治】　辛凉解表，清热解毒。用于风热感冒，发热头痛，咳嗽，口干，咽喉疼痛。

【用法与用量】　口服：一次 4 片，一日 2～3 次。

【注意事项】 ①风寒感冒者不宜适用。②脾胃虚寒，症见腹痛，喜暖，泄泻者慎用。

（4）**板蓝根颗粒**

【处方组成】 板蓝根

【功能主治】 清热解毒，凉血利咽，消肿。用于热毒壅盛，咽喉肿痛；扁桃体炎、腮腺炎见上述证候者。

【用法用量】 开水冲服，一次5～10g（含糖型），或一次3～6g（无糖型），一日3～4次。

【注意事项】 非实火热毒者忌服。

（5）**双黄连颗粒**

【处方组成】 金银花、黄芩、连翘。

【功能主治】 辛凉解表，清热解毒。用于外感风热引起的发热，咳嗽，咽痛。

【用法用量】 口服或开水冲服，一次5g，一日3次；6个月以下，一次1.0～1.5g；6个月至1岁，一次1.5～2.0g；1～3岁，一次2.0～2.5g；3岁以上儿童酌量或遵医嘱。

【注意事项】 ①风寒感冒不适用。②脾胃虚寒，症见腹痛，喜暖，泄泻者慎用。

（6）**藿香正气水**

【处方组成】 苍术、陈皮、厚朴（姜制）、白芷、茯苓、大腹皮、生半夏、甘草浸膏、广藿香油、紫苏叶油。

【功能主治】 解表祛暑，化湿和中。用于外感风寒、内伤湿滞或夏伤暑湿所致的感冒，症见头痛昏重，脘腹胀痛，呕吐泄泻；胃肠型感冒见上述证候者。

【用法与用量】 口服：一次5～10ml，一日2次，用时摇匀。

【注意事项】 ①忌食生冷油腻，阴虚火旺者忌服。②不宜在服药期间同时服用滋补性中成药。

（7）**保济丸**

【处方组成】 广藿香、木香、苍术、白芷、厚朴、薄荷、稻芽、化橘红、天花粉、钩藤、菊花、蒺藜、葛根、茯苓、薏苡仁、广东神曲。

【功能主治】 解表，祛湿，和中。用于腹痛吐泻，噫食嗳酸，肠胃不适，消化不良，舟车晕浪，四时感冒，头痛发热。

【用法与用量】 口服：丸剂一次1.85～3.7g，一日3次。

【注意事项】 孕妇忌服，哺乳期妇女慎服。

（8）**玉屏风口服液**

【处方组成】 黄芪、防风、白术（炒）。

【功能主治】 益气，固表，止汗。用于表虚不固，自汗恶风，面色㿠白，或体虚易感风邪者。

【用法与用量】 口服：一次10ml，一日3次。

【注意事项】 实邪壅盛者不宜应用。

（9）**参苏丸**

【处方组成】 党参、紫苏叶、葛根、前胡、茯苓、半夏（制）、陈皮、枳壳（炒）、桔梗、甘草、木香、生姜、大枣。

【功能主治】 疏风散寒，益气解表，祛痰止咳。用于体弱感冒、感受风寒所致感冒，见怕冷发热、头痛鼻塞、咳嗽痰多、胸闷恶心等症。

【用法与用量】 口服：每次 9g，一日 3 次。

【注意事项】 实邪壅盛者不宜应用。

**（四）特别提示**

感冒无季节性特征，多由鼻病毒、腺病毒、疱疹病毒等引起，传染性较流感病毒小，目前尚无有效治疗药物，一般几天后即可自愈，建议患者多休息，多饮水，增强体质可预防。无疫苗接种。

## 三、气管炎、支气管炎和肺炎

*病例：*

　　*小李突感全身不适，寒战伴有高热，同时有干咳，胸痛，咳出少量黏液性脓痰。*

**（一）疾病判断**

据患者急性高热，血白细胞总数升高，咳痰并带血丝，上述症状初步判定为肺炎。

**（二）肺炎简介**

肺炎是由多种病原体引起的肺部炎症。表现因病原体种类、部位、范围大小等而异。有细菌性肺炎、支原体性肺炎、病毒性肺炎、真菌性肺炎、过敏性肺炎、寄生虫性肺炎等。其中细菌性肺炎较多见，尤以肺炎链球菌导致的最常见，临床表现为突然发病，寒战，高热，胸痛，咳铁锈色痰。在非细菌性肺炎中以支原体肺炎多见，症状发热、畏寒、乏力，咳嗽后有黏痰，可带血丝。

**（三）用药指导**

1. 西药

（1）针对病原体　可用对应的抗菌药物磺胺药、青霉素、氨苄西林（氨苄青霉素）、红霉素、头孢菌素等。

（2）若有剧烈咳嗽　可用喷托维林（咳必清）、苯丙哌林（咳快好）、二氧丙嗪（克咳敏）、可待因等。

（3）若有浓痰　可用盐酸溴己新、羧甲司坦等。

（4）针对高烧　可用物理降温，或服用对乙酰氨基酚、阿司匹林等。

2. 中成药

（1）中医病因病机　本病属中医的风温肺热。本病的病因病机为外感风热病邪，痰热郁肺，气滞血瘀，热郁蕴酿为毒，瘀毒伤肺络所致。

本病的治疗原则是清热解毒，清肺化痰。因肺为多气少血之脏，故把住气分关，是治疗的关键。

（2）辨证分型　①邪犯肺证；②痰热壅肺证；③气阴两伤证。

**（四）药品介绍**

1. 抗菌药

（1）**青霉素类　青霉素**（Benzylpenicillin）

【商品名称】 青霉素 G，苄青霉素

【规格】 粉针剂（钠盐或钾盐）：20 万 U/瓶、40 万 U/瓶、80 万 U/瓶、100 万 U/瓶、160 万 U/瓶。

【主要适应证】 肺炎球菌引起的呼吸系统感染，如急性支气管炎、大叶性肺炎、还有梅毒、流行性脑脊髓膜炎、淋病等。

【用法与用量】 肌内注射：成人，每日80万U～320万U，分2～3次给药；儿童，3万U/kg～5万U/kg，分2～3次给药。静脉滴注：成人，每日200万U～1000万U，分2～4次给药；儿童，每日5万U/kg～20万U/kg，分2～4次给药。

【不良反应】 主要是变态反应，甚至过敏性休克。

【注意事项】 使用前须做青霉素敏感试验，过敏者禁用。

(2) **青霉素类　阿莫西林（Amoxicillin）**

【商品名称】 阿莫仙、可莫优、弗莱莫星、本原莫星、利莎林、益萨林。

【规格】 干糖浆、胶囊剂、可溶片（0.125g，0.25g）。

【主要适应证】 本药耐酸，多制成口服制剂，常用于敏感菌所致呼吸道感染、泌尿系统感染、皮肤软组织感染、伤寒等。

【用法与用量】 口服：成人，每日1～3g，分3～4次服；小儿，每日40～80mg/kg，分3～4次服。

【不良反应】 胃肠道反应、皮疹、血清转氨酶升高、白细胞减少、耐药菌或念珠菌属引起的两重感染。

【注意事项】 用药前询问有无青霉素过敏史，若有则慎用，妊娠期妇女、肝肾功能障碍者慎用。

(3) **头孢类　头孢氨苄（Cefalexin）**

【商品名称】 瑞思克

【规格】 胶囊剂：250mg；颗粒剂：125mg。

【主要适应证】 本品为第一代头孢菌素类，主要作用于革兰阳性菌所致的呼吸道、泌尿道、皮肤和软组织等部位的轻度至中度感染。

【用法与用量】 口服：成人，每次150～300mg，每6h 1次。

【不良反应】 偶有皮疹、药热等反应，对肾脏有影响。

【注意事项】 对青霉素过敏及严重肾功能不全者慎用。

(4) **大环内酯类　琥乙红霉素（Erythromycin Ethylsuccinate）**

【商品名称】 利君沙

【规格】 片剂：0.125g。

【主要适应证】 本品用于支原体肺炎、肺炎链球菌性肺炎、百日咳、白喉、军团病、婴儿肺炎、扁桃体炎、咽炎等。

【用法与用量】 口服：成人，每次0.25～0.5g，每日3～4次；儿童每日30～50mg/kg，分3～4次服。

【不良反应】 常见恶心、呕吐、食欲不振、暂时性转氨酶升高及皮疹等变态反应。

【注意事项】 肝功能不全者及孕妇、哺乳期妇女慎用。

(5) **磺胺类　磺胺甲噁唑（sulfamethoxazole）**

【商品名称】 新诺明、磺胺甲基异噁唑

【规格】 片剂：0.5g。

【主要适应证】 主要用于呼吸道、消化道、泌尿系统感染及菌痢、伤寒等常见感染疾病。

【用法与用量】 口服：成人，首剂2g，以后每次1g，一日2次；儿童，首剂50～

60mg/kg，以后每次 25~30mg/kg，一日 2 次。

【注意事项】　肝肾功能减退者、新生儿、妊娠期妇女慎用，长期服用者应加服碳酸氢钠，多饮水，有过敏者慎用。

2. 镇咳祛痰药

（1）**喷托维林**（Pentoxyverine）

【商品名称】　咳必清、维静宁

【规格】　片剂：25mg。

【主要适应证】　适用于剧烈咳嗽者。

【用法与用量】　口服：成人，每次 25mg，一日 3~4 次。

【不良反应】　有口干、头晕、便秘等。

【注意事项】　青光眼患者、心功能不全者慎用。

（2）**磷酸苯丙哌林**（Benproperine Phosphate）

【商品名称】　咳快好、科福乐

【规格】　片剂：20mg。

【主要适应证】　同上。

【用法与用量】　口服：20~40mg，一日 3 次。

【不良反应】　有口干、口渴、乏力、食欲不振、药疹等。

【注意事项】　对本药过敏者禁用，孕妇慎用。勿嚼碎，因其对口腔有麻醉作用。

（3）**盐酸溴己新**（Bromhexine hydrochloride）

【商品名称】　必消痰

【规格】　片剂：4mg，8mg。注射剂：4mg/2ml。

【主要适应证】　直接作用于支气管，促进气管分泌，分解痰液中的黏多糖，使痰液易于咳出。主要用于慢性支气管炎、哮喘、支气管扩张等。

【用法与用量】　口服：每次 8~16mg，一日 3 次。

【不良反应】　偶有恶心、胃部不适等。

（4）**氯化铵**（Ammonium chloride）

【商品名称】　卤砂

【规格】　片剂：0.3g。溶液剂：10%。

【主要适应证】　本药口服刺激胃黏膜，反射性引起迷走神经兴奋，引起恶心，使支气管分泌增加，黏痰变稀，易于咳出。吸收后部分药物从呼吸道排出，带出水分而使痰液稀释。因祛痰作用弱，常与其他药物合用。氯化铵为弱酸性，可用于酸化尿液和某些碱血症。

【用法与用量】　用于祛痰：每次 0.3~0.6g，一日 3 次。

【注意事项】　血氨过高、溃疡、严重肝肾功能障碍者禁用。

（5）**羧甲司坦**（Carbocisteine）

【商品名称】　美咳（片）、霸灵、化痰（片）

【规格】　片剂：0.25g。糖浆剂：2%。

【主要适应证】　为黏痰稀释药，可减少支气管黏液分泌，溶解痰中黏多糖蛋白等黏性物质，使痰的黏度下降，而易于咳出。

【用法与用量】　口服：每次 0.5g，一日 3 次。糖浆剂，每次 10ml，一日 3 次。

【不良反应】　偶有轻度头晕、恶心、胃部不适等。

【注意事项】　消化道溃疡者慎用。

#### 3. 中成药

**(1) 通宣理肺丸**

【处方组成】　紫苏叶、前胡、桔梗、苦杏仁、麻黄、甘草、陈皮、半夏（制）、茯苓、枳壳（炒）、黄芩。

【功能主治】　解表散寒，宣肺止嗽。用于风寒感冒咳嗽，症见发热恶寒，鼻塞流涕，咳嗽，头痛无汗，肢体酸痛。

【用法用量】　口服：水蜜丸一次 7g，大蜜丸一次 2 丸，一日 2～3 次。

【注意事项】　风热或痰热咳嗽忌用。

**(2) 川贝枇杷糖浆**

【处方组成】　川贝母流浸膏、桔梗、枇杷叶、薄荷脑。

【功能主治】　清热宣肺，化痰止咳。用于风热犯肺、内郁化火所致的咳嗽痰黄或吐痰不爽，咽喉肿痛，胸闷胀痛。

【用法与用量】　口服：一次 10ml，一日 3 次。

【注意事项】　①忌生冷、油腻食物，糖尿病人忌用。②本品适用于热咳嗽，其表现为咳嗽，咳痰不爽，痰黏稠或稠黄，常伴有鼻流黄涕，口渴，头痛，恶风，身热。

**(3) 银黄口服液**

【处方组成】　金银花提取物（以绿原酸计）、黄芩提取物（以黄芩苷计）。

【功能主治】　清热解毒，消炎。用于上呼吸道感染，急性扁桃体炎，咽炎。

【用法与用量】　口服：一次 10～20ml，一日 3 次；小儿酌减。

**(4) 清开灵颗粒**

【处方组成】　胆酸、水牛角粉、黄芩苷、金银花、珍珠层粉、猪去氧胆酸等。

【功能主治】　清热解毒，镇静安神。用于温热病引起的高热不退、烦躁不安、咽喉肿痛、舌红或绛、苔黄、脉数等症。多用于湿热型肝炎和上呼吸道感染。

【用法与用量】　每次 1 袋，一日 3 次。或遵医嘱。

**(5) 养阴清肺膏**

【处方组成】　地黄、麦冬、玄参、川贝母、白芍、牡丹皮、薄荷、甘草。

【功能主治】　养阴润燥，清肺利咽。用于阴虚肺燥，咽喉干痛，干咳少痰或痰中带血。

【用法与用量】　口服：一次 10～20ml，一日 2～3 次。

【注意事项】　①痰湿壅盛患者不宜服用，其表现为痰多黏稠，或稠厚成块。②风寒咳嗽者不宜服用，其表现为咳嗽声重，鼻塞流清涕。③糖尿病患者服用要向医生咨询。④不宜食用辛辣油腻饮食。

## 四、支气管哮喘

> **病例：**
>
> 　　小张带 6 岁的女儿去公园玩，孩子突然开始打喷嚏，流泪，接着呼吸加快，表现呼吸困难，口唇发绀。

#### (一) 疾病判断

据上述症状可判断为花粉诱发的外源性支气管哮喘。

## （二）支气管哮喘简介

本病病因、机理较复杂。有过敏体质者接触到过敏原如花粉、尘螨、羽绒、鱼虾等，可诱发，称外源性哮喘。有些患者因疾病、遗传、药物等使植物神经功能平衡失调而致，为内源性哮喘。症状主要表现为发病前常感鼻、喉痒，气急，胸闷，突发呼气性呼吸困难，数分钟至数小时后大多数人可自行缓解。

## （三）用药指导

1. 西药

在找出病因，排除诱发的各种因素的基础上治疗。

（1）抗炎药　倍氯米松、布地奈德。

（2）支气管扩张药　沙丁胺醇、特布他林、克仑特罗、异丙托溴铵（异丙阿托品）等。

（3）抗过敏药　色甘酸、酮替酚、麻黄碱、曲尼司特等。

2. 中成药

（1）中医病因病机　本病属于中医的"哮病"。①发作期以邪实为主，有寒痰、热痰之分。②间歇期以正虚为主。③大发作期正虚与邪实并见。

（2）辨证分型　①发作期：寒哮、热哮。②缓解期：肺虚、脾虚、肾虚。

## （四）药品介绍

1. **倍氯米松**（Beclomethasone）

【商品名称】　倍乐松、必酮蝶、伯克钠、二丙酸倍氯松

【规格】　气雾剂：$50\mu g \times 200$ 揿。

【主要适应证】　抗炎、抗过敏，用于支气管哮喘的预防治疗以及糖皮质激素依赖性哮喘的替代治疗等。

【用法与用量】　气雾剂：每次 $100 \sim 200\mu g$，一日 $2 \sim 4$ 次。

【不良反应】　有鹅口疮、声音嘶哑等现象。漱洗口腔可明显减少。

【注意事项】　早期妊娠者、肺结核者慎用。

2. **硫酸沙丁胺醇**（Salbutamol Sulfate）

【商品名称】　舒喘灵、全乐宁

【规格】　气雾剂：$100\mu g \times 200$ 揿/瓶。片剂：2mg。

【主要适应证】　强而持久舒张支气管平滑肌，适用于支气管哮喘，慢性支气管炎。制止发作多用气雾吸入，预防发作可用口服。

【用法与用量】　口服：成人，每次 $2 \sim 4mg$，一日 $3 \sim 4$ 次。气雾吸入：每次 $0.1 \sim 0.2mg$。

【不良反应】　可致骨骼肌震颤（尤以手抖为主）、心悸等。

【注意事项】　心功能不全者、高血压病患者、甲状腺功能亢进者慎用。

3. **氨茶碱**（Aminophylline）

【商品名称】　喘安

【规格】　片剂：0.05g，0.1g，0.2g。注射剂：0.25g/2ml，0.5g/2ml。

【主要适应证】　用于支气管哮喘及喘息性哮喘等，亦可用于心源性、肾性水肿的利尿消肿。

【用法与用量】　口服：每次 $0.1 \sim 0.2g$，一日 3 次。

【不良反应】　恶心、眩晕、心悸、皮疹等。

【注意事项】　严重心、肺、肾功能不全者及活动性胃与十二指肠溃疡者，孕妇，哺乳期妇女慎用。

### 4. 色甘酸钠 (Sodium Cromoglicate)

【商品名称】　咳乐钠、咽泰

【规格】　鼻用气雾剂：50～200mg。

【主要适应证】　预防各型哮喘及过敏性鼻炎，过敏性湿疹。

【用法与用量】　每次 20～40mg 吸入，一日 4 次。

【注意事项】　肺、肾功能不全者及孕妇慎用。

### 5. 小青龙颗粒

【处方组成】　麻黄、桂枝、白芍、干姜、细辛、甘草（蜜炙）、法半夏、五味子。

【功能主治】　解表化饮，止咳平喘。用于风寒水饮，恶寒发热，无汗，喘咳痰稀。

【用法用量】　开水冲服，一次 6g（无糖型）或一次 13g（含糖型），一日 3 次。

### 6. 苏子降气丸

【处方组成】　紫苏子（炒）、厚朴、前胡、甘草、姜牛夏、陈皮、沉香等。

【功能主治】　降气化痰，温肾纳气。用于气逆痰壅，咳嗽喘息，胸膈痞塞。

【用法与用量】　口服：一次 6g，一日 1～2 次。

【注意事项】　阴虚、舌红无苔者忌服。

### 7. 消咳喘片

【处方组成】　满山红油、满山红浸膏粉。

【功能主治】　止咳，祛痰，平喘。用于慢性支气管炎及感冒咳嗽等。

【用法与用量】　口服：一次 4～5 片，一日 3 次。

## 五、肺结核

> **病例：**
> 　　王女士近期感到明显乏力，心悸，食欲减退，消瘦，盗汗尤以夜间严重，午后面颊潮红伴低热，经常咳嗽。

**(一) 疾病判断**

据上述症状及辅助痰涂片和 X 线胸部摄片，在右肺第一肋间有淡片状模糊阴影，可判断为肺结核。

**(二) 肺结核简介**

结核病是由结核杆菌引起的慢性传染病，可侵犯全身各个脏器，以肺结核最常见。主要经呼吸道传播，可引起结核结节、干酪坏死和空洞形成。除出现上述症状外，还可有咳痰、咯血、胸痛、呼吸困难等。根据形成和发展演变过程，将其分为原发型、血行播散型、浸润型、慢性纤维空洞型、结核性胸膜炎五个类型。引起的并发症有自发性气胸、支气管扩张症、慢性肺原性心脏病等，目前仍是威胁人类健康的主要传染病。

**(三) 用药指导**

1. 西药

(1) 化疗药　第一线抗结核药有异烟肼、利福平、链霉素、乙胺丁醇。第二线抗结核药有卡那霉素、卷曲霉素、对氨基水杨酸钠 PAS-Na、吡嗪酰胺等。

（2）对症治疗药　剧烈咳嗽可用喷托维林（咳必清）、苯丙哌林（咳快好）等镇咳，发热可服退热剂，盗汗可在睡前服用颠茄酊等。

2. 中成药

（1）中医病因病机　本病属中医学的"肺痨"。本病的病因是感染痨虫及正气虚弱，两者互为因果。正气虚弱是发病的关键。其病位主要在肺，病理性质以阴虚火旺为主。

肺痨的治则为补虚培元和治痨杀虫。治法以滋阴为主，兼有火旺、气虚、阳虚者，并用降火、益气、补阳等。

（2）辨证分型　①肺阴亏损证；②阴虚火旺证；③气阴耗伤证；④阴阳两虚证。

**（四）药品介绍**

**1. 异烟肼（Isoniazid，INH）**

【商品名称】　雷米封

【规格】　片剂：0.05g，0.1g，0.3g。注射剂：0.1g/2ml。

【主要适应证】　对细胞内、外，繁殖活跃和不活跃的结核菌均有杀灭作用，渗透力强。具有疗效好、用量小、毒性相对较低的特点，为抗结核的首选药。用于各型结核的治疗及预防。

【用法与用量】　口服：每次 0.1～0.3g，一日 0.2～0.6g。

【不良反应】　有胃肠道反应、肝损害、过敏、血液系统症状、中枢神经系统症状及周围神经炎等。

【注意事项】　肝功能不全者慎用。

**2. 利福平（Rifampicin，RFP）**

【商品名称】　威福仙、力复平

【规格】　胶囊剂：0.15g，0.3g，0.45g。

【主要适应证】　具有广谱抗菌作用，主要用于各型结核、耐药金葡菌、厌氧菌、麻风杆菌感染及沙眼衣原体感染。

【用法与用量】　口服：每日 600mg，早餐前一次顿服。

【不良反应】　有胃肠道反应、肝损害、过敏、血液系统症状等。

【注意事项】　肝功能不全者、孕妇慎用。本品呈砖红色，可使排泄物染色。

**3. 盐酸乙胺丁醇（Ethambutol Hydrochloride，EMB）**

【规格】　片剂：0.25g。

【主要适应证】　常与其他抗结核药合用治疗各型活动性耐药结核病。

【用法与用量】　口服：每次 0.25g，每次 2～3 次。

【不良反应】　长期使用可引起视神经炎。

【注意事项】　服药期间应注意检查视力。孕妇、哺乳期妇女、幼儿慎用。

**4. 对氨基水杨酸钠（Aminosalicylate，PAS-Na）**

【商品名称】　派斯钠

【规格】　片剂：0.5g。

【主要适应证】　常配合异烟肼、链霉素等应用，以增强疗效，避免产生耐药。

【用法与用量】　口服：每次 2～3g，一日 4 次。

【注意事项】　可干扰利福平的吸收，须间隔 6～8h 使用。

**5. 百合固金口服液**

【处方组成】 百合、地黄、熟地黄、麦冬、川贝母、玄参、当归、白芍、桔梗、甘草。

【功能主治】 养阴润肺，祛痰止咳。用于肺肾阴虚，燥咳少痰，痰中带血，咽干喉痛。

【用法用量】 口服：一次 1 支，一日 3 次。

**6. 阿胶补血膏**

【处方组成】 阿胶、熟地黄、党参、黄芪、枸杞子、白术。

【功能主治】 滋阴补血，补中益气，健脾润肺。用于气阴两虚型肺结核及肺脾气血虚弱诸症。

【用法与用量】 口服：一次 20g，早晚各一次，温开水冲服。

【注意事项】 消化不良、内有瘀滞、伤风感冒者忌服。

**7. 河车大造丸**

【处方组成】 紫河车、熟地黄、天冬、麦冬、杜仲（盐炒）、牛膝（盐炒）、黄柏（盐炒）、龟甲（醋炙）。

【功能主治】 滋阴清热，补肾润肺。用于肺肾阴虚型肺结核，及其他慢性咳嗽、神经衰弱、久病体虚、营养不良等属肺肾两亏，阴虚有热者。

【用法与用量】 口服：大蜜丸一次 1 丸，水蜜丸一次 6g，小蜜丸一次 9g，一日 2 次。

# 第二节　消化系统常见病及用药指导

## 一、胃及十二指肠溃疡

> *病例：*
>
> 　　患者在半夜开始恶心、呕吐且上腹疼痛。自述常在饭后 2h 后发作，上腹正中有一种胀痛，且持续至下次进餐，病程已达 10 年。

**（一）疾病判断**

此患者长期反复，周期性发作，上腹部节律性疼痛与进食关系密切，初步判断为十二指肠球部溃疡。

**（二）消化性溃疡简介**

此病常发生在胃和十二指肠部位，因溃疡的形成与胃酸和胃蛋白酶的消化作用有关，故称消化性溃疡。临床表现为慢性长期病程，反复周期性发作，节律性上腹部疼痛。胃溃疡疼痛多位于剑突下正中或偏左，多在餐后 30min 至 1h 出现。十二指肠溃疡疼痛位于上腹正中或偏右，餐后 2~4h 出现，有时可有夜间痛。并发症有出血，穿孔，癌变。不良生活习惯和某些精神因素可诱发并加重。

**（三）用药指导**

1. 西药

（1）能中和胃酸或抑制胃酸分泌的药物　氢氧化铝凝酸、胃疡宁、胃舒散、甘草酸钠（胃仙 U）、复方氢氧化铝片、奥美拉唑、西咪替丁、雷尼替丁、法莫替丁、碱式硝酸铋（胃得乐）、铝酸铋（胃必治）等。

（2）胃黏膜保护药　枸橼酸铋钾、硫糖铝等。

（3）抗幽门螺旋杆菌药 呋喃唑酮、阿莫西林、庆大霉素、甲硝唑等，但单用一种药物疗效差，现多采用多种抗菌药含铋剂的三联法，如枸橼酸铋钾＋阿莫西林＋甲硝唑。

2. 中成药

（1）中医病因病机 本病由于肝郁气滞，横逆犯胃，气郁化热，损伤胃阴，阴损及阳，终致脾胃虚寒，气滞血瘀引起。属中医学"胃脘痛"、"胁痛""吞酸"、"嘈杂"、"血证"等范畴。

（2）辨证分型 ①肝胃不和证；②胃阴不足证；③脾胃虚寒证；④气滞血瘀证。

**（四）药品介绍**

1. 抗酸药

（1）**复方氢氧化铝**（Aluminium Hydroxide）

【商品名称】 胃舒平

【规格】 胃舒平每片含 $Al(OH)_3$ 245mg、三硅酸镁 105mg、颠茄流浸膏 2.6mg。

【主要适应证】 中和胃酸，用于胃酸过多，胃及十二指肠溃疡，腹部胀闷，胃肠胀气。

【用法与用量】 口服：每次 1～2 片，一日 3 次，餐前或睡前服。

【注意事项】 肾功能不全者及正在服用四环素类药物者禁用。

（2）**奥美拉唑**（Omeprazole）

【商品名称】 洛赛克、渥米派唑

【规格】 胶囊剂：20mg。

【主要适应证】 通过抑制胃黏膜壁细胞中质子泵（$H^+$-$k^+$-ATP 酶）而抑制胃酸分泌，治疗胃及十二指肠溃疡及反流性食管炎。

【用法与用量】 口服：每次 20mg，一日 1 次。

【注意事项】 对本药过敏者、孕妇、哺乳期妇女、儿童、恶性肿瘤者禁用。

（3）**西咪替丁**（Cimetidine）

【商品名称】 泰胃美

【规格】 片剂：400mg。

【主要适应证】 本品为 $H_2$ 受体阻滞药，抑制胃酸分泌用于治疗消化性溃疡疗效较好。低剂量用于预防消化性溃疡复发。

【用法与用量】 口服：每次 400mg，一日 2 次，或每次 800mg，每晚 1 次，预防复发每次 40mg，一日 1 次。

【不良反应】 腹泻，腹胀，口干，口苦，乏力，长期服用有抗雄激素作用和肝损害，偶见肾炎。

【注意事项】 孕妇慎用。

（4）**雷尼替丁**（Ranitidine）

【商品名称】 瑞倍、善胃得

【规格】 胶囊：350mg。片剂：150mg。

【主要适应证】 同西咪替丁，作用比之强 5～8 倍，具速效、长效特点，副作用小而且安全。

【用法与用量】 口服：每次 150mg，一日 2 次或每次 300mg，每晚一次。

【不良反应】 恶心，头晕乏力，少数出现肝功能损害。

【注意事项】 孕妇、哺乳期妇女、8 岁以下儿童、肝肾功能不全者慎用。

**(5) 法莫替丁（Famotidine）**

【商品名称】 溃疡克

【规格】 片剂：20mg。

【主要适应证】 作用比雷尼替丁大 6～10 倍，用于胃及十二指肠溃疡或高胃酸分泌疾病。

【用法与用量】 口服：每次 20mg，一日 2 次，餐前服。

【不良反应】 头痛，头晕，口干，偶有白细胞下降转氨酶升高。

【注意事项】 孕妇、哺乳期妇女、严重肾功能衰竭者禁用，小儿、肝功不全者慎用。

**2. 胃黏膜保护药**

**(1) 硫糖铝（Sucralfate）**

【商品名称】 胃溃宁、胃笑、舒克菲

【规格】 片剂：0.5g。

【主要适应证】 本品与胃蛋白酶结合，抑制该酶分解蛋白，并且聚合成胶冻状，黏附于黏膜及溃疡表面，保护黏膜，利于黏膜再生和溃疡愈合，用于胃及十二指肠溃疡和胃炎。

【用法与用量】 口服：每次 1g，一日 3 次，餐前 1h 嚼碎服。

【不良反应】 口干，恶心，头晕，皮疹。

【注意事项】 不宜与多酶片合用，孕妇、哺乳期妇女慎用。

**(2) 枸橼酸铋钾（Bismuth Potassium Citrate）**

【商品名称】 丽珠得乐、得乐、胶体次枸橼酸铋

【规格】 胶体剂：110mg。

【主要适应证】 形成保护膜，对胃黏膜起保护作用，还对幽门螺旋杆菌有杀灭作用，防止溃疡复发，用于胃及十二指肠溃疡，特别是幽门螺旋杆菌相关性胃炎。

【用法与用量】 口服：每次 110mg，三餐前服或睡前半小时服。

【不良反应】 偶有恶心，呕吐，及变态反应。

【注意事项】 严重肾病者慎用，不可与牛奶、抗过敏药、碱性药、四环素、饮料同用。

**3. 中成药**

**(1) 香砂养胃丸**

【处方组成】 木香、砂仁、白术、陈皮、茯苓、半夏（制）、香附（醋制）、枳实（炒）、豆蔻（去壳）、厚朴（姜炙）、广藿香、甘草。

【功能主治】 温中和胃。用于不思饮食，呕吐酸水，胃脘满闷，四肢倦怠。

【用法与用量】 口服：一次 9g，一日 2 次。

【注意事项】 ①忌食生冷、油腻食物。②胃痛症见胃部灼热，隐隐作痛，口干舌燥者不宜服用本药。

**(2) 加味左金丸**

【处方组成】 黄连、吴茱萸、黄芩、柴胡、木香、香附、郁金、白芍、青皮、枳壳、陈皮、延胡索、当归、甘草。

【功能主治】 疏肝解郁，和胃止痛。适于肝胃失和引起的嗳气吐酸、胃痛胀闷、急躁易怒、食欲不佳等。

【用法与用量】 口服：每次 6g，一日 2 次。

【注意事项】 体质虚弱，面白少力，喜热怕冷，口淡无味，舌淡而津少者，不宜服用。

服药期间忌食生冷、辛辣刺激食品。孕妇慎用。

（3）**香砂平胃颗粒**

【处方组成】　苍术、香附、砂仁、厚朴、陈皮、甘草。

【功能主治】　理气解郁，健脾燥湿。适于脾胃气行不畅，湿邪内阻，胃脘胀痛、恶心呕吐、食欲不佳、稍食即饱、舌苔白厚滑腻等。

【用法与用量】　口服：每次 10g，一日 2 次开水冲服。

【注意事项】　本品组成药性温燥，有口干舌燥、大便硬结等阴津不足症状者不宜服用。服药期餐食宜清淡易消化，忌食生冷食物。

## 二、胃炎

> **病例：**
>
> 　　一老年患者常食欲不振，饭后腹胀，嗳气，且经常有腹泻等消化不良症状近期有头昏，乏力，消瘦明显。

**（一）疾病判断**

据上述临床表征，判断为萎缩性胃炎，并且因腹泻及胃酸减少可能已并发缺铁性贫血。

**（二）胃炎简介**

胃炎即由各种原因所引起的胃黏膜炎症，为消化系统常见病，分为急性和慢性两类。

1. 急性胃炎

由细菌、化学品、物理因素刺激引起，分为单纯性、糜烂性、腐蚀性、化脓性，症状可轻可重，主要表现有上腹不适，疼痛，伴恶心呕吐，严重者可发热，白细胞增多，甚至由于吐、泻而脱水引起酸中毒或休克。

2. 慢性胃炎

由某些药物、刺激性食物、吸烟、饮酒等引起。表现为上腹不适，疼痛，食欲下降，消化不良，最常见的是浅表性胃炎，多见于中年人、青年；慢性萎缩性胃炎，多见于中老年病人。有些病人因胃酸分泌减少，可有缺铁性贫血，甚至反复消化道出血，某些浅表性胃炎可能转为萎缩性胃炎，约 2.5％的萎缩性胃炎可能转为胃癌。

**（三）用药指导**

1. 西药

（1）解痉止痛药　阿托品片、颠茄合剂、溴丙胺太林等。

（2）消除上腹饱胀药　多潘立酮、甲氧氯普胺、氯波必利、西沙必利、莫沙必利。

（3）兼有贫血者可服用硫酸亚铁、维生素 $B_{12}$。

（4）为使胃黏膜黏液分泌增加，形成保护屏障，可用胃黏膜保护药，如硫糖铝、生胃酮等。

（5）若呕吐剧烈或脱水者需补液，有严重感染者可用呋喃唑酮等抗菌药治疗。

2. 中成药

（1）中医病因病机　胃痛的发生与饮食劳倦、情志所伤等关系最为密切。病位在胃，涉及脾、肝，胃痛一般共同病机为"不通则痛"。病机演变有气郁化热，热邪伤阴，气滞血瘀，因热迫血妄行，虚火灼络，瘀血伤络，则导致呕血、黑便等。

（2）辨证分型　①寒邪客胃证；②饮食停滞证；③肝气犯胃证；④肝胃积热证；⑤瘀血

停滞证；⑥胃阴不足证；⑦脾胃虚寒证。

**(四) 药品介绍**

1. 解痉止痛药

**(1) 硫酸阿托品 (Atropine Sulfate)**

【商品名称】 颠茄碱

【规格】 片剂：0.3mg。

【主要适应证】 是M-胆碱受体阻滞剂，用于解痉止痛、胃肠功能紊乱、有机磷中毒及眼科扩瞳等。

【用法与用量】 口服：每次 0.3～0.6mg，一日 3 次。

【不良反应】 口干、少汗、便秘、视力模糊等。

【注意事项】 青光眼、前列腺肥大者禁用。

**(2) 溴丙胺太林 (Propantheline Bromide)**

【商品名称】 普鲁本辛

【规格】 片剂：15mg。

【主要适应证】 同阿托品，用于胃及十二指肠溃疡及胃炎、胰腺炎、多汗症等。

【用法与用量】 口服：每次 15mg，一日 3 次。

【不良反应】 同阿托品。

【注意事项】 同阿托品。

2. 消除上腹饱胀药

**(1) 甲氧氯普胺 (Metoclopramide)**

【商品名称】 灭吐灵，灭吐宁，胃复安

【规格】 片剂：5mg，10mg。注射剂：1ml，10mg。

【主要适应证】 中枢镇吐作用强，且促进肠蠕动和胃排空，用于恶心呕吐、嗳气、食欲不振、上腹饱胀等消化道功能障碍。

【用法与用量】 口服：每次 5～10mg，一日 3 次。肌内注射：每次 10～20mg。

【不良反应】 口干，头痛，嗜睡，皮疹。

【注意事项】 肝肾功能不全者慎用，孕妇禁用，小儿及老人长期大剂量使用可出现锥体外系反应。

**(2) 多潘立酮 (Domperidone)**

【商品名称】 吗丁啉

【规格】 片剂：10mg。

【主要适应证】 止吐且能促进胃肠蠕动，用于胃排空缓慢，食管反流性消化不良及各种原因引起的恶心呕吐。

【用法和用量】 口服：每次 5～10mg，一日 3 次，餐前 15～30min。

【不良反应】 口干、皮疹等

【注意事项】 与抗胆碱药抗酸药及 $H_2$ 受体阻滞药不宜合用，孕妇慎用。

**(3) 西沙必利 (Cisapride)**

【商品名称】 普瑞博思、怡瑞

【规格】 片剂：5mg，10mg。

【主要适应证】 改善下段食管括约肌张力及改善食管、胃的协调性收缩。用于反流性食管类，非溃疡性消化不良。

【不良反应】　腹泻，暂时性痉挛。

【注意事项】　孕妇、肠出血者禁用。

3. 中成药

（1）**温胃舒胶囊（颗粒）**

【处方组成】　附子、肉桂、党参、黄芪、肉苁蓉、山药、白术、山楂、乌梅、砂仁、陈皮、补骨脂等。

【功能主治】　温胃止痛。用于慢性胃炎，胃脘凉痛，饮食生冷，受寒痛甚。

【用法与用量】　口服：颗粒剂，开水冲服，一次1～2袋，一日2次。胶囊剂，一次3粒，一日2次。

【注意事项】　①胃大出血病人忌用，孕妇忌用。②糖尿病患者或胃脘灼热痛、重度胃痛患者应在医师指导下服用。

（2）**养胃舒颗粒**

【处方组成】　党参、沙参、黄精、乌梅、山楂、山药、菟丝子、生姜、白术、陈皮等。

【功能主治】　滋阴养胃。用于慢性胃炎，胃脘灼热，隐隐作痛。

【用法与用量】　口服：开水冲服，一次1～2袋，一日2次。

【注意事项】　①孕妇慎用。②糖尿病患者或湿热胃痛症及重度胃痛症在医师指导下服用。

（3）**气滞胃痛颗粒**

【处方组成】　柴胡、延胡索（炙）、枳壳、香附（炙）、白芍、甘草（炙）。

【功能主治】　舒肝理气，和胃止痛。用于慢性胃炎，胃脘胀痛。

【用法与用量】　口服：开水冲服，一次5g，一日3次。

【注意事项】　不适用于胃痛虚证。切忌恼怒。孕妇慎用，过敏体质者慎用。

（4）**胃苏颗粒**

【处方组成】　紫苏梗、香附、陈皮、香橼、佛手、枳壳、槟榔、鸡内金（制）。

【功能主治】　理气消胀，和胃止痛。主治胃脘胀痛。

【用法与用量】　口服：一次1袋，一日3次。15日为一个疗程。

【注意事项】　孕妇忌服。服药期间要保持情绪稳定，切忌恼怒、抑郁。少吃生冷及油腻难以消化的食品。

（5）**摩罗丹**

【处方组成】　百合、茯苓、乌药、泽泻、麦冬、当归、白术（麸炒）、茵陈、白芍、石斛、九节菖蒲、川芎、三七、延胡索（醋炙）、蒲黄、鸡内金（炒香）等。

【功能主治】　和胃降逆，健脾消胀，通络定痛。用于胃脘灼热、胀痛、痞闷、纳呆、嗳气等症。

【用法与用量】　口服：一次1～2丸，一日3次，饭前用米汤或温开水送服，或遵医嘱。

【注意事项】　忌食刺激性食物及饮料，孕妇慎用。

（6）**保和丸**

【处方组成】　山楂（焦）、六神曲（炒）、半夏（制）、茯苓、陈皮、连翘、莱菔子（炒）、麦芽（炒）。

【功能主治】 消食，导滞，和胃。用于食积停滞，脘腹胀满，嗳腐吞酸，不欲饮食。
【用法与用量】 口服：水丸一次 6～9g，一日 2 次；小儿酌减。
【注意事项】 ①忌油腻难消化食物。②孕妇忌服，哺乳期妇女及糖尿病患者慎用。

## 三、腹泻

> *病例：*
>
> 　　一男孩喝了瓶酸奶后，出现腹痛，恶心，大便次数增多，进而开始发热至39℃，大便次数多，但量少，且为黏液脓血便，伴里急后重。

### （一）疾病判断

据发热、里急后重、脓血便等临床表征初步判断为急性细菌性痢疾。

### （二）腹泻简介

腹泻指排便次数增多，粪便稀薄或带有黏液、脓血或未消化食物，诱发原因非常多，如药物、过敏、肠道感染、内分泌混乱等。可分为急性腹泻与慢性腹泻两种。

1. 急性腹泻

由于肠道被痢疾杆菌、沙门菌或大肠杆菌等感染。表现为里急后重，排脓血便伴有不同程度发热者，多见于细菌性痢疾。若水样便，伴腹痛，恶心呕吐明显，严重者口干，少尿，皮肤弹性下降应考虑急性胃肠炎。

2. 慢性腹泻

有些急性菌痢没有彻底控制后可转为慢性菌痢，或因肠胃功能紊乱、甲状腺功能亢进、结肠癌、直肠癌等引起。

### （三）用药指导

1. 西药

（1）抗菌药　盐酸小檗碱、环丙沙星、呋喃唑酮、诺氟沙星。

（2）收敛吸附药　药用炭、鞣酸蛋白、双八面体蒙脱石等。

（3）肠道菌群调节药　乳酸菌素片，复方乳酸菌胶囊，口服双歧杆菌制剂，双歧三联活菌胶囊，促菌生。

（4）抑制肠平滑肌蠕动药　复方樟脑酊，盐酸地芬诺酯，盐酸洛哌丁胺。

（5）对脱水严重者可用补液盐。

（6）找出某些腹泻的病因，用对因治疗药物消除原发病。

2. 中成药

（1）中医病因病机　本病属中医学"泄泻"、"腹痛"、"痢疾"等病范畴。认为其主要病变在于脾胃与大小肠。由于感受外邪，饮食所伤，七情不和及脏腑虚弱，引起脾胃功能失调等。

（2）辨证分型　①湿热下注；②肝郁脾虚；③脾胃虚弱；④脾肾阳虚。

### （四）药品介绍

1. 抗菌药

（1）**盐酸小檗碱**（Berberine Hydrochloride）

【商品名称】 黄连素

【规格】 片剂：25mg，50mg，100mg。

【主要适应证】　广谱抗菌药，对各种革兰阳性菌、革兰阴性菌都有杀菌作用，对阿米巴原虫、皮肤真菌及流感病毒也有抑制作用。

【用法与用量】　口服：每次 0.1～0.3g，一日 3 次。

【不良反应】　恶心，呕吐，偶见皮疹，药热。

（2）**诺氟沙星**（Norfloxacin）

【商品名称】　氟哌酸、淋克星

【规　格】　片剂：0.1g。胶囊剂：0.1g。

【主要适应证】　用于革兰阳性菌、革兰阴性菌引起的肠道、泌尿道、呼吸道感染。

【用法与用量】　口服：每日 300～800mg，分 3～4 次。

【不良反应】　恶心，呕吐，食欲减退及头痛，焦虑。

【注意事项】　孕妇、哺乳期妇女、青少年慎用。

2. 吸附药

（1）**鞣酸蛋白**（Tannalbin）

【商品名称】　旦那平、单那尔宾

【规格】　片剂：0.25g，0.3g。

【主要适应证】　口服：在肠内遇碱性肠液缓慢释放出鞣酸，使肠黏膜表层内的蛋白质凝固，起收敛、止泻作用。

【用法与用量】　口服：每次 1～2g，一日 3 次。

【注意事项】　对细菌感染先用抗菌药控制感染后再使用。

（2）**双八面体蒙脱石**（Dioctahedral Smectite）

【商品名称】　思密达

【规格】　粉剂：3.0g。

【主要适应证】　成人、儿童急性腹泻。

【用法与用量】　口服：每次 1 袋，一日 3 次。

（3）**药用炭**（Medicinal Charcoal）

【商品名称】　爱西特

【规格】　片剂：0.3g。

【主要适应证】　吸附肠内毒物及异常发酵产生的气体，减少肠蠕动，止泻。

【用法与用量】　口服：每次 3～10 片，一日 3 次。

【注意事项】　易受潮使药效降低，服药时不宜大量饮水。

3. 抑制肠蠕动药

（1）**盐酸洛哌丁胺**（Loperamide Hydrochloride）

【商品名称】　易蒙停

【规格】　胶囊剂：1mg，2mg。

【主要适应证】　各种急、慢性腹泻。

【用法与用量】　口服：每次 2mg，每 4～6h 1 次。

【不良反应】　胃肠道症状，口渴，眩晕，皮疹。

【注意事项】　不宜用于伴发热、便血的菌痢。

（2）**盐酸地芬诺酯**（Diphenoxylate Hydrochloride）

【商品名称】　止泻宁

【规格】　片剂：2.5mg。

【主要适应证】　急、慢性功能性腹泻及慢性肠炎。

【用法与用量】　口服：每次 2.5～5mg，一日 2～4 次。

【不良反应】　有中枢抑制，长期服用可依赖。

（3）**复方樟脑酊**（Tincture Camphor Compound）

【规格】　酊剂：每毫升含阿片酊 0.05ml。

【主要适应证】　较严重的非细菌感染性腹泻。

【用法与用量】　口服：每次 2～5ml，一日 3 次。

【不良反应】　长期用易耐受与成瘾。

**4. 中成药**

（1）**香连丸**

【处方组成】　黄连（吴茱萸制）、木香。

【功能主治】　清热化湿，行气止痛。用于大肠湿热所致的痢疾，里急后重，腹痛泄泻；细菌性痢疾、肠炎见上述证候者。

【用法与用量】　口服：一次 3～6g，一日 2～3 次；小儿酌减。

（2）**葛根芩连片**

【处方组成】　葛根、黄芩、黄连、炙甘草。

【功能主治】　解肌清热，止泻止痢。用于湿热蕴结所致的泄泻、痢疾，症见身热烦渴，下痢臭秽。

【用法与用量】　口服：一次 3～4 片，一日 3 次。

（3）**参苓白术丸**

【处方组成】　人参、茯苓、白术（麸炒）、山药、白扁豆（炒）、莲子、薏苡仁（炒）、砂仁、甘草等。

【功能主治】　补脾胃，益肺气。用于脾胃虚弱，食少便溏，气短咳嗽，肢倦乏力。

【用法与用量】　口服：一次 6g，一日 2 次。

（4）**香砂六君丸**

【处方组成】　木香、砂仁、党参、白术（炒）、茯苓、炙甘草、陈皮、半夏（制）。

【功能主治】　益气健脾，和胃。用于脾虚气滞，消化不良，嗳气食少，脘腹胀满，大便溏泄。

【用法与用量】　口服：一次 6～9g，一日 2～3 次。

## 四、便秘

> **病例：**
> 　　某患者经常 2 天以上不解大便同时感到腹胀，食欲减退。

**（一）疾病判断**

据上诉症状排除其他诱因，初诊为习惯性便秘。

**（二）用药指导**

引起便秘原因很多，不良饮食、生活习惯、药物、直肠或肛门病变等。应找出原因治疗原发病或培养良好排便习惯，多食高纤维素食物。必要时考虑用轻泻剂：甘油栓、酚酞、乳果糖、液体石蜡等。

**（三）药品介绍**

1. 西药

（1）**甘油栓**（Glycerol Suppositories）

【商品名称】　开塞露

【规格】　胶栓剂：10ml，20ml。

【主要适应证】　润滑刺激直肠壁，软化大便，反射性地引起排便。用于轻度便秘。

【用法与用量】　直肠给药：10～20ml，每晚1次。

【注意事项】　本药遇热易融化，应在25℃以下保存。

（2）**比沙可啶**（Bisacodyl）

【商品名称】　便塞停

【规格】　栓剂：10mg。肠溶片：5mg。

【主要适应证】　急、慢性便秘。

【用法与用量】　口服：每次5～10mg，一日1次。直肠给药：每次5mg，一日1次。

（3）**乳果糖**（Lactulose）

【商品名称】　杜秘克

【规格】　口服液：10ml。

【主要适应证】　渗透性泻药用于慢性便秘。

【用法与用量】　口服：每次10～20mg，一日2～3次。

【注意事项】　糖尿病禁用。

2. 中成药

（1）**当归龙荟丸**

【处方组成】　当归（酒炒）、龙胆（酒炒）、芦荟、青黛、栀子、黄连（酒炒）、黄芩（酒炒）、黄柏（盐炒）、大黄（酒炒）、木香、麝香。

【功能主治】　泻火通便。用于肝胆火旺，心烦不宁，头晕目眩，耳鸣耳聋，胁肋疼痛，脘腹胀痛，大便秘结。

【用法与用量】　口服：一次6g，一日2次。

【注意事项】　孕妇禁用。体虚便溏者不宜用。

（2）**麻仁润肠丸**

【处方组成】　火麻仁、苦杏仁（去皮炒）、大黄、木香、陈皮、白芍。

【功能主治】　润肠通便。适于热积大肠引起的肠道干燥，大便秘结症。

【用法与用量】　口服：每次1～2丸，一日1～2次化服或吞服。

【注意事项】　不宜久服。服药期间应忌食热性食品。

# 第三节　皮肤病及用药指导

**病例：**

　　小张在学校住宿一段时间后，足趾间表皮发白，剥脱后基底发红，糜烂，瘙痒较重。

## 一、癣病

### （一）疾病判断

据上述症状初步诊断为足癣。

### （二）癣病简介

癣病是由各种皮肤癣菌引起的浅部真菌病，多见于毛发、皮肤及指（趾）甲等部位被感染，分别为手癣、足癣、头癣、体癣、股癣等，多由于卫生条件差、环境潮湿、公共场所相互间传染所致。

### （三）用药指导

1. 西药

（1）局部外用药　克霉唑软膏、酮康唑乳膏、益康唑乳膏、联苯苄唑乳膏、噻康唑乳膏、特比萘芬乳膏、复方十一烯酸锌软膏等。

（2）口服治疗药　酮康唑片剂、氟康唑片剂、伊曲康唑片剂、特比萘芬片剂等。

2. 中药（略）

### （四）药品介绍

1. 局部治疗药

（1）**克霉唑**（Clotrimazole）

【商品名称】　凯尼丁、得立安

【规格】　乳膏剂：5g：500mg。

【主要适应证】　主要用于皮肤念珠菌病，外阴阴道炎，其他敏感真菌引起的足癣、体癣、股癣、甲沟炎、头癣及酵母菌引起的花斑癣。

【用法与用量】　涂于患处，一日2～3次。

【不良反应】　皮疹、充血、水疱等皮肤刺激症状。

【注意事项】　避免接触眼睛。

（2）**特比萘芬**（Terbinafine）

【商品名称】　疗霉舒

【规格】　乳膏剂：10g：100mg，15g：150mg。

【主要适应证】　皮肤真菌病如体癣、股癣、脚癣、甲癣、皮肤念珠菌病。

【用法与用量】　外涂，一日1～2次。

（3）**联苯苄唑**（Bifonazole）

【商品名称】　霉克、白肤唑

【规格】　乳膏剂：10g：10mg，15g：150mg。

【主要适应证】　用于体癣、股癣、手癣、足癣、花斑癣等。

【用法与用量】　一日1次，晚上休息前使用。

【不良反应】　用药部位刺激性大。

2. 口服治疗药

（1）**酮康唑**（Ketoconazole）

【商品名称】　里素劳

【规格】　片剂：200mg。

【主要适应证】　表皮和深部真菌病。

【用法与用量】　口服：每次 200mg，一日 1～2 次。

【不良反应】　肠胃不适及过敏。

【注意事项】　有过敏史者、妊娠及肝病者禁用。

（2）**氟康唑**（Fluconazole）

【商品名称】　大扶康、博泰

【规格】　胶囊剂：50mg，150mg。片剂：50mg。

【主要适应证】　隐球菌感染、全身及黏膜念球菌感染。

【不良反应】　胃肠道反应及皮疹等。

【注意事项】　孕妇、哺乳期妇女慎用。

## 二、痱子

> *病例：*
>
> 　　*六月的一天，天气闷热，强强从幼儿园回家发现其胸背部、肘窝有很多针尖大小水疱。*

**（一）疾病判断**

夏日小儿出汗多，针尖大小、密集疹子可能是痱子。

**（二）用药指导**

（1）西药　炉甘石洗剂、氧化锌散剂（痱子粉）等。

（2）中药　金银花露等。

**（三）药品介绍**

（1）**氧化锌**（Zinc Oxide）

【商品名称】　痱子粉

【规格】　散剂：5g。

【主要适应证】　痱子，急性、亚急性皮炎及皮肤溃疡。

（2）**小儿复方麝香草酚粉**（Pediatric Compound Thymol Powder）

【商品名称】　小儿痱子粉

【规格】　粉剂：5g。

【主要适应证】　用于小儿痱子。

【用法与用量】　每次浴后，撒于好发痱子部位。

【注意事项】　孕妇及哺乳期妇女慎用。

（3）**金银花露**

【处方组成】　金银花。

【功能主治】　清热解毒。用于小儿痱毒，暑热口渴。

【用法与用量】　口服：一次 60～120ml，一日 2～3 次。

## 三、湿疹

> *病例：*
>
> 　　*某婴儿其额头和手背出现红色疹子，因瘙痒而不安、啼哭。*

**（一）疾病判断**

据上述症状可判断为婴儿湿疹。

**（二）用药指导**

1. 西药

（1）外用药　莫匹罗星、复方乳酸溶液、丁苯羟酸、醋酸曲安奈德软膏、醋酸泼尼松软膏、氧化锌糊剂、黑豆溜油软膏、硫磺煤焦油软膏等。

（2）口服药　阿伐斯汀、酮替芬、苯海拉明、赛庚啶、氯苯那敏、异丙嗪等。

2. 中成药

松花散，湿疹散，二妙丸。

**（三）药品介绍**

1. 外用药

（1）**莫匹罗星（Mupirocin）**

【商品名称】　百多邦

【规格】　软膏剂：2％ 5g。

【主要适应证】　用于湿疹、皮炎、疮、疖、外伤等引起的继发感染。

【注意事项】　孕妇及中、重度肾损伤者慎用。

（2）**乳酸（Lactate）**

【商品名称】　令肤适、复方乳酸溶液

【规格】　溶液剂：60ml。

【主要适应证】　用于各种湿疹、皮炎、痤疮、儿童尿布疹等。

（3）**丁苯羟酸（Bufexamac）**

【商品名称】　舒肤林、贝肤漫

【规格】　乳膏剂：15g。

【主要适应证】　用于急慢性湿疹、神经性皮炎、接触性皮炎等。

【注意事项】　孕妇及少年儿童慎用。

（4）**曲安西龙（Triamcinolone）**

【商品名称】　复方达克宁、康灯乐、康宁乐

【规格】　霜剂：5g，15g。软膏剂：5g，10g。

【主要适应证】　用于湿疹及甲沟炎，急性、亚急性皮肤病。

【注意事项】　孕妇禁用。细嫩皮肤及面部避免长期使用。

2. 口服西药

（1）**阿伐斯汀（Acrivastine）**

【商品名称】　新敏乐

【规格】　片剂：8mg。

【主要适应证】　用于急慢性湿疹、荨麻疹、过敏性鼻炎等。

【用法与用量】　口服：每次1片，一日1次。

【注意事项】　孕妇、司机、肾功能损害者慎用。

3. 中成药

（1）**松花散**

【处方组成】　松花粉。

【功能主治】 燥湿收敛。用于湿疹，尿布性皮炎。

【用法与用量】 外用：取本品适量撒于患处，或加入适量药用滑石粉，充分拌匀混合后使用。

【注意事项】 ①为外用粉剂，不可内服。药粉轻飘，易飞扬，使用时应注意避免飞入眼内。②不适用于皮肤干燥、肥厚者。③用于尿布性皮炎时，宜先用温水清洗臀部，拭干后再扑撒药粉。④使用一周后，症状未见改善，应向医师咨询。

**（2）二妙丸**

【处方组成】 苍术（炒）、黄柏（炒）。

【功能主治】 燥湿清热。用于湿热下注，足膝红肿热痛，下肢丹毒，白带，阴囊湿痒。

【用法与用量】 口服：一次 6～9g，一日 2 次。

【注意事项】 ①服药期间患处尽量少接触水及碱性、刺激性物品（肥皂、洗衣粉等）。②如湿疹较重，面积广泛，且渗液多，皮损糜烂，瘙痒重者，应去医院就诊。

**（四）特别提示**

湿疹是夏季的一种常见皮肤病。除保持清洁外，要避免抓搔、热水洗浴。在应用皮质激素外用药时，要注意虽然效果好，但不良反应大，要避免长期局部用药。

## 四、痤疮

*病例：*
　　一男青年脸部有一圆锥形丘疹，顶端为黑色，他自行将其挤压，使周围红肿。

**（一）疾病判断**

据其年龄及对称分布的黑头粉刺，不难诊断是痤疮。

**（二）用药指导**

1. 西药

（1）外用药 阿达帕林、过氧苯甲酰、红霉素软膏、鱼石脂、复方硫黄洗剂、甲硝唑凝胶等。

（2）口服药 维生素 $B_2$，维生素 $B_6$，异维 A 酸，环丙孕酮（达英-35）。

2. 中药

当归苦参丸，克痤隐酮霜。

**（三）药品介绍**

1. 外用药

（1）**阿达帕林**（Adapalene）

【商品名称】 达芙文

【规格】 凝胶剂：0.1％ 15g，1％ 30g。

【主要适应证】 用于 12 岁以上人群的寻常型痤疮。

（2）**过氧苯甲酰**（Benzoyl Peroxide）

【商品名称】 痤疮平、班赛

【规格】 凝胶剂：10g，15g。

【主要适应证】 用于皮脂溢出过多的痤疮及夏季疖肿、痱子。

（3）**鱼石脂**（Ichthammol）

【规格】 软膏剂：10％ 5g。

【主要适应证】 消炎消肿。用于皮肤炎症、痤疮、湿疹、疖肿。

2. 口服药

（1）**异维 A 酸**（Osotretinoin）

【商品名称】 泰尔丝、罗可坦

【规格】 软胶丸剂：10mg。

【主要适应证】 用于重型痤疮，尤以结节囊性痤疮。

【用法与用量】 口服：每次 10mg，一日 1～2 次。

【不良反应】 唇干，唇炎，致畸作用。

【注意事项】 孕妇、哺乳期妇女禁用。

（2）**环丙孕酮**（Cyproterone Acetate）

【商品名称】 达英-35

【规格】 片剂：每片含醋酸环丙孕酮 2mg、乙炔雌二醇 35μg。

【主要适应证】 用于妇女雄激素依赖性疾病如痤疮、脂溢性皮炎、轻型多毛症等。

【用法与用量】 口服：每次 1 片，一日 1 次。连服 21 日，停药 7 日后重新开始。

【注意事项】 勿用于男性。

3. 中成药

**当归苦参丸**

【处方组成】 当归、苦参。

【功能主治】 活血化瘀，清热除湿。用于痤疮（粉刺），或有脓疱。

【用法与用量】 口服：一次 1 丸，一日 2 次。

**（四）特别提示**

①切忌用手挤压患处。②本病为慢性过程，短期服用效果不明显，一般连续服药至少应在 4 周以上。③忌烟酒，保持面部清洁。④有多量脓肿、囊肿、脓疱等严重者应去医院就诊。

# 第四节 循环系统疾病及用药指导

## 一、高血压

> **病例：**
>
> 　　某患者就医时自诉：近一周来经常感头晕，头痛，心慌，容易疲倦。测血压为 148/95mmHg。

**（一）疾病判断**

据上述症状及血压，初步判定为高血压。

**（二）高血压简介**

高血压病是一种以动脉血压升高为特征，可伴有心脏、血管、脑和肾等器官功能性或器质性改变的全身性疾病。发病原因和机制复杂。人的正常血压应在 140/90mmHg 以下，凡是血压高于 140/90mmHg 初步判断为高血压。早期高血压病人表现为头晕、耳鸣、心悸、眼花、注意力不集中、记忆力减退、手脚麻木、疲乏无力、易烦躁等症状。后期高血压病人其血压常持续在较高水平，并伴有心、肾、脑等器官受损的表现。由于高血压是引起冠心病、心肌梗死、脑卒中和肾功能衰竭的主要原因，因此，对高血压的预防与治疗应引起足够的重视。

依据国际统一标准，根据血压升高的程度将高血压分为1级、2级、3级（见表5-1）。

**表 5-1　高血压分级标准**

| 类　别 | 收缩压/mmHg | 舒张压/mmHg | 类　别 | 收缩压/mmHg | 舒张压/mmHg |
|---|---|---|---|---|---|
| 理想血压 | <120 | <80 | 分级 | | |
| 正常血压 | <130 | <85 | 1级高血压（轻度） | 140～159 | 90～99 |
| 正常血压高值 | 130～139 | 85～89 | 2级高血压（中度） | 160～179 | 100～109 |
| 临界高血压 | 140～149 | 90～94 | 3级高血压（高度） | ≥180 | ≥110 |

**（三）用药指导**

1. 西药

高血压的治疗药物目前主要有利尿药、肾上腺素受体阻滞药、钙通道阻断药、血管紧张素转化酶抑制药等，为有效的控制血压，多数病人需联合用药。

（1）利尿药是治疗高血压的常用药，以噻嗪类如氢氯噻嗪为主，其他如呋塞米、螺内酯等也可应用。

（2）肾上腺素受体阻滞药已广泛用于治疗高血压，如盐酸普萘洛尔、酒石酸美托洛尔、阿替洛尔、盐酸哌唑嗪等。

（3）钙通道阻断药如硝苯地平、尼群地平、氨氯地平、吲达帕胺等。

（4）血管紧张素转化酶抑制药如卡托普利、马来酸依那普利等。

（5）其他抗高血压药如盐酸可乐定、利血平等。

2. 中药

（1）中医病因病机　本病分属于中医"头痛"、"眩晕"、"肝风"等范畴。其主要病因病机多由于情志过极、饮食失调、内伤虚损等引起脏腑经络阴阳失调，气血失和。病机变化多涉及到风、火、痰、瘀等方面。其病位主要以肝、肾、心三脏为主。

（2）辨证分型　①肝阳上亢证；②阴虚阳亢证；③阴阳两虚证；④气虚血瘀证。

**（四）药品介绍**

1. 利尿药

（1）**氢氯噻嗪**（Hydrochlorothiazide）

【商品名称】双氢克尿噻、双氢氯噻嗪、双氢氯消疾

【规格】片剂：10mg，25mg。

【主要适应证】①水肿性疾病：如充血性心力衰竭、肝硬化腹水、肾病综合征、急慢性肾炎水肿、慢性肾功能衰竭早期等。②高血压：可单独或与其他抗高血压药联合应用，主要用于治疗原发性高血压。③尿崩症：可减少病人的尿量。

【用法与用量】口服：每次12.5～25mg，一日1～2次；小儿每日按体重1～2mg/kg，分1～2次服用。

【不良反应】水、电解质紊乱较为常见，如低血钾、低血镁；也可引起代谢变化，如高血糖、高脂血症等；偶见变态反应、白细胞减少症、血小板减少性紫癜等。

【注意事项】用药过程中应注意补充钾盐，或与留钾利尿药合用。孕妇、哺乳期妇女、

肝功能不全及糖尿病患者慎用。

（2）**呋塞米**（Furosemide）

【商品名称】 呋喃苯胺酸、速尿、利尿灵

【规格】 片剂：20mg。注射剂：20mg/2ml。

【主要适应证】 ①水肿性疾病：如充血性心力衰竭、肝硬化、肾脏疾病，尤其是用其他利尿药效果不佳时；也与其他药物合用治疗急性肺水肿和急性脑水肿等。②高血压：不作为治疗原发性高血压的首选药物，但当噻嗪类药物疗效不佳，伴有肾功能不全或出现高血压危象时，本类药物尤为适用。③预防急性肾功能衰竭：用于各种原因导致的肾脏血流灌注不足，例如，失水、休克、中毒、麻醉意外以及循环功能不全等，在纠正血容量不足的同时及时应用，可减少急性肾小管坏死的机会。④急性药物毒物中毒：加速药物的排泄。

【用法与用量】 口服：每次20～40mg，一日1～2次。肌内或静脉注射：每次20mg，一日1～2次。

【不良反应】 常见的有水、电解质紊乱，尤其是大剂量或长期应用时，如体位性低血压、低钾血症等；偶有变态反应、视觉模糊、黄视症、骨髓抑制、肝功能损害、高血糖、高尿酸血症等。大剂量静脉快速注射时可出现耳鸣，听力障碍，多为暂时性，少数为不可逆性。

【注意事项】 不宜与链霉素等氨基苷类抗生素合用。孕妇及对磺胺类药和噻嗪类利尿药过敏者禁用。严重肝肾功能不全、糖尿病、痛风患者及小儿慎用。

（3）**螺内酯**（Spironolactone）

【商品名称】 安体舒通、螺旋内酯固醇

【规格】 片剂：10mg。

【主要适应证】 ①水肿性疾病：与其他利尿药合用，治疗充血性水肿、肝硬化腹水、肾性水肿等水肿性疾病。②高血压：作为辅助药物。③原发性醛固酮增多症：螺内酯可用于此病的诊断和治疗。④低钾血症的预防：与噻嗪类利尿药合用，增强利尿效应和预防低血钾。

【用法与用量】 口服：每次10～20mg，一日2～4次。

【不良反应】 常见的有高血钾，胃肠道反应，如恶心、呕吐、胃痉挛和腹泻，尚有报道可致消化性溃疡。长期服用可致男性乳房发育，阳痿，性功能低下；女性乳房胀痛、声音变粗、毛发增多、月经失调、性机能下降等。

【注意事项】 剂量应个体化，从最小有效量开始使用，以减少电解质紊乱等副作用的发生。肝肾功能不全、低血钠、酸中毒者慎用。高血钾患者禁用。

**2. 肾上腺素受体阻滞药**

（1）**盐酸普萘洛尔**（Propranolol Hydrochloride）

【商品名称】 心得安、萘心安、萘氧丙醇胺

【规格】 片剂：10mg。

【主要适应证】 ①高血压：单独或与其他抗高血压药合用。②劳力型心绞痛。③作为二级预防，降低心肌梗死死亡率。④控制室上性快速型心律失常、室性心律失常，特别是与儿茶酚胺有关或洋地黄引起的心律失常。

【用法与用量】 口服：每次10～30mg，一日3次。

【不良反应】 可见乏力、嗜睡、失眠、低血压、心动过缓等。

【注意事项】 该药的耐受量个体差异较大，用量必须个体化。有过敏史、充血性心力衰

竭、糖尿病、甲状腺功能低下、雷诺现象或其他周围血管疾病、肝肾功能不全者慎用。支气管哮喘、心源性休克、心脏传导阻滞、心力衰竭、窦性心动过缓者禁用。

（2）**阿替洛尔**（Atenolol）

【商品名称】 苯氧胺、氨酰心安

【规格】 片剂：50mg。

【主要适应证】 ①高血压：伴有心动过速的高血压尤为适宜。②心绞痛及心律失常：尤其对心率快或伴有焦虑症状的冠心病患者有效。

【用法与用量】 口服：每次 50～100mg，一日 2 次。

【不良反应】 可有轻度胸闷、口干、头晕、乏力、肠胃不适等，减量或停药后消失。

【注意事项】 房室传导阻滞、未经治疗的心力衰竭、心源性休克患者禁用。病窦综合征及严重窦性心动过缓、肝肾功能不全者慎用。

（3）**酒石酸美托洛尔**（Metoprolol Tartrate）

【商品名称】 美多心安、倍他乐克

【规格】 片剂：50mg，100mg。

【主要适应证】 用于治疗高血压、心绞痛、心肌梗死、肥厚型心肌病、心律失常、甲状腺功能亢进、心脏神经官能症等。

【用法与用量】 口服：每次 25～50mg，一日 2 次，以后视临床情况增加剂量，最大剂量不应超过 300mg/日。

【不良反应】 有心率减慢、传导阻滞、血压降低、心衰加重、外周血管痉挛导致的四肢冰冷或脉搏不能触及、雷诺现象、疲乏、眩晕、抑郁、头痛、多梦、失眠等，偶见幻觉。

【注意事项】 因个体差异较大，剂量应个体化。严重心动过缓、房室传导阻滞、心力衰竭患者禁用。支气管哮喘、糖尿病、肝肾功能不全、孕妇慎用。

（4）**盐酸哌唑嗪**（Prazosin Hydrochloride）

【商品名称】 脉宁平

【规格】 片剂：1mg，2mg。

【主要适应证】 用于治疗轻、中度高血压，也可用于中、重度慢性充血性心力衰竭及心肌梗死后的心力衰竭。

【用法与用量】 口服：一次 0.5～1mg，一日 2～3 次（首剂为 0.5mg，睡前服）。逐渐按疗效调整为每日 6～15mg，分 2～3 次服。

【不良反应】 首次服用可引起晕厥，大多数由体位性低血压引起，其他有口干、皮疹、发热性关节炎等。

【注意事项】 ①剂量必须个体化。②与其他抗高血压药合用时应调节剂量以求每一种药物的最小有效剂量。③首次给药及以后加大剂量时，均建议在卧床时给药，以免发生体位性低血压反应。④肝、肾功能不全时应减少剂量。⑤严重心脏病、精神病患者慎用。

3. **钙通道阻断药**

（1）**硝苯地平**（Nifedipine）

【商品名称】 硝苯啶、硝苯吡啶、心痛定

【规格】 片剂、糖衣片：5mg，10mg。控释片：20mg。胶囊：5mg，10mg。

【主要适应证】 ①心绞痛：如变异型心绞痛、不稳定型心绞痛、慢性稳定型心绞痛。②高血压：可单独或与其他抗高血压药联合应用。

【用法与用量】 片剂，口服：每次10mg，一日3次。控释片，口服：每次20mg，一日1次。

【不良反应】 常见头晕、头痛、恶心、乏力和面部潮红、一过性低血压、心悸、气短等。

【注意事项】 绝大多数患者可有轻度低血压反应，个别患者出现严重的低血压症状，所以在此期间需监测血压，尤其合用其他抗高血压药时。长期给药不宜骤停，避免出现反跳现象。对本品过敏者、孕妇禁用。

（2）尼群地平 （Nitrendipine）

【商品名称】 硝苯甲乙吡啶、硝苯乙吡啶

【规格】 片剂：10mg，20mg。胶囊剂：10mg。

【主要适应证】 用于治疗各型高血压、脑血管疾病、脑血栓、脑溢血后遗症等，也可用于治疗冠心病和心绞痛。

【用法与用量】 口服：每次5～10mg，一日3次。

【不良反应】 有头痛，头晕，面部潮红，恶心，低血压，足踝部水肿，心绞痛发作，一过性低血压。本品过敏者可出现过敏性肝炎、皮疹、甚至剥脱性皮炎等。

【注意事项】 青光眼、低血压患者慎用。活动性颅内出血、孕妇、哺乳期妇女禁用。

（3）氨氯地平 （Amlodipine）

【商品名称】 络活喜

【规格】 片剂：5mg。

【主要适应证】 用于高血压、持续性心绞痛及心力衰竭。

【用法与用量】 口服：每次5mg，一日1次，最大不超过10mg。

【不良反应】 有面部潮红、下肢水肿、偶见肌肉痉挛及疼痛。

【注意事项】 老年患者或肝功能受损者需减量。颅内出血及低血压患者禁用。

（4）吲达帕胺 （Indapamide）

【商品名称】 吲满胺、吲满速尿、钠催离、寿比山

【规格】 片剂、糖衣片：2.5mg。

【主要适应证】 用于治疗轻、中度原发性高血压。

【用法与用量】 口服：每次2.5mg，一日1次于早晨顿服；维持量为每2日服1次，每次2.5mg于早晨顿服。

【不良反应】 可有腹泻，头痛，食欲减低，失眠，直立性低血压。偶见皮疹、瘙痒、低血钠、低血钾、低氯性碱中毒等。

【注意事项】 宜用较小的有效剂量，并应定期监测血钾、血钠、血钙、血糖及尿酸等，注意维持水与电解质平衡，尤其是老年人等高危人群，注意及时补钾。对磺胺过敏者，严重肾功能不全，肝性脑病或严重肝功能不全，低钾血症禁用。

4. 血管紧张素转化酶抑制药

（1）卡托普利 （Captopril）

【商品名称】 巯甲丙脯酸、开博通

【规格】 片剂、糖衣片：12.5mg，25mg。

【主要适应证】 ①高血压：可单独应用或与其他抗高血压药合用。②心力衰竭：可单独应用或与强心利尿药合用。

【用法与用量】　口服：每次 6.5mg，一日 2～3 次，逐渐增至每次 12.5～25mg，一日 2～3 次，最大剂量为每日 40mg。

【不良反应】　常见的有皮疹、心动过速、胸痛、咳嗽、味觉迟钝；偶有蛋白尿、眩晕、头痛、昏厥、血管性水肿、白细胞与粒细胞减少等。

【注意事项】　食物可影响其吸收，故宜在餐前 1h 服药。自身免疫性疾病如严重系统性红斑狼疮、肾功能不全、孕妇及哺乳期妇女慎用。

（2）**马来酸依那普利**（Enalapril Maleate）

【商品名称】　苯酯丙脯酸、苯丁酯脯酸

【规格】　片剂：2.5mg，5mg。

【主要适应证】　用于治疗原发性高血压、肾性高血压及充血性心力衰竭。

【用法与用量】　口服：每次 5～10mg，一日 1 次。

【不良反应】　可有头昏、头痛、嗜睡、口干、疲劳、上腹不适、恶心、心悸、胸闷、咳嗽、面红、皮疹和蛋白尿等；如出现白细胞减少，需停药。

【注意事项】　个别病人，尤其是在应用利尿剂或血容量减少者，可能会引起血压过度下降，故首次剂量宜从 2.5mg 开始。定期作白细胞计数和肾功能测定。肾功能严重受损者、孕妇及哺乳期妇女慎用。对本品过敏者或双侧性肾动脉狭窄患者禁用。

5. 其他抗高血压药

（1）**盐酸可乐定**（Clonidine Hydrochloride）

【商品名称】　氯压定、可乐宁、血压得平、110 降压片

【规格】　片剂：0.075mg。注射剂：0.15mg/1ml。

【主要适应证】　适用于中度、重度高血压，对高血压伴有溃疡病、青光眼的患者有较好的疗效，也可以用于治疗和预防偏头痛、绝经期潮热、痛经，以及戒绝阿片瘾毒症状。

【用法与用量】　口服：每次 0.75～0.15mg，一日 3 次。静脉注射：每次 0.15mg，24h 内总量不宜超过 0.75mg。

【不良反应】　常见不良反应有口干、昏睡、头晕、乏力等，偶尔可出现低血压和性功能降低，长期应用可引起钠潴留，而使抗高血压作用下降。

【注意事项】　脑血管病、冠状动脉供血不足、精神抑郁史、心肌梗死、雷诺现象、慢性肾功能障碍、窦房结或房室结功能低下、血栓闭塞性脉管炎患者慎用。

（2）**利血平**（Reserpine）

【商品名称】　寿比安、蛇根碱、尼寿昌

【规格】　片剂：0.1mg，0.25mg。

复方利血平片：每片含利血平 0.125mg、氢氯噻嗪 12.5mg、双肼屈嗪 12.5mg、氯化钾 100mg。

复方降压片：每片含利血平 0.032mg、氢氯噻嗪 3.1mg、氯氮䓬 2mg、维生素 $B_1$ 1mg、维生素 $B_6$ 1mg、盐酸异丙嗪 2.1mg、双肼屈嗪 4.2mg、氯化钾 30mg、三硅酸镁 30mg。

注射剂：1mg/1ml，2.5mg/1ml。

【主要适应证】　主要用于治疗高血压，也可用于治疗慢性荨麻疹、难治性躁狂症等。

【用法与用量】　口服：每次 0.1～0.25mg，一日 1 次，极量不超过一次 0.5mg/次。复方制剂：每次 1～2 片，一日 2～3 次。肌内注射或静脉注射：0.5～1mg，一日 2 次。

【不良反应】　常见的不良反应有倦怠，晕厥，头痛，阳痿，性欲减退，乏力，精神抑

郁，注意力不集中，神经紧张，焦虑，多梦或清晨失眠。

【注意事项】 利血平引起胃肠道动力加强和分泌增多，可促使胆石症患者胆绞痛发作。治疗期间，可能发生焦虑、抑郁以及精神病，所以活动性胃溃疡、溃疡性结肠炎、抑郁症，尤其是有自杀倾向的抑郁症患者禁用。

6. 中成药

(1) **牛黄降压丸**

【处方组成】 羚羊角、珍珠、水牛角浓缩粉、人工牛黄、冰片、白芍、党参、黄芪、决明子、川芎、黄芩素、甘松、薄荷、郁金。

【功能主治】 清心化痰，镇静降压。用于心肝火旺，痰热壅盛所致的头晕目眩，烦躁不安，高血压病见上述证候者。

【用法与用量】 口服：小蜜丸一次 20～40 丸，一日 2 次；大蜜丸一次 1～2 丸，一日 1 次。

【注意事项】 腹泻者忌服。

(2) **松龄血脉康胶囊**

【处方组成】 葛根、珍珠层粉等。

【功能主治】 平肝潜阳，镇心安神。用于高血压病见有头痛、眩晕、急躁易怒、心悸、失眠等属于肝阳上亢证者。

【用法与用量】 口服：一次 3 粒，一日 3 次；病情较重者可增为 4 粒/次，或遵医嘱；病情稳定后一日 2 次维持。

(3) **天麻钩藤颗粒**

【处方组成】 天麻、钩藤、石决明、栀子、黄芩、牛膝、杜仲（盐制）、益母草、桑寄生、首乌藤、茯苓。

【功能主治】 平肝息风，清热安神。用于肝阳上亢、高血压等所引起的头痛，眩晕，耳鸣，眼花，震颤，失眠。

【用法与用量】 开水冲服，一次 10g，一日 3 次，或遵医嘱。

(4) **银杏叶片**

【处方组成】 银杏黄酮苷、银杏苦内酯。

【功能主治】 活血化瘀，通脉舒络。用于瘀血阻络引起的胸痹、卒中，症见胸痛、心悸、舌强语謇、半身不遂等。

【用法与用量】 口服：一次 1 片，一日 3 次，或遵医嘱。

【注意事项】 孕妇及心力衰竭者慎用。

## 二、心绞痛

> **病例：**
> 某男性患者就医时自诉：一周前在与家人发生口角时突然感觉呼吸困难，胸口发闷且疼痛，休息一会儿后症状消失。近一周来经常感呼吸困难，容易疲倦。测脉搏 95 次/min，血压为 140/93mmHg，心电图示：非特异性 ST—T 改变，室性早搏。

**(一) 疾病判断**

据上述症状及体征初步判定为心绞痛。

**（二）心绞痛简介**

心绞痛是由于冠状动脉供血不足，心肌急剧、暂时性的缺血与缺氧所引起的发作性胸部疼痛，或胸部不适为主要表现的临床综合征。其特点为阵发性的前胸压榨性疼痛感觉，主要位于胸骨后部，可放射至心前区和左上肢，常发生于劳动或情绪激动时，持续数分钟，休息或用硝酸酯制剂后消失。本病多见于男性，多数病人在 40 岁以上。劳累、情绪激动、饱食、受寒、阴雨天气、急性循环衰竭等为本病常见的诱因。冠状动脉粥样硬化、主动脉瓣狭窄或关闭不全、梅毒性主动脉炎、肥厚型原发性心肌病、先天性冠状动脉畸形、风湿性冠状动脉炎等可引起本病。

**（三）用药指导**

1. 西药

心绞痛的治疗主要包括：消除冠心病的易患因素，生活调理，改善冠状动脉供血和减轻心肌的耗氧等。常用药物有硝酸酯类、β-受体阻滞药、钙通道阻断药。

（1）硝酸酯类是预防心绞痛发作的首选药，包括硝酸甘油、硝酸异山梨酯。

（2）β-受体阻滞药和钙通道阻断药见高血压部分。

2. 中药

（1）中医病因病机　　中医认为本病属于"胸痹"、"心痛"、"真心痛"等范畴。是由于寒邪外侵、饮食不节、情志失调等因素造成心脉不通而发病。

（2）辨证分型　　①心血瘀阻；②痰浊壅塞；③气阴两虚。

**（四）药品介绍**

1. 西药

（1）**硝酸甘油**（Nitroglycerin）

【商品名称】　三硝酸甘油酯

【规格】　片剂：0.5mg。控释口颊片：1mg，2.5mg。气雾剂：0.1g。贴膜：25mg。

【主要适应证】　用于冠心病心绞痛的治疗及预防，也可用于降低血压或治疗充血性心力衰竭。

【用法与用量】　片剂，舌下含服，每次 0.5mg，每 5min 可重复 1 片，直至疼痛缓解；控释口颊片，每次 1mg 放置于口颊犬齿龈上，一日 3～4 次；气雾剂，心绞痛发作时向口腔舌下黏膜喷射 1～2 次，相当于硝酸甘油 0.5～1mg；贴膜，每次 1 张，一日 1 次；注射液，用 5％葡萄糖注射液或氯化钠注射液稀释后静脉滴注，开始剂量为 5μg/min，最好用输液泵恒速输入。

【不良反应】　治疗剂量可发生明显的低血压反应，表现为恶心，呕吐，虚弱，出汗，苍白和虚脱。

【注意事项】　应使用最小有效量，慎用于血容量不足或收缩压低的患者。舌下含服时患者应尽可能取坐位，以免因头晕而摔倒。禁用于心肌梗死早期、严重贫血、青光眼、颅内压增高和已知对硝酸甘油过敏的患者。

（2）**硝酸异山梨酯**（Isosorbide Dinitrate）

【商品名称】　硝异梨醇、二硝酸异山梨醇酯、消心痛

【规格】　片剂：5mg。缓释片：20mg。气雾剂：0.125g。注射剂：5mg/5ml，10mg/10ml。

【主要适应证】　用于冠心病的长期治疗，心绞痛的预防和治疗，与洋地黄和/或利尿剂联合应用，治疗慢性充血性心力衰竭。

【用法与用量】 片剂，口服或舌下含化：每次5～10mg，一日2～3次。缓释片，口服：每次20mg，一日2次。气雾剂，每次2.5～5mg，药品喷射到口腔两颊黏膜。注射剂，静脉滴注：开始剂量30μg/min，如无不良反应可加倍，一日1次。

【不良反应】 用药初期可能会出现硝酸酯引起的血管扩张性头痛，还可出现面部潮红，眩晕，直立性低血压和反射性心动过速。偶见血压明显降低，心动过缓和心绞痛加重，罕见虚脱及晕厥。

【注意事项】 主动脉或二尖瓣狭窄、体位性低血压、颅内压增高者慎用。不应突然停止用药，以避免反跳现象。急性循环衰竭、严重贫血、青光眼、颅内压增高、原发性肺动脉高压、对硝基化合物过敏者禁用。

### 2. 中成药

#### (1) 复方丹参片

【处方组成】 丹参、三七、冰片。

【功能主治】 活血化瘀，理气止痛。用于胸闷，心前区刺痛，心绞痛。

【用法与用量】 口服：一次3片，一日3次。

【注意事项】 孕妇慎用。

#### (2) 地奥心血康胶囊

【功能主治】 活血化瘀，行气止痛，扩张冠脉血管，改善心肌缺血。用于预防和治疗冠心病，心绞痛以及瘀血内阻之胸痹、眩晕、气短、心悸、胸闷或胸痛等病症。

【用法与用量】 口服：一次1～2粒，一日3次。

#### (3) 苏合香丸

【处方组成】 苏合香、安息香、冰片、水牛角浓缩粉、麝香、檀香、沉香、丁香、香附、木香、乳香（制）、荜茇、白术、诃子肉、朱砂。

【功能主治】 芳香开窍，行气止痛。用于卒中，中暑，痰厥昏迷，心胃气痛。

【用法与用量】 口服：一次1丸，一日1～2次。

【注意事项】 孕妇禁用。

#### (4) 麝香保心丸

【处方组成】 麝香、人参提取物、人工牛黄、肉桂、苏合香、蟾酥、冰片。

【功能主治】 芳香温通，益气强心。用于心肌缺血引起的心绞痛、心肌梗死，症见心前区疼痛、固定不移。

【用法与用量】 口服：一次1～2丸，一日3次，或症状发作时服用。

【注意事项】 孕妇禁用。

#### (5) 速效救心丸

【处方组成】 川芎、冰片等。

【功能主治】 行气活血，祛瘀止痛，增加冠脉血流量，缓解心绞痛。用于气滞血瘀型冠心病、心绞痛。

【用法用量】 含服：一次4～6粒，一日3次。急性发作时，一次10～15粒。

#### (6) 活血通脉胶囊

【功能主治】 破血逐瘀，通脉止痛。用于眩晕、胸闷、心痛、体胖等属于痰瘀凝聚证者，或癥瘕痞块、血瘀闭经、跌打损伤及高脂血症。

【用法用量】 口服：一次2～4粒，一日3次，或遵医嘱。

## 三、心律失常

> *病例：*
> 　　某患者因突感心悸，胸痛，眩晕，心前区不适感，憋闷来医院就诊。医院查体：脉搏120次/min，血压正常；听诊心律不规则。心电图示：心律失常。

**（一）疾病判断**

据上述症状及心电图初步判定为心律失常。

**（二）心律失常简介**

心脏的激动起源于窦房结，按一定顺序，依次下传至心房、房室交界处、房室束、左右束支及蒲肯野氏纤维和心室肌，使全心肌激动。当激动的产生或传导发生异常时，就使心脏活动的频率和节律发生紊乱，称为心律失常。临床上根据心律失常发生时心室率的快慢，将心律失常分为快速型心律失常和缓慢型心律失常。

**（三）用药指导**

1. 西药

心律失常总的治疗方法，有物理刺激疗法（如兴奋迷走神经手法）、药物治疗及外科手术疗法、电转复法（直流电转复及交流电转复），以及对基本病因的治疗。在此只叙述治疗快速型心律失常药物，而对于缓慢型心律失常目前还缺乏有效的药物。根据药物电生理效应及作用机理，可将抗心律失常药分为四类：Ⅰ类——钠通道阻断药，如硫酸奎尼丁、盐酸利多卡因、磷酸丙吡胺、盐酸普鲁卡因胺等；Ⅱ类——β-肾上腺素受体阻滞药如盐酸普萘洛尔、阿替洛尔等；Ⅲ类——延长动作电位时程药如盐酸胺碘酮等；Ⅳ类——钙拮抗药如盐酸维拉帕米等。

2. 中成药

（1）中医病因病机　本病在中医学"心悸"、"怔忡"中有相关论治。常与精神因素、心血不足、心阳衰弱、水饮内停、瘀血阻络等有关。

（2）辨证分型　①瘀血阻络；②心血不足；③阴虚火旺；④心阳不足；⑤水饮凌心。

**（四）药品介绍**

1. 西药

**（1）磷酸丙吡胺（Disopyramide Phosphate）**

**【商品名称】**　双异丙吡胺、异脉停、达舒平

**【规格】**　片剂：100mg。注射剂：50mg/2ml，100mg/2ml。

**【主要适应证】**　主要适用于治疗室上性和室性早搏、阵发性和室性心动过速、心房颤动或扑动，对伴有预激综合征的心动过速疗效尤佳，也可用于房颤患者经电转复后和预防心肌梗死后并发的心律失常。

**【用法与用量】**　口服：每次100mg，一日3次。静脉注射：每次每千克体重1～2mg（一次量不得超过150mg）。

**【不良反应】**　主要有口干、尿潴留、尿频、尿急、便秘、视力模糊、青光眼加重等抗胆碱神经的不良反应。

**【注意事项】**　房室传导阻滞、病窦综合征、未能控制的充血性心力衰竭、急性肺水肿、心源性休克、青光眼、尿潴留、重症肌无力患者禁用。

（2）**硫酸奎尼丁**（Quinidine Sulfate）

【商品名称】　异奎宁

【规格】　片剂：200mg。

【主要适应证】　主要适用于心房颤动或心房扑动经电转复后的维持治疗。

【用法与用量】　口服：每次 100～300mg，一日 3 次。

【不良反应】　常见的不良反应有恶心、呕吐、耳鸣、视力模糊等。

【注意事项】　长期用药需监测肝、肾功能，若出现严重电解质紊乱或肝、肾功能异常时需立即停药。对该药过敏者、病窦综合征者禁用。

（3）**盐酸胺碘酮**（Amiodarone Hydrochloride）

【商品名称】　安律酮、胺碘呋酮、乙碘酮

【规格】　片剂、胶囊剂：100mg，200mg。注射剂：150mg/3ml。

【主要适应证】　用于治疗室性和室上性心动过速和早搏、阵发性心房扑动和颤动、预激综合征等。也可用于伴有充血性心力衰竭和急性心肌梗死的心律失常患者。

【用法与用量】　口服：开始每次 200mg，一日 3 次；3 日后改用维持量，每次 200mg，一日 1～2 次，或每次 100mg，一日 3 次。静脉注射：300mg 加入 250ml 等渗盐水中，30min 内滴完。

【不良反应】　主要有胃肠道反应（食欲不振、恶心、腹胀、便秘等）及角膜色素沉着，偶有皮疹及皮肤色素沉着，但停药后可自行消失。

【注意事项】　本品能使地高辛的血药浓度明显升高，两药合用有导致心脏停跳的报道。房室传导阻滞及心动过缓患者禁用。

（4）**盐酸维拉帕米**（Verapamil Hydrochloride）

【商品名称】　戊脉安、凡拉帕米、异搏定

【规格】　片剂：40mg。肠溶片：0.3g，0.5g。缓释片：120mg。注射剂：5mg/2ml。

【主要适应证】　用于治疗阵发性室上性心动过速的转复、心房扑动或心房颤动。

【用法与用量】　口服：每次 40～80mg，一日 3 次，维持量每次 40mg，一日 3 次。缓释片，首剂量 240mg，维持量每次 120mg，一日 1 次。注射剂，每日每千克体重 0.075～0.15mg，症状控制后改为口服给药。

【不良反应】　不良反应较少，偶有眩晕、恶心、腹部不适、头痛、皮疹等。

【注意事项】　一般不与 β-受体阻滞药合用。心动过缓、房室传导阻滞患者禁用。心力衰竭患者及孕妇应慎用。

**2. 中成药**

（1）**稳心颗粒**

【处方组成】　党参、黄精、三七等。

【功能主治】　益气养阴，定悸复脉，活血化瘀。用于气阴两虚兼心脉瘀阻所致心悸不宁，气短乏力，头晕心悸，胸闷胸痛，或心律失常、室性早搏见有上述证候者。

【用法与用量】　温开水冲服，一次 1 袋，一日 3 次，或遵医嘱。4 周为一疗程。

【注意事项】　偶见轻度头晕，恶心，一般不影响用药。危重病人应结合其他治疗。用前应将药液充分搅匀，勿将杯底药粉丢弃。孕妇慎用。

（2）**炙甘草合剂**

【处方组成】　甘草（蜜炙）、人参、地黄、桂枝、阿胶、麦冬、大枣等。

【功能主治】 益气滋阴，通阳复脉。用于气虚血少，心动悸，脉结代。

【用法与用量】 口服：一次15～25ml，一日3次。用时摇匀。

（3）宁心宝

【处方组成】 冬虫夏草菌体培养物。

【功能主治】 抗心律失常，各种原因引起的各类型心律失常以及各类型早搏房室传导阻滞、窦房结和房室传导功能低下以及食欲下降、神经衰弱、久病体虚等。

【用法用量】 口服：一次2粒，一日3次，饭前温开水吞服。

# 四、心功能不全

> **病例：**
>
> 　　一女性患者，55岁，就医时自诉：近2～3年体力下降，心慌、气短，近几天心慌、气短加重，下肢水肿；检查心率120次/min，肝大2cm，下肢水肿（＋），心浊音界增大。

**（一）疾病判断**

据上述症状初步判定为慢性心功能不全。

**（二）心功能不全简介**

心功能不全，又称充血性心力衰竭，是指在静脉回流正常的情况下，由于原发的心脏损害引起心排血量减少，不能满足组织代谢需要的一种综合征。按心力衰竭发展的速度可分为急性和慢性两种，以慢性居多。

**（三）用药指导**

本病治疗原则为：防治原发病，稳定心力衰竭的代偿机制，缓解心室功能异常。常用治疗药物有利尿药如氢氯噻嗪、呋噻米、螺内酯；血管扩张药如硝普钠、硝酸甘油、硝酸异山梨酯、卡托普利、马来酸依那普利；β-受体阻滞药如阿替洛尔；强心药如地高辛、毒毛花苷K、氨力农等。在此仅介绍强心药。

**（四）药品介绍**

（1）地高辛（Digoxin）

【商品名称】 狄戈辛、异羟洋地黄毒苷、强心素

【规格】 片剂：0.25mg。注射剂：0.25mg/1ml，0.5mg/2ml。

【主要适应证】 用于治疗慢性心功能不全和某些心律失常如心房颤动、心房扑动及室上性心动过速。

【用法与用量】 口服：每次0.125～0.25mg，一日1次。静脉注射：每次0.25～0.5mg，一日总量不超过1mg。

【不良反应】 ①胃肠道反应：是最常见的早期中毒症状，主要表现为厌食、恶心、呕吐及腹泻等。②心脏毒性：是最严重、最危险的不良反应，可以发生各种心律失常，最常见者为室性早搏，其次为房室传导阻滞、窦性心动过缓等。③中枢神经系统反应：表现为眩晕、嗜睡、头痛、视力模糊或"色视"（如黄视、绿视）等中枢神经系统反应。

【注意事项】 ①用药期间应注意随访检查血压、心率及心律、电解质尤其钾、钙、镁的变化和肾脏功能；疑有洋地黄中毒时，应做地高辛血药浓度测定。②低钾血症、不完全性房室传导阻滞、高钙血症、甲状腺功能低下、缺血性心脏病、心肌梗死、心肌炎、肾功能损害

患者慎用。③应用本品剂量应个体化。

（2）**毒毛花苷 K（Strophanthin K）**

【商品名称】 毒毛旋花子甙 k、毒毛甙 K

【规格】 注射剂：0.25mg/1ml。

【主要适应证】 适用于急性充血性心力衰竭，特别适用于洋地黄无效的患者，亦可用于心率正常或心率缓慢的心房颤动的急性心力衰竭患者。

【用法与用量】 静脉注射：每次 0.25～0.5mg。极量，每日 1mg。病情好转后，可改用洋地黄口服制剂。

【不良反应】 及【注意事项】 参见地高辛。

（3）**氨力农（Amrinone）**

【商品名称】 氨吡酮、氨双吡酮、氨利酮、强心隆

【规格】 片剂：0.1g。注射剂：0.05g/10ml，0.1g/20ml。

【主要适应证】 适用于对洋地黄、利尿剂、血管扩张剂治疗无效或效果欠佳的各种原因引起的急、慢性顽固性充血性心力衰竭。

【用法与用量】 口服：每次 0.1～0.3g，一日 3 次。静脉注射：开始剂量为每次每千克体重 0.5～0.75mg，每日最大量＜10mg/kg。

【不良反应】 可有胃肠道反应、血小板减少、室性心律失常、低血压及肝肾功能损害，偶可有变态反应。

【注意事项】 用药期间应监测心率、心律、血压，必要时调整剂量。严重心脏瓣膜狭窄及肥厚梗阻性心肌病、急性心肌梗死或其他急性缺血性心脏病患者、肝肾功能损害者慎用。严重低血压患者禁用。

# 五、高脂血症

> **病例：**
>
> 　　某患者就医，自诉：近半年来经常头晕，胸闷，心悸，神疲乏力，失眠健忘，肢体麻木。

**（一）疾病判断**

据上述症状结合血生化检查诊断为高脂血症。

**（二）高脂血症简介**

血脂主要是指血清中的胆固醇和三酰甘油。两者都是人体必需的营养物质，但当某些原因造成脂质代谢紊乱，无论是胆固醇含量增高，还是三酰甘油的含量增高，或是两者皆增高，统称为高脂血症，它容易诱发动脉粥样硬化和冠心病。

**（三）用药指导**

脂质代谢紊乱所致的高脂血症与动脉粥样硬化和冠心病的发生有密切关系，因此调节血脂的含量对防治动脉粥样硬化和冠心病有一定的作用。对血浆脂质代谢紊乱，首先要调节饮食，食用低热量、低脂肪、低胆固醇类食品，加强体育锻炼及克服吸烟等不良习惯。如血脂仍不正常，再用药物治疗。

**（四）药品介绍**

1. 西药

（1）**非诺贝特**（Fenofibrate）

【商品名称】　苯酰降脂丙脂、普鲁脂芬、利旨平

【规格】　片剂、胶囊剂：100mg。缓释胶囊：250mg。

【主要适应证】　用于经适当和正规饮食疗法不能控制的高胆固醇血症和高三酰甘油血症。

【用法与用量】　口服：每次100mg，一日3次。

【不良反应】　少数患者服药后有胃肠道不适、嗳气或一过性血清转氨酶及血尿素氮升高；偶有口干，胃纳减退，大便次数增加，腹胀，皮疹，头痛，眩晕及疲乏；罕有肌炎。

【注意事项】　用药期间定期检查肝功能。严重肝肾功能不良者慎用。孕妇、哺乳期妇女禁用。

（2）**吉非贝齐**（Gemfibrozil）

【商品名称】　吉非罗齐、诺衡

【规格】　片剂：100mg。胶囊剂：300mg。

【主要适应证】　用于高脂血症。

【用法与用量】　口服：每次300~600mg，一日2次，早餐及晚餐前30min服用。

【不良反应】　常见的不良反应为胃肠道不适，如消化不良、厌食、恶心、呕吐、饱胀感、胃部不适等，其他较少见的不良反应还有头痛、头晕、乏力、皮疹、瘙痒、阳痿等；偶有胆石症或肌炎及肝功能异常。

【注意事项】　鉴于本品对人类有潜在致癌的危险性，使用时应严格限制在指定的适应证范围内，且疗效不明显时应及时停药。用药期间应定期检查血象、肝功能。孕妇及哺乳期妇女禁用。

（3）**洛伐他汀**（Lovastatin）

【商品名称】　美降脂、乐福欣

【规格】　片剂：20mg。

【主要适应证】　用于治疗高胆固醇血症和混合型高脂血症。

【用法与用量】　口服：每次10~20mg，一日1次，晚餐时服用。

【不良反应】　本品最常见的不良反应为胃肠道不适，腹泻，胀气，其他还有头痛，皮疹，头晕，视觉模糊和味觉障碍；偶可引起血氨基转移酶可逆性升高、阳痿、失眠、肌炎等。

【注意事项】　本品宜与饮食共进，以利吸收。肝病患者服用本品还应定期监测肝功，肾功能不全时，本品剂量应减少。对洛伐他汀过敏、有活动性肝病或不明原因血氨基转移酶持续升高的患者禁用。

2. 中成药

（1）**首乌丸**

【处方组成】　制何首乌、地黄、牛膝（酒炙）、桑椹、女贞子（酒制）、墨旱莲、桑叶（制）、黑芝麻、菟丝子（酒蒸）、金樱子、补骨脂（盐炒）、豨莶草（制）、金银花（制）。

【功能主治】　补肝肾，强筋骨，乌须发。用于肝肾两虚，头晕目花，耳鸣，腰痠肢麻，须发早白；高脂血症。

【用法与用量】　口服：一次6g，一日2次。

【注意事项】　①忌食辛辣刺激品。②凡脾胃虚弱，呕吐泄泻，腹胀便溏，咳嗽痰多者

慎用。

### （2）绞股蓝总贰片

【处方组成】　绞股蓝总苷。

【功能主治】　养心健脾，益气和血，祛痰降脂。适于高脂血症。血检验见胆固醇或三酰甘油升高，或两者均失正常。伴见症状：体乏无力、视力下降、糖尿病、冠心病、眼睑或皮下等处结节状瘤。

【用法与用量】　口服：每次 2～3 片，一日 3 次。

【注意事项】　本品服后偶然可见胃中嘈杂不适，可以减量或于食后服用，服药期间宜饮食清淡，多蔬少荤。

# 第五节　内分泌系统疾病及用药指导

## 一、甲状腺功能亢进

> **病例：**
>
> 　　一女性患者就医，自诉：近一年来经常失眠，精力不集中，记忆力减退，常因小事发怒，食欲增加而体重减少。查体：心率 105 次/min，眼球突出及甲状腺肿大，血清甲状腺激素测定：$T_3$、$T_4$ 分别为 3.7mol/L、150nmol/L。

### （一）疾病判断

据上述症状、体征及化验检查为甲状腺功能亢进。

### （二）甲状腺功能亢进简介

甲状腺功能亢进症简称甲亢，系指由多种原因导致甲状腺功能增强，分泌甲状腺激素（TH）过多，造成机体的神经、循环及消化等系统兴奋性增高和代谢亢进为主要表现的临床综合征。可由多种原因致病，其中弥漫性甲状腺肿伴甲亢最多见，临床表现复杂多样，多数起病缓慢。临床表现不一，以心悸、情绪不稳定、多食易饥、消瘦、乏力较多见，有的患者以心律失常、恶病质或肌病、突眼等为主要表现。

### （三）用药指导

1. 西药

可用于治疗甲状腺功能亢进的药物有硫脲类，包括丙硫氧嘧啶、甲巯咪唑、卡比马唑；放射性碘及 β-受体阻滞药。

2. 中药

（1）中医病因病机　本病中医属"瘿气"、"消渴"范畴。

（2）辨证分型　①肝火痰瘀证；②心肝阴虚证；③心肾阴虚证。

### （四）药品介绍

### （1）丙硫氧嘧啶（Propylthiouracil）

【商品名称】　丙基硫氧嘧啶

【规格】　片剂：50mg，100mg。

【主要适应证】　用于各种类型的甲状腺功能亢进症，尤其适用于病情较轻，甲状腺轻、中度肿大患者，青少年及儿童、老年患者，甲状腺术后复发而又不适于放射性$^{131}$I治疗者，手术前准备，作为$^{131}$I放疗的辅助治疗。

【用法与用量】　口服：每次50～100mg，一日3次。极量每日600mg。

【不良反应】　常见有头痛，眩晕，关节痛，唾液腺和淋巴结肿大以及胃肠道反应；也有皮疹、药热等变态反应；最严重的不良反应为粒细胞缺乏症，故用药期间应定期检查血象。

【注意事项】　应定期检查血象及肝功。外周血白细胞偏低、肝功能异常患者及孕妇慎用。严重肝功能损害、白细胞严重缺乏、对硫脲类药物过敏者及哺乳期妇女禁用。

(2) **甲巯咪唑**（Thiamazole）

【商品名称】　他巴唑

【规格】　片剂：5mg。

【主要适应证】　适用于各种类型的甲状腺功能亢进症、甲状腺功能亢进危象、手术前准备及术后治疗。

【用法与用量】　口服：每次5～10mg，一日3次，每日最大量60mg，病情控制后，逐渐减量，每日维持量按病情需要介于5～15mg。

【不良反应】　较多见皮疹或皮肤瘙痒及白细胞减少，较少见严重的粒细胞缺乏症，还可能致味觉减退、恶心、呕吐、上腹部不适、关节痛、头晕头痛、脉管炎、红斑狼疮综合征。

【注意事项】　服药期间宜定期检查血象。肝功能异常、外周血白细胞数偏低者应慎用。孕妇慎用，哺乳期妇女禁用。

(3) **碘及碘化物**

① 碘化钾（Potassium Iodide）

【规格】　片剂：10mg。

【主要适应证】　用于缺碘人群预防地方性甲状腺肿和地方性克汀病等碘缺乏病。

【用法与用量】　口服：每次10mg，一日1次。

【注意事项】　请在医生指导下使用，低碘和高碘均对人体有害，甲状腺功能亢进及对碘过敏者禁用。

② 复方碘口服溶液（Compound Iodide Oral Solution）

【规格】　碘：50mg/ml 。碘化钾：100mg/ml。

【主要适应证】　地方性甲状腺肿的治疗和预防，甲亢手术前准备。

【用法与用量】　口服：每次0.1～0.5ml，一日1次。

【不良反应】　长期服用可出现口腔及咽喉部烧灼感、流涎、金属味、齿和齿龈疼痛、胃部不适、剧烈疼痛等碘中毒症状；也可出现高钾血症，表现为神志模糊，心律失常，手足麻木刺痛，下肢沉重无力。

【注意事项】　有口腔疾患者慎用，浓碘液可致唾液腺肿胀，触痛，口腔、咽喉部烧灼感，金属味，齿和齿龈疼痛，唾液分泌增加，停药后消失。活动性肺结核患者、对碘化物过敏者应禁用。

(4) **甲亢灵片**

【处方组成】　龙骨、牡蛎、昆布、山药、夏枯草、甘草等。

【功能主治】　平肝潜阳，软坚散结。由气滞痰凝、肝火亢盛所致目胀心悸、汗多、烦躁易怒、咽干、脉数等症状。

【用法与用量】　口服：一次6～7片，一日3次。

## 二、糖尿病

> **病例:**
>
> 一患者就医,自诉:近三个月来尿多,口渴,饥饿,疲劳。血糖检查结果为:空腹血糖为 7.0mmol/L,餐后 2h 血糖为 13.2mmol/L。

### (一)疾病判断

据上述症状初步判定为糖尿病(Ⅱ型)。

### (二)糖尿病简介

糖尿病是一组以高血糖为特征的内分泌性代谢疾病。其特点是由于胰岛素的绝对或相对不足和靶细胞对胰岛素的敏感性降低,引起碳水化合物、蛋白质、脂肪、电解质和水的代谢紊乱。根据患者对胰岛素的依赖程度可将糖尿病分为胰岛素依赖型糖尿病(Ⅰ型糖尿病)和非胰岛素依赖型糖尿病(Ⅱ型糖尿病)。

### (三)用药指导

1. 西药

糖尿病的治疗主要以控制饮食为主,这是任何类型的糖尿病患者必须严格执行和长期坚持的一项基本治疗措施。用于治疗糖尿病的药物有下列品种。

(1)胰岛素 包括胰岛素注射液、精蛋白锌胰岛素注射液。

(2)口服降糖药 有磺脲类如甲苯磺丁脲、格列苯脲、格列吡嗪等,双胍类如二甲双胍等。

2. 中成药

(1)中医病因病机 本病属中医"消渴"范畴。消渴主要是由于素体阴虚,饮食不节,复因情志失调,或劳欲过度,或外感热邪,终至阴虚燥热而发病。

(2)辨证分型 ①肺热伤津;②胃热炽盛;③肾阴亏虚;④阴阳两虚。

### (四)药品介绍

1. 胰岛素

(1)**胰岛素**(Insulin)

【商品名称】 正规胰岛素、因苏林、普通胰岛素

【规格】 注射剂:400U/10ml,800U/10ml。

【主要适应证】 ①Ⅰ型糖尿病;②Ⅱ型糖尿病经饮食控制或口服降糖药未能控制者;③伴有各种急性或严重并发症的糖尿病,如酮症酸中毒及非酮症性高渗性昏迷;④并发严重感染、外伤及大手术等严重应激情况的糖尿病;⑤与葡萄糖、氯化钾合用可纠正细胞内缺钾。

【用法与用量】 皮下注射:剂量视病情而定,餐前 15~30min 注射,必要时睡前加注一次小量。

【不良反应】 有变态反应、注射部位红肿、瘙痒、荨麻疹、血管神经性水肿、低血糖反应等。

【注意事项】 肝功能不全、甲状腺功能减退、恶心呕吐、肾功能低下的病人,胰岛素需要量减少;高热、甲状腺功能亢进、糖尿病酮症酸中毒、严重感染或外伤、重大手术等,胰岛素需要量增加。用药期间应定期检查血糖、尿常规、肝肾功能、视力、眼底视网膜血管、血压及心电图等,以了解病情及糖尿病并发症情况。对胰岛素过敏患者禁用。

（2）**低精蛋白胰岛素**（Isophane Insulin）

【商品名称】 长效胰岛素

【规格】 注射剂：400U/10ml，800U/10ml。

【主要适应证】 用于治疗中、轻度糖尿病。

【用法与用量】 皮下注射：每次 4～8U，开始每日 1 次，于早餐前 30～60min 注射，按血糖、尿糖变化调整维持剂量。一般每日总量 10～20U。

【不良反应】 有变态反应、注射部位红肿、瘙痒、荨麻疹、血管神经性水肿、低血糖反应等。

【注意事项】 用药期间应定期检查尿糖、尿常规、血糖、糖化血红蛋白、肾功能、视力、眼底视网膜血管、血压及心电图等，以了解病情及糖尿病并发症情况。

2. 口服降糖药

（1）**甲苯磺丁脲**（Tolbutamide）

【商品名称】 甲磺丁脲、甲糖宁、D-860

【规格】 片剂：0.5g。

【主要适应证】 适用于单用饮食控制疗效不满意的轻、中度Ⅱ型糖尿病，病人胰岛 β 细胞有一定的分泌胰岛素功能，并且无严重的并发症。

【用法与用量】 口服：每次 0.25～0.5g，一日 3 次，于餐前半小时服。

【不良反应】 可有腹泻、恶心、呕吐、头痛、胃痛或不适；较少见的有皮疹、肝功能损害、骨髓抑制、粒细胞减少、血小板减少症等。

【注意事项】 用药期间应定期测血糖、尿糖、尿酮体、尿蛋白和肝肾功能、并进行眼科检查等。孕妇及哺乳期妇女慎用。Ⅰ型糖尿病患者、Ⅱ型糖尿病患者伴有酮症酸中毒、昏迷、严重烧伤、感染、外伤和重大手术等应激情况、肝肾功能不全者、对磺胺药过敏者、白细胞减少的病人禁用。

（2）**格列苯脲**（Gliamilide）

【商品名称】 优降糖、HB-419

【规格】 片剂：2.5mg。

【主要适应证】 适用于单用饮食控制疗效不满意的轻、中度Ⅱ型糖尿病，病人胰岛 β 细胞有一定的分泌胰岛素功能，并且无严重的并发症。

【用法与用量】 口服：每次 1.25～2.5mg，一日 3 次，三餐前服。

【不良反应】 可有腹泻、恶心、呕吐、头痛、胃痛或不适；较少见的有皮疹、肝功能损害、骨髓抑制、粒细胞减少、血小板减少症等。

【注意事项】 用药期间应定期测血糖、尿糖、尿酮体、尿蛋白和肝肾功能、并进行眼科检查等。孕妇及哺乳期妇女慎用。Ⅰ型糖尿病患者、Ⅱ型糖尿病患者伴有酮症酸中毒、昏迷、严重烧伤、感染、外伤和重大手术等应激情况、肝肾功能不全者、对磺胺药过敏者、白细胞减少的患者禁用。

（3）**格列吡嗪**（Glipizide）

【商品名称】 美吡达、灭糖尿

【规格】 片剂：15mg，30mg。缓释片：5mg。胶囊剂：5mg。

【主要适应证】 适用于单用饮食控制治疗未能取得良好疗效的轻、中度Ⅱ型糖尿病。

【用法与用量】 片剂，口服：每次 5mg，一日 1 次，于早餐前服用，根据血糖变化调整剂量，最大剂量为每日 30mg，每日剂量超过 15mg 时应分次服用。缓释片及胶囊剂，每次 5mg，一日 1 次，早餐前 30min 服用。

【不良反应】 常见的为肠胃道症状、头痛等，减少剂量即可缓解；个别患者可出现皮肤过敏；偶见低血糖，尤其是年老体弱者、活动过度者、不规则进食、饮酒或肝功能损害者。

【注意事项】 注意早期出现的低血糖症状如头痛、兴奋、失眠、大量出汗，严重者应静滴葡萄糖液。对有创伤、术后感染或发热的病人应给予胰岛素，以维持正常血糖代谢。避免饮酒。Ⅰ型糖尿病、糖尿病酮症、糖尿病昏迷前期或昏迷期、肝肾上腺功能不全及对本品过敏者禁用，孕妇及哺乳期妇女不宜使用。

（4）**格列齐特（Gliclazide）**

【商品名称】 达美康、甲磺吡脲

【规格】 片剂：80mg。胶囊剂：40mg。

【主要适应证】 用于Ⅱ型糖尿病。

【用法与用量】 口服：每次 40～80mg，一日 1～2 次。

【不良反应】 偶有轻度恶心、呕吐、上腹痛、便秘、腹泻、红斑、荨麻疹、血小板减少、粒性白细胞减少、贫血等，大多数于停药后消失。

【注意事项】 剂量过大、进食过少或剧烈运动时，应注意防止低血糖反应。定期检查患者血糖、尿糖。肝肾功能不全者、磺脲药过敏者禁用。

（5）**盐酸二甲双胍（Metformin Hydrochloride）**

【商品名称】 甲福明

【规格】 片剂：0.25g。

【主要适应证】 用于Ⅱ型糖尿病

【用法与用量】 口服：每次 0.25～0.5g，一日 3 次。

【不良反应】 偶有轻度恶心、呕吐、腹部不适等。

【注意事项】 定期检查患者血糖、尿糖。肝、肾功能不全者禁用。

（6）**阿卡波糖（Acarbose）**

【规格】 片剂：50mg，100mg。

【主要适应证】 配合饮食控制治疗Ⅱ型糖尿病。

【用法与用量】 口服：每次 50～100mg，一日 3 次。

【不良反应】 常有胃肠胀气和肠鸣音，偶有腹泻，极少见有腹痛，控制饮食后不适的症状即可缓解，个别病例可能出现诸如红斑、皮疹和荨麻疹等皮肤变态反应。

【注意事项】 对阿卡波糖过敏者、糖尿病昏迷及昏迷前期、酸中毒、有明显消化和吸收障碍的慢性胃肠功能紊乱、肝肾功能损害的患者禁用。

3. 中成药

（1）**参芪降糖片**

【处方组成】 人参皂苷、五味子、山药、生地、麦冬等。

【功能主治】 益气养阴，滋脾补肾。Ⅱ型糖尿病属气阴两虚型。

【用法与用量】 口服：一次 3 片，一日 3 次，1 个月为一疗程。若效果不显著或治疗前症状较重者，一次量可达 8 片，一日 3 次。

【注意事项】 有实热者禁用，待实热证退后可以应用。

（2）**六味地黄丸**

【处方组成】　熟地黄、山茱萸（制）、牡丹皮、山药、茯苓、泽泻。

【功能主治】　滋阴补肾。用于肾阴亏损，头晕耳鸣，腰膝酸软，骨蒸潮热，盗汗遗精，消渴。

【用法与用量】　口服，水蜜丸一次 6g，小蜜丸一次 9g，大蜜丸一次 1 丸，一日 2 次。

【注意事项】　忌辛辣食品，不宜在服药期间服感冒药。

（3）**杞菊地黄丸**

【处方组成】　枸杞子、菊花、熟地黄、山茱萸（制）、牡丹皮、山药、茯苓、泽泻。

【功能主治】　滋肾养肝。用于肝肾阴亏，眩晕耳鸣，羞明畏光，迎风流泪，视物昏花。

【用法与用量】　口服：水蜜丸一次 6g，小蜜丸一次 9g，大蜜丸一次 1 丸，一日 2 次。

（4）**消渴丸**

【处方组成】　葛根、地黄、黄芪、天花粉、玉米须、五味子、格列苯脲等。

【功能主治】　滋肾养阴，益气生津。用于多饮，多尿，多食，消瘦，体倦无力，眠差腰痛，尿糖及血糖升高之消渴气阴两虚型。

【用法与用量】　口服：一次 1.25～2.5g（约 5～10 丸），一日 3 次，饭后温水送服。

【注意事项】　服用本品时严禁加服降血糖化学类药物。严重肾功能不全、少年糖尿病、酮体糖尿、妊娠期糖尿病、糖尿性昏迷等症患者不宜使用。肝炎患者慎服。个别患者偶见格列苯脲所致不良反应，请在医生指导下用药。

（5）**桂附地黄丸**

【处方组成】　肉桂、附子（制）、熟地黄、山茱萸（制）、牡丹皮、山药、茯苓、泽泻。

【功能主治】　温补肾阳。用于肾阳不足，腰膝痠冷，肢体浮肿，小便不利或反多，痰饮喘咳，消渴。

【用法与用量】　口服：水蜜丸一次 6g，小蜜丸一次 9g，大蜜丸一次 1 丸，一日 2 次。

【注意事项】　肾阴虚者不宜服用。

# 第六节　变态反应性疾病及用药指导

　　变态反应，是指机体受同一抗原物质再次刺激后产生的一种异常或病理性免疫反应。速发型变态反应是一种常见的变态反应，主要为呼吸道、消化道、皮肤变态反应以及过敏性休克。表现的病症主要为过敏性鼻炎、过敏性哮喘、过敏性肠胃炎以及湿疹、荨麻疹、皮肤瘙痒等过敏性皮肤病。抗过敏药物分为抗组胺药如盐酸异丙嗪，氯苯那敏，盐酸苯海拉明；过敏活性物质阻释剂如色甘酸（色甘酸钠），富马酸酮替芬；糖皮质激素如氢化可的松、醋酸曲安奈德；其他类如维生素 C、葡萄糖酸钙等。

> **病例：**
> 　　春季的一天，某患者就医，自诉：逛公园时皮肤突然剧烈瘙痒，多处出现大小不等肿块。查体：全身多处发现指甲至硬币大小、略高于周围皮肤的团块。

**（一）疾病判断**

据上述症状和体征诊断为过敏性皮炎。

**（二）用药指导**

内服药物可选择氯苯那敏、阿司咪唑、盐酸苯海拉明、盐酸异丙嗪等，可单用或交替服用，同时可加服维生素 C、葡萄糖酸钙等，病情严重时可在医师指导下用氢化可的松或泼尼松（强的松），但病情缓解后须逐渐停药；外用药物各种皮质类固醇激素类外用药膏（适用于急性期、亚急性期）、炉甘石洗剂、3％硼酸溶液（适用于有明显糜烂、渗液者）、锌氧油（适用于水疱、渗液不多的患者）。

**（三）药品介绍**

**（1）盐酸异丙嗪（Promethazine Hydrochloride）**

【商品名称】 非那根、抗胺荨、盐酸普鲁米近

【规格】 片剂：12.5mg，25mg。注射剂：25mg/ml，50mg/2ml。

【主要适应证】 ①皮肤、黏膜过敏，适用于长期的、季节性的过敏性鼻炎，血管运动性鼻炎，过敏性结膜炎，荨麻疹，血管神经性水肿，对血液或血浆制品的变态反应，皮肤划痕症。②晕动病：防治晕车、晕船、晕飞机。③麻醉和手术前后的辅助治疗，包括镇静、催眠、镇痛、止吐。④防治放射病性或药源性恶心、呕吐。

【用法与用量】 口服：每次 12.5～25mg，一日 3 次。肌内注射：每次 25～50mg，最高量不得超过 100mg。

【不良反应】 常见的副作用头晕、嗜睡、口干、鼻塞、视力模糊等；偶见白细胞减少、粒细胞减少症等。

【注意事项】 服药期间不宜驾驶机动车辆、管理机器及从事高空作业等。避免与哌替定及阿托品多次合用。肝肾功能不全者慎用。

**（2）盐酸苯海拉明（Diphenhydramine Hydrochloride）**

【商品名称】 苯那君、苯那坐尔、可他敏

【规格】 片剂：25mg，50mg。注射剂：20mg/1ml。

【主要适应证】 ①皮肤黏膜过敏，如荨麻疹、血管神经性水肿、过敏性鼻炎，皮肤瘙痒症、药疹，对虫咬和接触性皮炎也有效。②防晕止吐，有较强的镇吐作用，用于晕动病、放射病等引起的呕吐。③其他，镇静、催眠、加强镇咳药的作用，适用于治疗感冒或过敏所致咳嗽。

【用法与用量】 口服，每次 50mg，一日 3 次。用于防治晕动病时，宜在旅行前 30min 服用。深部肌内注射：每次 20mg，一日 1～2 次。

【不良反应】 常见的有中枢神经抑制作用、共济失调、恶心、呕吐、食欲不振等。偶有气急、胸闷、咳嗽、肌张力障碍、皮疹、粒细胞减少、贫血及心律紊乱。

【注意事项】 服药期间不宜驾驶机动车辆、管理机器及从事高空作业等。幽门十二指肠梗阻、幽门狭窄、膀胱颈狭窄、甲状腺功能亢进、心血管病、高血压患者、孕妇及哺乳期妇女慎用。重症肌无力、闭角型青光眼、前列腺肥大、新生儿、早产儿禁用。

**（3）氯苯那敏（Chlorphenamine）**

【商品名称】 扑尔敏、氯屈米通、马来那敏

【规格】 片剂：4mg。注射剂：10mg/ml，20mg/2ml。

【主要适应证】 过敏性鼻炎、皮肤黏膜过敏、药疹和接触性皮炎，与解热镇痛药配合用于治疗感冒。

【用法与用量】　口服：每次 4mg，一日 3 次。肌内注射：每次 5～20mg。

【不良反应】　可有轻度嗜睡、精神不振、口干等。

【注意事项】　服药期间不宜驾驶机动车辆、管理机器及从事高空作业等。对本品过敏、孕妇及哺乳期妇女、新生儿或早产儿禁用。

(4) **阿司咪唑**（Astemizole）

【商品名称】　息斯敏

【规格】　片剂：10mg。

【主要适应证】　用于过敏性鼻炎、过敏性结膜炎、慢性荨麻疹和其他过敏性皮肤病。

【用法与用量】　口服：每次 10mg，一日 1 次，每日不超过 10mg。

【不良反应】　长期应用偶见食欲、体重增加，过量可出现惊厥、肌痛、关节痛、水肿、情绪紊乱、失眠、多梦、转氨酶升高和肝炎的报道。

【注意事项】　服药期间不宜驾驶机动车辆、管理机器及从事高空作业等。宜空腹服用。不宜与大环内酯类及酮康唑同时使用。6 岁以下儿童慎用，孕妇、对本品过敏者禁用。

(5) **氢化可的松**（Hydrocortisone）

【商品名称】　可的索、皮质醇

【规格】　片剂：10mg，20mg。软膏：10g/25ml，10g/100ml。注射剂：10mg/2ml，25mg/5ml，100mg/20ml。

【主要适应证】　用于严重急性感染、自身免疫性疾病、过敏性疾病、休克、肾上腺皮质功能减退症等。

【用法与用量】　口服：每次 10～20mg，一日 20～80mg。软膏涂于患处，每日 2～4 次。静脉注射：每次 100mg。

【不良反应】　不良反应的发生与疗程、剂量、用药种类、用法及给药途径等密切相关。长期大剂量应用可引起如下情况。①医源性肾上腺皮质功能亢进，表现为满月脸、水牛背、皮肤变薄、多毛、浮肿、低血钾、高血压、糖尿病等。②消化道症状：可诱发或加重胃、十二指肠溃疡，甚至造成出血或穿孔。③诱发或加重感染：以真菌、结核菌、葡萄球菌、变形杆菌、铜绿假单胞菌和各种疱疹病毒为主。④心血管系统反应：长期应用可造成水、钠潴留和血脂升高，引起高血压和动脉粥样硬化。⑤其他：如易出现出血倾向，创口延迟愈合，月经紊乱，精神症状如欣快感、激动、谵妄、不安、定向力障碍等。

【注意事项】　为减轻不良反应的发生，用药期间应同时给予钾盐、钙剂、维生素 D 和高蛋白饮食，并限制钠盐和糖的摄入量。在治疗急性感染中毒时，必须与足量而有效的抗生素配合使用。长期使用者不可突然停药，应在用药过程中缓慢减量。高血压、糖尿病、胃及十二指肠溃疡、精神病、青光眼、骨质疏松等患者及孕妇、哺乳期妇女慎用。

# 第七节　血液系统疾病及用药指导

*病例：*

　　某青年女性患者就医，自诉：近几个月来感到疲乏无力，头晕，气短，月经不调且量多。查体：面色苍白，皮肤干燥，睑结膜苍白。

## 一、疾病判断

据上述症状初步判定为贫血。进行血常规检查示：HB 90g/L，RBC $3.0 \times 10^{12}$/L；血涂片呈现典型的小细胞低色素性贫血。所以该病人最后诊断为缺铁性贫血。本病属"血虚"、"血劳"范畴。

## 二、用药指导

贫血是指外周血中的血红蛋白浓度、红细胞数量和/或红细胞压积低于同年龄和同性别正常人的最低值。根据贫血的原因和发病机制的不同将贫血分为缺铁性贫血、巨幼红细胞贫血、再生障碍性贫血。目前尚无对多种贫血都有特效的药物，所以治疗贫血的原则是找出病因，然后针对病因进行处理。

## 三、药品介绍

1. 西药

（1）**硫酸亚铁（Ferrous Sulfate）**

【商品名称】 硫酸低铁、绿矾。

【规格】 片剂：0.3g。缓释片：0.45g。

【主要适应证】 缺铁性贫血。

【用法与用量】 口服：片剂，每次0.3g，一日3次。缓释片：每次0.45g，一日2次。

【不良反应】 个别病例有轻度胃肠道反应，可致便秘，宜饭后服，过量可导致肝硬化。

【注意事项】 铁剂中只有二价铁才能较好的被人体吸收，所以禁与茶及含鞣酸的药品或四环素同服，但同服维生素C或稀盐酸可有利于吸收。用药后排出黑便，应预先告知病人。胃与十二指肠溃疡及肠炎患者禁用。

（2）**叶酸（Folic Acid）**

【商品名称】 维生素$B_c$、维生素M

【规格】 片剂：5mg。

【主要适应证】 用于各种原因引起的叶酸缺乏及叶酸缺乏所致的巨幼红细胞贫血。

【用法与用量】 口服：每次5～10mg，一日3次。

【不良反应】 长期用药可以出现厌食、恶心、腹胀等胃肠症状。大量服用叶酸时，可使尿呈黄色。

【注意事项】 口服大剂量叶酸，可以影响微量元素锌的吸收。营养性巨幼红细胞性贫血常合并缺铁，应同时补充铁，并补充蛋白质及其他B族维生素。恶性贫血及疑有维生素$B_{12}$缺乏的病人，不单独用叶酸。

（3）**维生素$B_{12}$（Vitamin $B_{12}$）**

【商品名称】 氰钴胺

【规格】 注射剂：0.05mg/ml，0.1mg/ml，0.25mg/ml，0.5mg/ml。

【主要适应证】 用于巨幼红细胞贫血，也可用于神经炎的辅助治疗。

【用法与用量】 肌内注射：每次0.05～0.5mg，一日或隔日1次。

【不良反应】 偶可引起皮疹、瘙痒、腹泻及过敏性哮喘，但发生率低，极个别有过敏性休克。

【注意事项】　偶见变态反应，甚至过敏性休克，不宜与强酸、强碱性药物合用。

2. 中成药

（1）**八珍丸**

【处方组成】　党参、白术（炒）、茯苓、甘草、当归、白芍、川芎、熟地黄。

【功能主治】　补气益血。用于气血两虚，面色萎黄，食欲不振，四肢乏力，月经过多。

【用法与用量】　口服：水蜜丸一次 6g，大蜜丸一次 1 丸，一日 2 次。

（2）**阿胶补血口服液**

【处方组成】　阿胶、熟地黄、党参、黄芪、枸杞子、白术。

【功能主治】　滋阴补血，益气健脾。适于气虚血亏引发的体乏无力、头晕眼花、虚损干咳、睡眠不安、面色㿠白等症。

【用法与用量】　口服液，每次 20ml，一日 2～3 次口服。颗粒冲剂，每次 4g，一日 2 次冲服。膏滋，每次 20g，一日早晚各 1 次开水冲服。

【注意事项】　本品为以阿胶为主的气血双补药。由于阿胶药性厚味黏稠，加上诸多大补之药，胃口不佳、消化功能差者，初服宜减量，以免虚不受补，反伤脾胃。也可先服健脾开胃药（如香砂六君丸），然后再用本品大补。舌苔厚腻、大便秘结、口干舌燥以及感冒的人也不宜服用。服药期忌食生冷油腻。

（3）**人参养荣丸**

【处方组成】　人参、白术（土炒）、茯苓、炙甘草、当归、熟地黄、白芍（麸炒）、炙黄芪、陈皮、远志（制）、肉桂、五味子（酒蒸）。

【功能主治】　温补气血。用于心脾不足，气血两亏，形瘦神疲，食少便溏，病后虚弱。

【用法与用量】　口服：水蜜丸一次 6g，大蜜丸一次 1 丸，一日 1～2 次。

（4）**十全大补丸**

【处方组成】　党参、白术（炒）、茯苓、炙甘草、当归、川芎、白芍（酒炒）、熟地黄、炙黄芪、肉桂。

【功能主治】　温补气血。用于气血两虚，面色苍白，气短心悸，头晕自汗，体倦乏力，四肢不温，月经量多。

【用法与用量】　口服：水蜜丸一次 6g，大蜜丸一次 1 丸，一日 2～3 次。

【注意事项】　①孕妇及身体壮实不虚者忌服。②外感风寒、风热，实热内盛者不宜服用。③服本药时不宜同时服用藜芦、赤石脂或其制剂。

# 第八节　维生素类缺乏症及用药指导

维生素是一类维持人体正常代谢和身体健康必不可少的有机化合物，由于各种维生素的作用不同，所以缺乏不同的维生素可以引起不同的疾病，如坏血病、脚气病、佝偻病等。维生素可分为脂溶性维生素和水溶性维生素两类。

## 一、脂溶性维生素

### 1. 维生素 A（Vitamin A）

【商品名称】　维生素甲、视黄醇

【规格】　胶丸：5000U，2.5 万 U。

AD 滴剂：维生素 A 5000U，维生素 D 500U。

AD 胶丸：维生素 A 3000U，维生素 D 300U。

【主要适应证】　维生素 A 胶丸用于治疗维生素 A 缺乏症，如夜盲症、干眼病、角膜软化症和皮肤粗糙等；维生素 AD 滴剂或胶丸用于治疗佝偻病、夜盲症、小儿手足抽搐症及预防维生素 AD 缺乏症。

【用法与用量】　维生素 A 胶丸：每次 5000～10000U，一日 1～2 次。AD 滴剂：每次 1g，一日 1 次。AD 胶丸：每次 1 丸，一日 3～4 次。

【不良反应】　推荐剂量未见不良反应。

【注意事项】　婴幼儿对维生素 A 敏感，应谨慎使用；长期大剂量应用可引起维生素 A 过多症、齿龈出血、唇干裂；慢性肾衰竭、高钙血症、高磷血症伴肾性佝偻病患者禁用。

### 2. 维生素 D (Vitamin D)

【商品名称】　维生素 $D_2$：骨化醇、钙化固醇、抗佝偻病维生素

　　　　　　　　维生素 $D_3$：胆骨化醇、胆钙化醇

【规格】　维生素 $D_2$ 胶丸：5000U，10000U。

　　　　　维生素 $D_2$ 注射剂：20 万 U/ml，40 万 U/ml。

　　　　　维生素 $D_3$ 注射剂：30 万 U/ml，60 万 U/ml。

【主要适应证】　用于预防和治疗小儿佝偻病、成人骨软化症以及因维生素 D 缺乏而引起的婴儿手足搐搦症等。

【用法与用量】　口服：胶丸，每日 5000～10000U。肌内注射，每次 30 万～60 万 U。

【不良反应】　长期大剂量应用可引起高血钙、软组织异常钙化、食欲减退、恶心呕吐、便秘、腹泻、肾功能减退等。

【注意事项】　除非遵医嘱，避免同时应用钙、磷和维生素 D 制剂。个体差异，用量应依据临床反应作调整。动脉硬化、心功能不全、高胆固醇血症、高磷血症患者慎用。高钙血症、维生素 D 增多症、高磷血症伴肾性佝偻病患者禁用。

### 3. 维生素 E (Vitamin E)

【商品名称】　醋酸产妊酚、生育酚

【规格】　片剂：5mg，10mg。

　　　　　胶丸：5mg，50mg，100mg。

　　　　　注射剂：5mg/1ml，50mg/1ml。

【主要适应证】　预防维生素 E 缺乏引起的溶血性贫血，以及进行性肌营养不良的辅助治疗。

【用法与用量】　口服：每次 10～100mg，一日 2～3 次。肌内注射，每次 5～50mg，一日 1 次。

【不良反应】　长期大剂量服用可引起视力模糊、乳腺肿大、腹泻、头晕、流感样综合征、头痛、恶心及胃痉挛、乏力软弱。

【注意事项】　维生素 K 缺乏而引起的低凝血酶原血症及缺铁性贫血患者慎用。

## 二、水溶性维生素

### 1. 维生素 $B_1$ (Vitamin $B_1$)

【商品名称】　盐酸硫胺、硫胺素

【规格】　片剂：5mg，10mg，50mg，100mg。注射剂：50mg/2ml，100mg/2ml。

【主要适应证】　用于维生素 $B_1$ 缺乏所致的脚气病及周围神经炎、消化不良等的辅助治疗。

【用法与用量】　口服：每次 5～10mg，一日 3 次。肌内注射，每次 50～100mg，一日 3 次。

【不良反应】　大剂量肌内注射时，需注意变态反应，表现为吞咽困难、皮肤瘙痒、面与唇及眼睑浮肿、喘鸣等。

【注意事项】　维生素 $B_1$ 一般可由正常食物中摄取，较少发生单一维生素 $B_1$ 缺乏。如有缺乏症状表现，使用复合维生素 B 制剂较宜。

2. **维生素 $B_2$（Vitamin $B_2$）**

【商品名称】　核黄素

【规格】　片剂：5mg，10mg。注射剂：1mg/2ml，5mg/2ml，10mg/2ml。

【主要适应证】　用于防治维生素 $B_2$ 缺乏引起的口角炎、唇干裂、舌炎、阴囊炎、角膜血管化、结膜炎、脂溢性皮炎等症。

【用法与用量】　口服：每次 5～10mg，一日 3 次。皮下注射或肌内注射，每次 5～10mg，一日 1 次。

【注意事项】　口角炎及皮肤和角膜损害等症状并非只缺维生素 $B_2$，常伴有其他 B 族维生素的缺乏，故应用复合维生素 B。

3. **维生素 $B_6$（Vitamin $B_6$）**

【商品名称】　吡多辛、盐酸吡多醇

【规格】　片剂：10mg。注射剂：5mg/ml，50mg/ml，100mg/2ml。

【主要适应证】　用于维生素 $B_6$ 缺乏症如神经系统病变、脂溢性皮炎及唇干裂的预防和治疗；防治异烟肼中毒；也可用于妊娠放射病及抗癌药所致的呕吐、脂溢性皮炎等。

【用法与用量】　口服：每次 10～20mg，一日 3 次。皮下注射或肌内注射或静脉注射，每次50～100mg，一日 1 次。

【不良反应】　维生素 $B_6$ 在肾功能正常时几乎不产生毒性。长期服用可致感觉异常，停药后可缓解。

【注意事项】　不宜应用大剂量维生素 $B_6$ 来治疗未经证实有效的疾病。

4. **维生素 C（Vitamin C）**

【商品名称】　抗坏血酸、维生素丙

【规格】　片剂：25mg，50mg，100mg。注射剂：0.5g/2ml，0.25g/2ml，0.5g/5ml，2.5g/20ml。

【主要适应证】　防治坏血病、克山病、心源性休克，也可用于急、慢性传染病及肿瘤、妊娠、哺乳、吸收障碍等对维生素的需要量增加的情况。

【用法与用量】　口服：每次 100～200mg，一日 3 次。肌内注射或静脉注射，每次100～250mg，一日 2 次。

【不良反应】　长期应用大量维生素 C 偶可引起尿酸盐、半胱氨酸盐或草酸盐结石，腹泻，头痛，尿频，恶心呕吐，胃痉挛。

【注意事项】　本品大量长期服用后，宜逐渐减量停药。

# 第九节　实践练习

## 【能力目标】

通过本章的学习使学生完成以下任务。

### 一、呼吸系统疾病及用药指导

#### （一）知识任务

**1. 终极目标**

（1）掌握普通感冒与流感的主要症状、特点及区别；熟悉气管炎、肺炎、肺结核、哮喘的特点和主要区别。

（2）掌握常用的抗感冒药名称、主要成分、主要应用及常见不良反应；掌握抗感染药的使用原则；熟悉哮喘的用药原则。

**2. 促进目标**

（1）熟悉感冒与其他有相似症状的疾病的比较和鉴别。

（2）熟悉目前所用的抗呼吸道感染药及其他抗感冒药的性质、作用和应用。

#### （二）技能任务

**1. 终极目标**

（1）掌握如何正确询问患者的病情，排除其他疾病的可能性及根据患者的年龄、职业及周围人群的发病情况和所处的季节初步做出判断。

（2）能正确向患者介绍抗感冒药和抗呼吸道感染药，不得出现药品成分重复、错用抗感染药的情况。

**2. 促进目标**

（1）能给患者介绍一些防病及护理常识。

（2）给予患者心理上良好安抚。

## 【实践指导】

在模拟药房进行。

根据病症初步判断疾病类型，完成对感冒患者（流感和普通感冒）、哮喘患者和呼吸系统感染患者的正确药品介绍。

### 二、消化系统疾病及用药指导

#### （一）知识任务

**1. 终极目标**

（1）掌握消化性溃疡的主要症状。

（2）掌握常用的抗消化性溃疡药名称、主要适应证及常见不良反应。

（3）掌握常用的治疗胃炎药、泻药及止泻药的名称。

**2. 促进目标**

（1）熟悉胃溃疡及十二指肠溃疡的区别，以及与胃炎的体征区别及相互关系。

（2）熟悉常用于消化系统药的名称及使用。

**（二）技能任务**

1. 终极目标

（1）掌握如何正确询问患者的病情及初步判断消化系统常见病。

（2）能正确向患者介绍常用药。

2. 促进目标

（1）能够给患者正确的用药指导。

（2）若某些症状有严重感染倾向，能迅速判断并让患者尽快就医确诊。

## 【实践指导】

在模拟药房进行。

根据病症初步判断疾病类型，分别完成对胃及十二指肠溃疡患者，浅表性胃炎患者、普通腹泻患者及细菌性痢疾患者，习惯性便秘患者的药品正确介绍。

## 三、皮肤病及用药指导

**（一）知识任务**

1. 终极目标

（1）掌握各种常见皮肤病的主要症状。

（2）掌握常用的治疗各类癣病、湿疹的药物名称、使用及常见不良反应。

2. 促进目标

（1）熟悉常见皮肤病之间的鉴别。

（2）了解各类皮肤病除药物治疗外其他的治疗途径。

**（二）技能任务**

1. 终极目标

（1）掌握观察皮肤病变的方法及病变的性质及类型。

（2）能正确介绍各类皮肤病用药。

2. 促进目标

（1）给患者介绍皮肤病的护理常识及常见的诱发因素和用药误区。

（2）能够用良好的服务态度让患者减轻心理压力，建立战胜疾病的信心。

## 【实践指导】

在模拟药房进行。

根据病症初步判断疾病类型，分别完成对患有癣病、湿疹、痤疮、痱子疾患的患者的药品正确介绍。

## 四、循环系统疾病及用药指导

**（一）知识任务**

1. 终极目标

（1）掌握高血压、心绞痛等的主要症状。

（2）掌握常用的基础抗高血压药的主要应用及常见不良反应。

2. 促进目标

（1）熟悉心绞痛的预防和紧急治疗措施。

（2）熟悉目前所用的各种抗心律失常药的应用及注意事项。

**（二）技能任务**

1. 终极目标

（1）掌握如何正确询问患者的病情，排除其他疾病的可能性及根据患者的年龄、职业及生活习惯初步做出判断。

（2）能根据患者的血压和心脏功能的情况，正确向患者介绍各种抗高血压药物。

2. 促进目标

能正确向患者介绍心血管疾病的一些易感因素和如何从改善工作方法和生活方式角度预防和控制病程的进展。

**【实践指导】**

在模拟药房进行。

分别完成对患有高血压、心绞痛、心律失常、高脂血症疾患的病人的正确药品介绍。

## 五、内分泌系统疾病及用药指导

**（一）知识任务**

1. 终极目标

（1）掌握甲状腺功能亢进和糖尿病的主要症状。

（2）掌握常用的抗甲状腺功能亢进药和降糖药的主要应用及常见不良反应。

2. 促进目标

（1）熟悉糖尿病的预防。

（2）熟悉目前所用的各种降糖药的应用及注意事项。

**（二）技能任务**

1. 终极目标

掌握如何正确询问患者的病情，排除其他疾病的可能性及根据患者的年龄、职业及生活习惯初步做出判断。

2. 促进目标

（1）能正确向患者介绍糖尿病的一些易感因素和如何从改善工作方法和生活方式角度预防和控制病程的进展。

（2）让病人了解Ⅱ型糖尿病的治疗主要以调节饮食为主。

**【实践指导】**

在模拟药房进行。

正确完成对糖尿病患者的正确药品介绍。

## 六、变态反应性疾病及用药指导

**（一）知识任务**

1. 终极目标

（1）掌握过敏性疾病的主要症状、特点。

（2）掌握常用的抗过敏药名称、主要应用及常见不良反应。

2．促进目标

（1）熟悉过敏性疾病的发病特点。

（2）熟悉目前所用的抗过敏药的作用和应用。

**（二）技能任务**

1．终极目标

（1）掌握如何正确询问患者的病情，排除其他疾病的可能性及根据环境和季节初步做出判断。

（2）能正确向患者介绍抗过敏药。

2．促进目标

能正确向患者介绍抗过敏药的作用、应用和不良反应，提供用药指导。

## 【实践指导】

在模拟药房进行。

根据病症初步判断疾病类型，正确完成对患有过敏性疾患的病人的正确药品介绍。

## 七、血液系统疾病及用药指导

**（一）知识任务**

1．终极目标

（1）熟悉贫血的主要症状。

（2）熟悉贫血的治疗药物。

2．促进目标

（1）了解血液系统疾病的种类和主要治疗方法。

**（二）技能任务**

1．终极目标

（1）掌握如何正确询问患者的病情，排除其他疾病的可能性及根据病情初步做出判断。

（2）能正确向患者介绍治疗贫血的药物。

2．促进目标

能正确向患者介绍治疗贫血的药物的主要适应证和不良反应，提供贫血治疗的用药指导。

## 【实践指导】

在模拟药房进行。

正确完成对患有贫血的病人的正确药品介绍。

## 八、维生素缺乏症及用药指导

**（一）知识任务**

1．终极目标

（1）掌握常用维生素类药物的名称、主要应用及常见不良反应。

（2）了解维生素与食物的关系，了解缺乏维生素的常见原因。

2. 促进目标

(1) 熟悉目前所用的维生素类药物的作用和应用。

(2) 了解食物与维生素的关系。

**(二) 技能任务**

1. 终极目标

(1) 掌握如何正确询问患者的病情，排除其他疾病的可能性及根据病情初步做出判断。

(2) 能正确向患者介绍维生素类药物。

2. 促进目标

能正确向患者介绍维生素类药物的临床应用和不良反应，提供用药指导。

**【实践指导】**

在模拟药房进行。

完成对维生素缺乏症的病人的药品的正确介绍。

# 第六章 处方解读及处方调剂

## 【学习目标】

通过本章的学习学生应达到以下要求。

- 了解处方的基本结构。
- 熟悉处方的意义、权限和种类。
- 熟悉处方调配的基本程序。
- 掌握常用处方用语。
- 培养学生正确分辨处方，并能根据处方正确调配的能力。

## 第一节 处 方 解 读

2004年9月1日起，卫生部和国家中医药管理局颁布的《处方管理办法（试行）》开始实施，对医生开具处方的格式、颜色、写法等做出明确规定。该办法于2005年1月1日起在全国所有开具、审核、调剂、保留处方的相应机构和人员中执行。那么医院处方到底发生了怎样的变化呢？

处方是由注册的执业医师和执业助理医师（以下简称"医师"）在诊疗活动中为患者开具的，由药学专业技术人员审核、调配、核对，并作为发药凭证的医疗用药的医疗文书。它具有法律、技术和经济上的意义。

### 一、处方的结构

处方格式由三部分组成。

（1）前记 包括医疗或预防或保健机构名称，处方编号，费别，患者姓名、性别、年龄、门诊或住院病历号，科别或病室和床位号，临床诊断，开具日期等，并可添列专科要求的项目。

（2）正文 以 $R_p$ 或 R（拉丁文 Recipe "请取"的缩写）标示，分列药品名称、规格、数量、用法用量。是处方的主要部分。

（3）后记 医师签名和/或加盖专用签章，药品金额以及审核、调配、核对、发药的药学专业技术人员签名。

### 二、处方的种类及颜色

处方由各医疗机构按规定的格式统一印制。处方印刷用纸颜色应分别为：麻醉药品处方淡红色、急诊处方淡黄色、儿科处方淡绿色、普通处方白色，并在处方右上角以文字注明。处方样式如图6-1。

```
No********                                          （普）

              ××××医院   处方笺

姓名_____ 性别_____ 年龄____ 门诊（住院）号_____ 科别_____

处方费别：医保□  非医保□  其他□   医保号_____ 床号_____

临床诊断：_____ 处方日期_____年____月____日

  Rp:




审核_____    核对_____    医师_____

调配_____    发药_____    药品金额(元)_____
```

图 6-1　处方样式

## 三、处方的意义

处方具有法律性、技术性和经济性。

**1. 法律性**

因开具处方或调配处方所造成的医疗差错或事故，医师和药师分别负有相应的法律责任。处方是追查医师或药剂人员法律责任的依据。

医师具有诊断权和开具处方权，但无调配处方权；药师具有审核、调配处方权，但无诊断和开具处方权。

**2. 技术性**

开具或调配处方者都必须由经过医药院校系统专业学习，并经资格认定的医药卫生技术人员担任。医师对患者做出明确的诊断后，在安全、合理、有效、经济的原则下，开具处方。药学技术人员对医师处方的用药适宜性进行审核后，准确快捷地调配，并将药品发给患者应用，表现出开具调配处方的技术性。

**3. 经济性**

处方是药品消耗及药品经济收入结账的凭证和原始依据，门诊、急诊、住院全过程中用药的真实凭证。

由以上三方面可见，处方的正确书写，对于确保疗效、杜绝差错事故，有着极其重要的意义。

## 四、处方的书写

① 处方记载的患者一般项目应清晰、完整，并与病历记载相一致。

② 每张处方只限于一名患者的用药。

③ 处方字迹应当清楚，不得涂改。如有修改，必须在修改处签名及注明修改日期。

④ 处方一律用规范的中文或英文名称书写。医疗、预防、保健机构或医师、药师不得自行编制药品缩写名或用代号。书写药品名称、剂量、规格、用法、用量要准确规范，不得使用"遵医嘱"、"自用"等含糊不清字句。

药品名称以《中国药典》收载或药典委员会公布的《中国药品通用名称》或经国家批准的专利药品名为准。如无收载，可采用通用名或商品名。药名简写或缩写必须为国内通用写法。中成药和医院制剂品名的书写应当与正式批准的名称一致（见表 6-1）。

**表 6-1　常用处方缩写**

| 缩　写 | 中　文 | 缩　写 | 中　文 | 缩　写 | 中　文 |
|---|---|---|---|---|---|
| q. d. | 每天 | Sig. 或 S. | 标记（用法） | g 或 gm. | 克 |
| q. h. | 每小时 | Amp. | 安瓿剂 | o. p. | 眼用 |
| q. 6h. | 每 6 小时 | Aq. | 水剂 | kg | 公斤（千克） |
| q. 2d.　q. o. d | 每 2 日一次,隔天一次 | Caps. | 胶囊剂 | L | 升 |
| q. m. | 每晨 | Inhal. | 吸入剂 | mg | 毫克 |
| q. n. | 每晚 | Inj. | 注射剂 | ml | 毫升 |
| h. s. | 睡时 | Mist. | 合剂 | i. u | 国际单位 |
| s. i. d. | 一日 1 次 | i. d. | 皮内注射 | u | 单位 |
| b. i. d. | 一日 2 次 | i. h. | 皮下注射 | Ocul. | 眼膏 |
| t. i. d. | 一日 3 次 | i. m. | 肌内注射 | Pil. | 丸剂 |
| q. i. d. | 一日 4 次 | i. v. | 静脉注射 | Syr. | 糖浆剂 |
| a. c. | 饭前 | i. v. gtt. | 静脉滴注 | Tab. | 片剂 |
| p. c. | 饭后 | p. o. | 口服 | Ung. | 软膏 |
| a. m. | 上午 | pr. dos. | 一次量、顿服 | Supp. | 栓剂 |
| p. m. | 下午 | M. D. S. | 混合、给予、标明 | | |
| aq. dest | 蒸馏水 | Rp. | 取 | | |

⑤ 年龄必须写实足年龄，婴幼儿写日龄、月龄。必要时，婴幼儿要注明体重。西药、中成药、中药饮片要分别开具处方。

⑥ 西药处方、中成药处方，每一种药品需另起一行。每张处方不得超过五种药品。

⑦ 中药饮片处方的书写，可按君、臣、佐、使的顺序排列。药物调剂、煎煮的特殊要求注明在药品之后上方，并加括号，如包包、先煎、后下等。对药物的产地、炮制有特殊要求的，应在药名之前写出。

⑧ 用量　一般应按照药品说明书中的常用剂量使用，特殊情况需超剂量使用时，应注明原因并再次签名。

药品剂量与数量一律用阿拉伯数字书写。剂量应当使用公制单位：重量以克（g）、毫克（mg）、微克（μg）、纳克（ng）为单位；容量以升（L）、毫升（ml）为单位；国际单位（IU）、单位（U）。片剂、丸剂、胶囊剂、冲剂分别以片、丸、粒、袋为单位；溶液剂以支、瓶为单位；软膏剂及霜剂以支、盒为单位；注射剂以支、瓶为单位，应注明含量；饮片以剂或副为单位。

⑨ 为便于药学专业技术人员审核处方，医师开具处方时，除特殊情况外必须注明临床诊断。

⑩ 开具处方后的空白处应画一斜线，以示处方完毕。

⑪ 处方医师的签名式样和专用签章必须与在药学部门留样备查的式样相一致，不得任意改动，否则应重新登记留样备案。

### 五、处方制度

**1. 处方权**

经注册的执业医师在执业地点取得相应的处方权。经注册的执业助理医师开具的处方需经所在执业地点执业医师签字或加盖专用签章后方有效。经注册的执业助理医师在乡、民族乡、镇的医疗、预防、保健机构执业，在注册的执业地点取得相应的处方权。试用期的医师开具处方，需经所在医疗、预防、保健机构有处方权的执业医师审核、并签名或加盖专用签章后方有效。医师需在注册的医疗、预防、保健机构签名留样及专用签章备案后方可开具处方。医师被责令暂停执业、被责令离岗培训期间或被注销、吊销执业证书后，其处方权即被取消。

**2. 处方的有效期**

处方为开具当日有效。特殊情况下需延长有效期的，由开具处方的医师注明有效期限，但有效期最长不得超过 3 日。

**3. 处方的量**

处方一般不得超过 7 日用量；急诊处方一般不得超过 3 日用量；对于某些慢性病、老年病或特殊情况，处方用量可适当延长，但医师必须注明理由。

麻醉药品、精神药品、医疗用毒性药品、放射性药品的处方用量应当严格执行国家有关规定。开具麻醉药品处方时，应有病历记录。医疗用毒性药品每张处方不得超过 2 日极量。第一类精神药品每张不得超过 3 日常用量（只在医疗机构调配）；第二类精神药品每张不得超过 7 日常用量；麻醉药品注射剂每次不得超过 2 日常用量，片剂、酊剂、糖浆剂不得超过 3 日常用量，连续使用不得超过 7 日，再开处方必须间隔 10 日。麻醉药品只能在指定的医疗机构内调配。

处方中各种药物的计量不能超过《中国药典》规定的极量，确因病情需要而超量时，开方医生应在旁边签名或盖章。

**4. 处方保管**

零售药店必须保存处方 2 年备查。

## 第二节 处方调剂

处方调配是销售药品时，营业人员根据医生处方调剂、配给药品的过程。处方药必须凭医师处方销售、调剂和使用。

取得药学专业技术资格人员方可从事处方调剂、调配工作。非药学专业技术人员不得从事处方调剂、调配工作。具有药师以上药学专业技术职务任职资格的人员负责处方审核、评估、核对、发药以及安全用药指导。

药学专业技术人员调剂处方应当遵循安全、有效、经济的原则，并注意保护患者的隐私权。

处方调剂的基本程序

收方 → 审方 → 计价收费 → 调配 → 核对 → 发药

药学专业技术人员应按操作规程调剂处方药品，认真审核处方，准确调配药品，正确书写药袋或粘贴标签，包装；向患者交付处方药品时，应当对患者进行用药交代与指导。

1. 收方

从顾客处接受处方。

2. 审方

由执业药师或依法经过资格认定的药学技术人员进行审方。审方包括"处方规范审核"和"用药安全审核"。

（1）处方规范审核　药学专业技术人员应当认真逐项检查处方前记、正文和后记书写是否清晰、完整，并确认处方的合法性。是否有执业药师或执业助理医师签章；是否有盖有医疗机构的公章；涂改处是否有执业医师或执业助理医师签章等。

（2）用药安全审核

① 药品名称、规格是否书写正确。

② 处方用药与临床诊断的相符性。

③ 剂量是否正确。

④ 用药方法是否正确。

⑤ 剂型、给药途径是否正确。

⑥ 是否有重复给药现象。

⑦ 是否有潜在临床意义的药物相互作用和配伍禁忌。

药学专业技术人员经处方审核后，认为存在用药安全问题时，应告知处方医师，请其确认或重新开具处方，并记录在处方调剂问题专用记录表上，经办药学专业技术人员应当签名，同时注明时间。

药学专业技术人员发现药品滥用和用药失误，应拒绝调剂，并及时告知处方医师，但不得擅自更改或者配发代用药品。

对于发生严重药品滥用和用药失误的处方，药学专业技术人员应当按有关规定报告。

3. 计价收费

按实际零售价计价收费，开具凭证。

4. 调配处方

按处方调配，核对药品标签上的名称、规格、用法、用量等，防止差错。调配的药品必须与处方完全相符。分装容器上贴上或写上药品名称、规格、用法、用量、有效期及注意事项。

5. 核对检查

处方中容易混淆的药名是造成处方差错的主要原因：把安定片发成安坦片、阿拉明发成可拉明、氢化可的松发成氢化泼尼松、他巴唑发成地巴唑、丽珠得乐发成丽珠欣乐等。外文名不熟，TAT 发成 ATP。

药学专业技术人员调剂处方时必须做到"四查十对"。查处方，对科别、姓名、年龄；查药品，对药名、规格、数量、标签；查配伍禁忌，对药品性状、用法用量；查用药合理性，对临床诊断。

6. 发药

发出药品时应按药品说明书或处方医嘱，向患者或其家属进行相应的用药交代与指导，包括每种药品的用法、用量、注意事项等。

药学专业技术人员在完成处方调剂后，应当在处方上签名。

药学专业技术人员对于不规范处方或不能判定其合法性的处方，不得调配。

处方由调剂、出售处方药品的医疗、预防、保健机构或药品零售企业妥善保存。处方保存期满后，经医疗、预防、保健机构或药品零售企业主管领导批准、登记备案，方可销毁。

## 【习　题】

1. 简述处方的组成。
2. 处方的意义有哪些？
3. 简述对处方有效期和处方量的要求。
4. 简述处方调配的基本程序。

## 第三节　实践练习

### 【能力目标】

通过本章的学习使学生完成以下任务。

（1）正确解读处方。
（2）正确调配处方。

### 【实践指导】

**1. 正确调配以下处方**

见图 6-2～图 6-4（可根据实际情况自行收集处方）。

```
No*******                                              普

              ××××医院　处方笺

姓名 ___***___ 性别 _*_ 年龄 _20_ 门诊（住院）号 _********_ 科别 _内_

处方费别：医保□　非医保□　其他□　医保号 _____ 床号 _**_

临床诊断：___胃肠型食物中毒___        处方日期 _****_ 年 _**_ 月 _**_ 日

    Rp:

       5%GNS                500ml
       10%KCl               10ml
       VitB₆                0.2g
       复方氯化钠注射液        500ml     i.v.gtt.    s.t.
       氧氟沙星胶囊           0.1g×2盒     0.2g   t.i.d.  p.o.
       思密达粉             10包×1盒      1包/次  t.i.d.  p.o.




审核 _____   核对 _____        医师 ___****___
调配 _____   发药 _____        药品金额(元) _____
```

**图 6-2　处方 1**

No*******

普

×××× 医院　处方笺

姓名 ___***___ 性别 __*__ 年龄 _20_ 门诊（住院） 号 _********_ 科别 _内_

处方费别：医保□ 非医保□ 其他□ 医保号 ___********___ 床号 _**_

临床诊断： ___急性气管支气管炎___ 处方日期 _****_ 年 _**_ 月 _**_ 日

**Rp:**

　　头孢拉定胶囊　　0.25mg×24#　　0.5mg　t.i.d.　p.o.

　　必嗽平　　　　　100ml×1瓶　　　16ml　t.i.d.　p.o.

审核 _____　核对 _____　　医师 _****___

调配 _____　发药 _____　　药品金额（元）_____

图 6-3　处方 2

No*******

普

×××× 医院　处方笺

姓名 ___***___ 性别 __*__ 年龄 _20_ 门诊（住院） 号 _********_ 科别 _内_

处方费别：医保□ 非医保□ 其他□ 医保号 ___********___ 床号 ___**__

临床诊断： _____消化性溃疡_____ 处方日期 _****_ 年 _**_ 月 _**_ 日

**Rp：**

　　胶体次枸橼酸铋　　120mg×24#×2盒　　120mg　　q.i.d.　p.o.

　　甲硝唑　　　　　500mg×8#×3盒　　500mg　t.i.d.　p.o.　服用一周

　　阿莫西林　　　　250mg×24#×4盒　　1.0g　b.i.d.　p.o.　服用一周

审核 _____　核对 _____　　医师 _****___

调配 _____　发药 _____　　药品金额（元）_____

图 6-4　处方 3

**2. 步骤**

# 模块三　医药商品购销

医药商品购销流程图

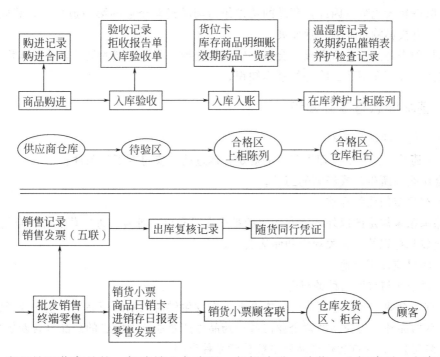

以上流程是医药商品的一般购销业务流程，包括购进、验收、上柜陈列、在库养护以及销售到达消费者的手中。第七章重点介绍购销的第一环节——药品购进。

# 第七章　药品购进

## 【学习目标】

通过本章的学习使学生达到以下要求。

- 了解国家特殊管理药品的规定。
- 熟悉首营企业的审核，首营品种确定的一般程序、规定以及要求。
- 熟悉合格供应商应具备的资质。
- 熟悉购销合同的基本内容与执行程序。
- 掌握首营企业、首营品种的概念。
- 掌握国家特殊管理药品的概念。
- 培养学生正确完成药品购进的能力，为适应医药行业的未来工作打下基础。

# 第一节　首营审核

> 市场经济的竞争愈演愈烈，药品市场同样硝烟弥漫。药品生产企业致力于提高生产机械化程度，降低生产成本，更好的开拓市场。药品经营企业则要从源头——采购开始致力于降低成本，提高企业的成本优势，加强企业竞争力。

某统计数据表明，企业只要从采购上降低 2% 的成本，就可以让该企业从同类企业中脱颖而出，取得较大优势。因此，药品的购进作为药品经营企业的第一道环节，其成本高低、质量优劣，直接影响企业的长远发展。

本章从购进药品的首营审核、合格供应商的选择、购销合同的签订以及特殊管理药品的购进要求四个方面介绍药品购进的基本知识。

## 一、基本概念与基础知识

1. 购进药品的基本条件

按照《药品经营质量管理规范》的规定，购进药品应符合下列条件。

① 合法企业所生产或经营的药品。

② 具有法定的质量标准。

③ 除国家未规定的以外，应有法定的批准文号和生产批号。进口药品应符合规定。

④ 包装和标识符合有关规定和储运要求。

⑤ 中药材应标明产地。

2. 首营企业与首营品种的概念

(1) 首营企业　指购进药品时与本企业首次发生供需关系的药品生产企业或经营企业。

(2) 首营品种　指药品经营企业向某一药品生产企业首次购进的药品（含新规格、新剂型、新包装等），另外首次代理品种也按首营品种审核。

**注意**：向药品经营企业首次购进的药品不属于首营品种，因为，供货的药品经营企业在首次从生产企业购进该产品时必然已经进行首营审核。如有必要可参照进行备案。

## 二、购进药品的基本程序

购进药品，根据不同的情况服务流程有一定的差异。根据它们的差异常可分为 2 个不同的业务流程模式来完成进货管理。

1. 需要经过首营审核后才能进货的基本业务流程

2. 不需要经过首营审核就可以进货的基本业务流程

进货开单 → 质量验收 → 入库记账 → 财务付款

在此过程中还应该提供各种报表，如首次经营药品审批表、采购订单、合同订单、购货开单、进货退出单、进货冲价单、报溢单等。

### 三、首营审核的程序

#### (一) 首营审核的基本流程

① 采购部门向质量管理部门提出申请，填写《首营企业审批表》、《首次经营品种审批表》，并提供相关资料。

② 质量管理机构会同相关业务部门进行审核，并且填写审核记录，建立产品质量档案。

③ 对首次经营品种的剂型、规格、包装等进行实地考察，由业务部门会同质量等相关机构的意见，报经理同意后，方可购进。

④ 对购进药品确定试销期。试销结束后，由业务、质量部门分别作出评价，经审批同意后，方可列入正式经营品种。

#### (二) 首营审核应该具备的资料

根据 GSP 及其实施细则的规定，首营审核主要分为以下几个方面。

1. 首营企业审核

法定资格和质量保证能力审核，审核由企业负责人会同药品质量负责人共同进行。审核有关资料包括以下内容。

① 验证并索取加盖了首营企业原印章的许可证、营业执照复印件。

② 审核首营企业是否超过其经营范围和经营方式。

③ 审核首营企业的质量保证能力、GMP 或 GSP 认证、质量管理机构、质量管理人员、质量信誉等，必要时进行实地考察，签订质量保证协议。经审核批准后方可从首营企业进货。

2. 首营品种审核

药品合法性和质量可靠性审核，审核有关资料包括以下几个方面；

① 核实印有国家食品药品监督管理局印章的药品生产批准文号、药品质量标准和药品使用说明书原件并索取其复印件；

② 审核首营品种的标签最小包装和说明书是否符合相关规定；

③ 索取加盖了首营品种供货单位质量管理（检验）机构原印章的首次进货批号药品的出厂检验报告单；

④ 进口商品还要求有报关单、检疫单；

⑤ 了解首营品种的性能、用途、检验方法、贮存条件以及质量信誉等内容；

⑥ 索取并验证首营品种的价格批文、税务登记证、商标注册证、产品合格证等。

3. 药品推销员

合法资格的审核包括以下内容：

① 须提供加盖企业公章和企业法人代表印章或签字的授权委托书原件；

② 药品推销人员身份证复印件；

③ 了解药品推销员有无不良品质。

#### (三) 首营审批表的填写

1. 首营企业审批表的基本填写项目

企业名称、许可证和营业执照编号、法定代表人、生产（经营）范围、银行账号、税务登记号、GMP 或 GSP 认证编号、GMP 或 GSP 认证内容、业务联系人、采购部门意见、质管部门意见和企业领导人审核意见以及填表时间等（表7-1）。

表7-1 首营企业审批表

填表部门： 填表日期：

| 企业名称 | | | 企业地址 | | |
|---|---|---|---|---|---|
| 法定代表人 | | 联系人 | | 联系电话 | |
| 企业类型 | | 注册资金 | | 企业性质 | |
| 许可证号 | | 营业执照号 | | 传真 | |
| 企业概况（一证一照、经营范围、产品质量保证体系、售后服务） | | | | | |
| | | | | | |
| 申报原因 | | | | | |
| 申报部门意见 | | | | | |
| 质量负责人意见 | | | | | |
| 总经理意见 | | | | | |

填表人：

2. 首次经营品种审批表的基本填写项目

通用名、商品名、单位、规格、包装、生产企业、供货单位、供货单位证照、药品批准文号（进口药品注册证号）、质量标准、药检报告、有效期、药理作用与疗效、零售价、供应价、批发价、采购部门意见、质管部门意见以及企业领导人审核意见、填表时间等（表7-2）。

## 四、相关注意事项

① 由采购员填写《首营品种审批表》，并将上述相关证明文件一并报质量负责人及企业负责人审核后，方可安排进货试销。

② 由质量负责人建立首营企业和首营品种质量档案，定期或不定期的分析研究药品质量的稳定性和可靠性。

③ 首营材料按照每个企业、每个品种分别用档案袋归档，按一定的方法分类由质量管理部门统一保管。

④ 对首营的实地考察由生产商、供应商、产品和企业的实际情况综合决定。

⑤ 质量管理部门的重点工作就是首营企业和首营品种的管理，应该注意收集相关信息，如 SFDA 网站、中国医药报等，以帮助首营审核。

**表 7-2　首次经营品种审批表**

填表部门：　　　　　　　　　　　　　　　　　　　　　　　　　　填表日期：

| 商品编号 | 品　名 | 规　格 | 单　位 | 生产企业 | 供货单位 |
|---|---|---|---|---|---|
| | | | | | |
| 药品功能、质量、用途、疗效等情况 | | | | | |
| | | | | | |

| 批准文号 | | | 质量标准 | | |
|---|---|---|---|---|---|
| 装箱规格 | | 效期 | | 工厂负责期 | 贮存条件 |
| 正常出厂价 | | 购进实价 | | 批发价 | |
| 申请原因 | | | | | |
| 计划员意见 | | 日期： | | | |
| 质量员意见 | | 日期： | | | |
| 物价部门意见 | | 日期： | | | |
| 经理审批意见 | | 日期： | | | |
| 供货方销售员联系电话 | | | | | |

注：本表一式两份，业务部、质管部各持一份。

# 第二节　合格供应商筛选

　　药品经营企业经营药品的首要环节即为购进药品，那么如此大量的药品从何处购进？选好供应商是前提！统计数据表明，选择一个质价比最佳的供货单位，约相当于减少 8％ 左右的宣传、广告费用。

　　药品质量是企业的生命，选择合格供应商对药品经营企业的生存和发展至关重要。如何选择供应商？怎样选择供应商？

## 一、选择合格供应商的目的

选择供应商即挑选供货单位或者叫决定采购单位。选择好的供货渠道，首先能够完成企业所需品种、规格、质量药品等的选择和完成购进任务；其次，选择良好的供应商，能够经营市场的主流产品、畅销产品，从而增强企业的竞争力；最后，良好的供应商能够保证稳定、合格的货源，从而降低企业的购进成本，为企业带来良好的经济效益。

## 二、选择合格供应商的基本步骤

1. 广泛收集材料，审核供应商的基本情况

(1) 收集材料　通过供应商的市场调查，收集当前市场上主要供应商的资料，如经营范围、供应能力、产品质量、产品价格、企业信誉度等，进行综合评价从而筛选比较合适的几家供应商。

(2) 审核各供应商的基本情况　主要包括他们的合法性，即应该具备药品生产许可证或药品经营许可证和营业执照。此外，药品生产企业应该通过 GMP 认证，药品经营企业应该通过 GSP 认证。

2. 分析和比较供应商的优劣

① 企业基本的硬件设施，如生产车间、设备、营业场所、仓储设备、卫生环境等；软件设施，如人员素质、团队精神、企业风貌和协作精神等，这些内容是企业能否提供合格、稳定货源的先决条件。

② 由于企业一旦选定供应商，希望能够比较稳定、可靠，因此，合理的价格和优质的信誉度也是非常重要的因素。

③ 比较各供货单位的服务情况，主要包括能否提供优惠送货条件、能否真实主动的介绍药品的性能、适应证等相关情况；能否主动向采购者提供经营服务与指导，并在可能的条件下给予一定的技术支持，从而达到购销相互促进，共同发展。

④ 供货单位所处距离的远近，一般来说，选择供货单位应该先本地后外地的原则，从经济合理的角度出发，不必一味追求从外地、外省进货。

3. 建立合格供应商档案

经过比较确定相对稳定的合格供应商，填写合格供应商档案表（表 7-3）。

表 7-3　合格供应商档案表

| 企业名称 | | 负责人 | | 地址 | | 联系方式 | |
|---|---|---|---|---|---|---|---|
| 供应商资料 | | | | | | | |
| 供货名称 | 批号 | 质量 | 价格 | 供货能力 | 运输能力 | 信誉度 | 其他服务 |
| | | | | | | | |

供应商档案的建立，是企业积累的资料，为进一步监督和分析、比较供应商提供书面的资料，也为企业进一步选择供应商的决策上提供一个实际的理论依据，并为保留和长期同供应商合作打下良好的基础。

## 三、选择合格供应商的基本方法

(1) 对比法　这是最常用的方法。主要是把供货单位的合法性、商品品种、质量、价

格、运输和企业信誉度等情况进行比较，然后择优确定供货单位。

（2）开发法　主要指在对供应商全面了解的基础上，把技术潜力、设备潜力大，生产的产品在市场上的竞争力强的供货单位作为进货渠道。

## 四、正确处理与供应商的关系

① 防止供应商与企业采购代理人的相互勾结，进货把关不严，使企业财产流入个人手中，导致产品价格升高、质量下降而影响企业声誉。

② 注意避免过分依赖某一个供应商，这样容易被供应商牵着鼻子走。

③ 防止供应商之间的相互串通，哄抬药价。

# 第三节　签订购销合同

> 2004年2月15日，一外地某药品生产企业的业务员，在与新乡市某零售药店进行药品现货交易时，被药品稽查人员当场查获。后经查明，该药品生产企业业务员虽向药店提供了企业的相关证件和法人委托书，但在未签订合同的情况下，从事药品现货交易活动。试问是否对该药店给予行政处罚？

**一种意见**　认为不予处罚。因为该药店在采购药品时，向该企业业务员索取了相关证照及法人委托书，而法律、法规也没有明文规定药品经营、使用单位在采购药品时必须与对方签订合同。所以可以不给予处罚。

**另一种意见**　认为应对该药店处以警告或者并处2000元至3万元的罚款。依据《中华人民共和国药品管理法》第十七条规定："药品经营企业购进药品，必须建立并执行检查验收制度，验明药品合格证明和其他标识；不符合规定要求的，不得购进"。其中的检查验收制度就包括"工商、商商购销合同及进口药品合同上订明质量条款及标准"。同时，《药品经营质量管理规范》也规定："购进药品的合同应明确质量条款"，目的是为了在进行药品检查验收时有个验收标准，保证药品质量。该药店没有与药品生产企业签订购销合同，不符合规定要求，应不得购进。因此该药店与药品生产企业现货交易活动违反了《药品流通监督管理办法》，应该对药店处以警告并处以2000元到3万元的罚款。

对上述案例的处理有两种意见，关键在于是否签订购销合同。由此可见购销合同在药品经营过程中有着重要的作用。

## 一、药品购销合同的基本知识

1. 药品购销合同的概念

药品购销合同就是在药品经营过程中，买卖双方经过洽谈，有了明确的购买意向后，为实现一定的经济目的，明确双方的权利和义务的书面协议。购销合同经过双方加盖合同专用章后即产生法律效力，双方必须认真履行其义务。

药品购销合同是药品经营过程中明确购销双方责权的必要手段。根据GSP要求，无论供货方是生产厂家还是药品经营企业，企业都应与其签订有明确质量条款的购销合同，其目的就是使供销双方在经营活动中牢固树立质量意识，明确双方的质量责任，促使企业主动自觉地加强质量控制，依法规范经营，确保药品经营质量。

药品购销合同一般应采用标准书面合同。如采用其他的合同约定形式，如文书、传真、电话记录、电报、电信、口头约定等，应提前与供货单位签订明确质量责任的质量保证协议。质量保证协议应规定有效期限，一般按年度签订。

鉴于质量保证协议属于企业购销合同的范畴，签订单位需要承担相应法律责任，因此必须加盖企业公章，不能以企业质量管理机构印章替代。

2. 签订药品购销合同的目的

药品是一种特殊商品，其质量的优劣关系到患者的安危。目前药品市场货源充足，品种多样，应加强药品购销管理，建章立制，规范采购程序，造福广大患者。

3. 药品购销合同的主要类型

（1）工商购销合同　即药品生产厂家同药品经营者签订的合同形式。中间环节少，流通费用低，从而降低销售成本。

（2）商商购销合同　即药品经营者之间签订的合同形式。流通渠道多，相对销售成本高，费用提高。

（3）医药商品进口合同　购进国外商品所签订的合同形式。成本高，价格也随之升高。

## 二、药品购销合同的签订程序

根据发展的变化，购销合同由普通的工商购销合同、商商购销合同到目前出现形式最多、应用最为广泛的药品招标采购的购销合同。通过招标，能够降低药品价格的虚高，真正让利于患者。无论哪种形式的购销合同都应具备以下核心内容：合同的标的和数量、质量保证条款、协议价格和付款方式、合同期限、地点、运货方式以及标的物的验收方法、违约处理等。购销合同的签订即分别确定上述各项内容。

1. 确定标的和数量

标的是合同中的专用术语，是指合同双方所共同指向的对象，医药商品购销合同的标的就是医药商品，包括药品的名称、品种、规格等。药品有通用名称、商品名称的区分，通用名称相同的药品可能具有不同的商品名，因此，应该具体写清商品的种类、品牌。

例如，同样是维生素 C，可分为普通片剂、泡腾片等，还有每片含量的区别，均应该写清楚。

确定购销合同的商品（尤指药品）后应确定交货数量、计量单位等。数字一定要明确，不要使用有伸缩性的数字。

2. 明确质量保证条款

医药商品购销中特别强调在签订合同的同时一定要附有质量保证协议，包括工商合同中工厂应提供相应产品的质量标准；商商合同中应明确产品质量的划分；进口药品等同样应该注明质量标准。

3. 协议价格和付款方式

价格主要是指合同中标的的单价与数量的乘积，另有协商的除外。付款可采用汇兑、支票、委托收款等多种形式。

4. 确定合同期限、地点和运货方式

5. 确定标的物的验收方法

6. 确定违约责任以及解决合同纠纷的方式

7. 其他约定事项

附药品购销合同样本（表7-4）。

**表7-4 药品购销合同（样本）**

| 供方 | | | | 合同编号 | | | | | |
|---|---|---|---|---|---|---|---|---|---|
| 需方 | | | | 签订地点、时间 | | | | | |
| 药品名称 | 牌号 | 规格型号 | 生产厂家 | 计量单位 | 数量 | 单价 | 总金额 | 交货时间 | |
| | | | | | | | | | |
| 合计人民币(大写) | | | | | | | | | |
| 质量标准 | | | | | | | | | |
| 供方对质量负责的范围和期限 | | | | | | | | | |
| 交货地点 | | | 运输方式 | | | | | | |
| 交货方式 | | | 运杂费承担 | | | | | | |
| 验收标准 | | | 结算方式 | | | | | | |
| 验收方法 | | | 期限 | | | | | | |
| 提出异议期限 | | | 违约责任 | | | | | | |
| 解决合同纠纷方式 | | | | | | | | | |
| 其他约定事项 | | | | | | | | | |
| 供方开户银行及账户电话 | | | | | | | | | |
| 需方开户银行及账户电话 | | | | | | | | | |
| 供方(签章) | | 需方(签章) | | 签(公)证意见 经办人(签章) | | | | | |

## 三、药品购进记录填写

### 1. 购进记录

购进记录是对企业业务购进行为合法性及规范性实施有效监控和追溯的依据，由业务部门根据购进计划或合同，在确定了具体的购进活动符合要求后所做的记录。购进药品应该有合法的依据，按规定建立真实、完整的购进记录，做到票、账、货相符（表7-5）。

**表7-5 药品购进记录（样本）**

购进单位：　　　　　　　　　　　　　　　　　　购进日期：

| 药品名称 | | 数 量 | | 合同代码 | |
|---|---|---|---|---|---|
| 规格 | | 计价单位 | | 发票号码 | |
| 批号 | | 单价 | | 贮存仓库 | |
| 剂型 | | 总金额 | | 验收标准 | |
| 有效期 | | 提运方式 | | 结算方式 | |
| 生产单位 | | 其他 | | 备注 | |
| 经办人 | | | | 审核 | |

**要求：**

填写购进记录表时，必须实事求是，认真填写，不得涂改，妥善保存。药品购销记录必须保存至超过药品有效期一年，但不得少于3年。对无购进记录的药品经营企业处以警告并处2000元到3万元的罚款。

**2. 验收记录及验收入库单**

购进药品除了必须填写购进记录外，还必须将药品安排存放于相应的仓库中，同时还应该填写验收记录（表 7-6）及验收入库单（表 7-7）。

**表 7-6 验收记录（样本）**

| 到货日期 | 品名规格 | 单位 | 数量 | 生产企业 | 生产批号 | 有效期 | 批准文号 | 注册商标 | 检验报告 | 合格证 | 质量状况 | 验收结论 | 验收员 | 备注 |
|---|---|---|---|---|---|---|---|---|---|---|---|---|---|---|
| | | | | | | | | | | | | | | |
| | | | | | | | | | | | | | | |
| | | | | | | | | | | | | | | |

填表人：

**表 7-7 验收入库单（样本）**

来货单位：                                                                    No. 1000001

| 到货日期 | 品名 | 规格 | 数量 | 单价 | 金额 | 生产企业 | 批准文号 | 批号 | 有效期 | 验收结论 | 备注 |
|---|---|---|---|---|---|---|---|---|---|---|---|
| | | | | | | | | | | | |
| | | | | | | | | | | | |
| | | | | | | | | | | | |
| | | | | | | | | | | | |

保管员：                                                                     验收员：

注：一式四联包括存根联、业务记账联、保管联、财务记账联。

# 第四节　特殊管理药品规定

按照《中华人民共和国药品管理法》的要求，国家对麻醉药品、精神药品、医疗用毒性药品和放射性药品进行特殊管理。对它们的购销、贮存和保管有着非常严格的要求。

国家特殊管理药品（麻醉药品、精神药品、医疗用毒性药品、放射性药品）、外用药品和非处方药的标签，必须印有规定的标志（图 7-1）。

图 7-1　特殊管理药品、外用药品、非处方药标志

### 一、麻醉药品和精神药品

1. 麻醉药品的概念

麻醉药品是指连续使用后易产生身体依赖性，能成瘾的药品。所谓药物依赖性，世界卫生组织和专家委员会在 1969 年所下的定义为："药物依赖性是药物与机体相互作用所造成的精神状态和身体状态，表现为一种强迫性要求连续或定期用药的行为和其他反应，目的是要去感受它的精神效应，有时也是为了避免由于停药所引起的不适。"麻醉药品的连续使用所产生的身体依赖性的特征如下。

① 强迫要求连续用药，并且不择手段地去搞到药品。

② 由于耐受性，有加大剂量和增加用药次数的趋势。

③ 停药后有戒断症状：精神烦躁不安、失眠、肌肉震颤、呕吐、腹泻等。

④ 对用药者及社会产生危害。

2. 麻醉药品的分类

麻醉药品包括阿片类、吗啡类、可待因类、可卡因类、大麻类、合成麻醉药类及国家食品药品监督管理局指定的其他易成瘾的药品、药用原植物及其制剂。具体品种如下。

（1）阿片类　阿片、阿片片、阿片粉、复方桔梗散、复方桔梗片、阿片酊、吗啡、盐酸吗啡、盐酸吗啡注射液、盐酸吗啡阿托品注射液、盐酸吗啡片、盐酸乙基吗啡、盐酸乙基吗啡片、盐酸乙基吗啡注射液。

（2）可待因类　可待因、磷酸可待因、磷酸可待因注射液、磷酸可待因片、磷酸可待因糖浆、福尔可定、福尔可定片。

（3）可卡因类　可卡因、盐酸可卡因、盐酸可卡因注射液。

（4）合成麻醉药类　哌替啶（度冷丁）、哌替啶（度冷丁）注射液、哌替啶（度冷丁）片、阿法罗定（安侬痛、安那度）、安侬痛注射液、枸橼酸芬太尼注射液、美散痛注射液、美散痛片、盐酸二氢埃托啡、盐酸二氢埃托啡片、罂粟壳。

3. 精神药品的概念

精神药品是指直接作用于中枢神经系统，使之兴奋或抑制，连续使用能产生依赖性的药品。精神药品长期使用后所产生的药物依赖性是精神依赖性，不同于麻醉药品连续使用所导致的身体依赖性。它的主要特征如下。

① 为追求该药产生的欣快感，有一种连续使用的要求，但不是非用不可。

② 没有加大剂量的趋势或者趋势很小。

③ 停药后不出现戒断症状。

④ 所引起的危害主要是用药者本人。

4. 精神药品的分类

根据精神药品使人体产生依赖性和危害人体健康的程度，分为第一类精神药品和第二类精神药品。第一类比第二类更易产生依赖性，而且毒性和成瘾性较强。

（1）第一类精神药品　咖啡因粉、枸橼酸咖啡因、安钠咖粉、安钠咖片、安钠咖注射液、哌甲酯（利他林）、盐酸哌酸甲酯片、注射用盐酸哌酸甲酯、布桂嗪（强痛定）、强痛定片、强痛定注射液、复方樟脑酊、司可巴比妥（速可眠）、司可巴比妥钠片、盐酸丁丙诺啡片、盐酸丁丙诺啡注射液、甲喹酮（安眠酮）、安眠酮片等。

（2）第二类精神药品　异戊巴比妥（阿米妥）、格鲁米特（导眠能）、戊巴比妥、阿普唑仑、地西泮（安定）、溴西泮（溴安定）、艾司唑仑（舒乐安定）、氯硝西泮（氯硝安定）、氯氮草（利眠宁）、氟西泮（氟安定）、硝西泮（硝基安定）、甲丙氨酯（安宁、眠尔通）、匹莫林（苯异妥英）、苯巴比妥（鲁米那）、三唑仑（海乐神）、苯丙醇胺（去甲麻黄碱）、喷他佐辛（镇痛新）、可待因（氨酚待因、氨酚待因Ⅱ号、安度芬）、双氯芬酸钠（氯酚待因）、丙氧氨酚、麦角胺、咖啡因片等，以上品种包括其盐和制剂。以上是我国目前生产、供应使用的品种。

5. 国家对麻醉药品和精神药品实行定点经营制度

麻醉药品和精神药品的购进和销售必须遵循《麻醉药品和精神药品管理条例》的有关规定。

① 药品经营企业不得经营麻醉药品原料药和第一类精神药品原料药。但是供医疗、科学研究、教学使用的小包装的上述药品可以由国务院药品监督管理部门规定的药品批发企业经营。

② 麻醉药品和第一类精神药品不得零售  禁止使用现金进行麻醉药品和精神药品交易，但是个人合法购买麻醉药品和精神药品的除外。

③ 全国性批发企业可以向区域性批发企业，或者经批准可以向取得麻醉药品和第一类精神药品使用资格的医疗机构以及依照条例规定批准的其他单位销售麻醉药品和第一类精神药品。

④ 全国性批发企业和区域性批发企业可以从事第二类精神药品批发业务。专门从事第二类精神药品批发业务的企业，应当经所在地省、自治区、直辖市人民政府药品监督管理部门批准。

⑤ 经所在地设区的市级药品监督管理部门批准，实行统一进货、统一配送、统一管理的药品零售连锁企业可以从事第二类精神药品零售业务。

⑥ 第二类精神药品零售企业应当凭执业医师出具的处方，按规定剂量销售第二类精神药品，并将处方保存2年备查。禁止超剂量或者无处方销售第二类精神药品。不得向未成年人销售第二类精神药品。

⑦ 麻醉药品和精神药品实行政府定价，在制定出厂和批发价格的基础上，逐步实行全国统一零售价格。

6. 医疗机构使用麻醉药品和精神药品时也必须遵守《麻醉药品和精神药品管理条例》的有关规定

① 医疗机构需要使用麻醉药品和第一类精神药品的，应当经所在地设区的市级人民政府卫生主管部门批准，取得麻醉药品、第一类精神药品购用印鉴卡（以下称印鉴卡）。医疗机构应当凭印鉴卡向本省、自治区、直辖市行政区域内的定点批发企业购买麻醉药品和第一类精神药品。

② 执业医师取得麻醉药品和第一类精神药品的处方资格后，方可在本医疗机构开具麻醉药品和第一类精神药品处方，但不得为自己开具该种处方。

执业医师应当使用专用处方开具麻醉药品和精神药品，单张处方的最大用量应当符合国务院卫生主管部门的规定。

③ 麻醉药品和精神药品必须使用专用处方，专用处方的格式由国务院卫生主管部门规定。对麻醉药品和第一类精神药品处方，处方的调配人、核对人应当仔细核对，签署姓名，并予以登记；对不符合条例规定的，处方的调配人、核对人应当拒绝发药。

④ 医疗机构应当对麻醉药品和精神药品处方进行专册登记，加强管理。麻醉药品处方至少保存 3 年，精神药品处方至少保存 2 年。

## 二、医疗用毒性药品

1. 医疗用毒性药品的概念

医疗用毒性药品系指毒性剧烈、治疗剂量与中毒剂量相近，使用不当会致人中毒或死亡的药品。

药物和毒物之间并没有严格的界限。任何药物的效应和它所有的制剂浓度都有直接关系，用量大，药物的血药浓度高，则效应相对增强，超过剂量就会出现毒性，这是种效应性毒性，系属药品不良反应的监察范围，不属于法定毒性药品的管理范围，在管理上应予以区别。

2. 医疗用毒性药品的分类

主要包括毒性中药材品种和毒性西药品种。

（1）毒性中药管理品种　有 27 种：砒石（红砒、白砒）、砒霜、水银、生白附子、生附子、生川乌、生草乌、斑蝥、青娘子、生马钱子、生巴豆、生半夏、生南星、生狼毒、藤黄、生甘遂、洋金花、闹洋花、生千金子、生天仙子、蟾酥、雪上一枝蒿、轻粉、红粉、白降丹、雄黄。

（2）毒性西药品种　有 9 种：去乙酰毛花苷（去乙酰毛花苷丙）、洋地黄毒苷、士的宁、阿托品、三氧化二砷、氢溴酸后马托品、毛果芸香碱、水杨酸毒扁豆碱、氯化汞（升汞）。

3. 医疗用毒性药品购销规定

医疗用毒性药品的购进和销售必须遵循《医疗用毒性药品管理办法》和国家食品药品监督管理局关于经营医疗用毒性药品的有关规定。

## 三、放射性药品

1. 放射性药品的概念

放射性药品是指临床用于诊断或治疗的放射性核素制剂或其标记化合物，放射性药品与一般药品或麻醉药品、精神药品和毒性药品不同之处，在于它含有放射性同位素，能释放射线。

2. 放射性药品分类

（1）按核素分类　我国国家药品标准收载的 36 种放射性药品全都是由 14 种放射性核素制备的。因此可按核素的不同分为 14 类。它们是磷-32（$^{32}$P）、铬-51（$^{51}$Cr）、镓-67（$^{67}$Ga）、碘-123（$^{123}$I）、碘-125（$^{125}$I）、碘-131（$^{131}$I）、铯-131（$^{131}$Cs）、镱-169（$^{169}$Yb）、金-198（$^{198}$Au）、汞-203（$^{203}$Hg）、锝-99m（$^{99}$Tc）、铟-133m（$^{133}$In）。

（2）按医疗用途分类　用于甲状腺疾病的诊断和治疗、用于肾功能检查、用于胃显像、用于肺肿瘤鉴别诊断、用于脑显像、用于肾上腺显像、用于心脏和大血管血池显像、用于心肌显像、用于胎盘定位、用于肝显像、用于肺动能检查、用于治疗皮肤病、用于红细胞寿命测定、用于治疗真性红细胞增多症、用于控制癌性胸腹水等。

3. 放射性药品的购进和销售的相关规定

放射性药品的购进和销售必须遵循《放射性药品管理办法》和国家食品药品监督管理局关于经营放射性药品的有关规定。

## 【习　题】

1. 什么是首营企业？什么是首营品种？如何进行审核？
2. 如何建立合格供应商档案？
3. 什么是购销合同？有哪些种类？
4. 国家特殊管理药品包括哪些？为什么进行特殊管理？

# 第五节　实践练习

## 【能力目标】

1. 正确完成首营企业、首营品种的实际审核工作，正确填写首营企业审批表和首营品种审批表。
2. 正确完成合格供应商的筛选，建立供应商档案。
3. 正确填写药品购进记录及相关表格。
4. 正确判别企业购进特殊管理药品是否符合要求。

## 【实践指导】

1. 模拟实际情况列举实例，让学生进行首营审核实践演练。
2. 正确完成合格供应商的筛选。
3. 正确填写药品购进记录及相关表格。
4. 针对实际情况，判断企业对特殊管理药品的购进的合理性。

# 第八章　药品销售

## 【学习目标】

通过本章的学习使学生达到以下要求。

- 熟悉医药商品销售的售前、售中、售后操作规程。
- 明确医药商品购销员的岗位职责和技能要求。
- 掌握医药商品销售的一般过程和基本操作技巧。
- 了解顾客的购买心理，收集、整理、分析顾客的资料和意见，妥善处理顾客投诉。
- 会清点、添加药品，正确发药、收款、找零。
- 会填制、审核票据，及时做好销售记录。

> **什么是药品销售？**
>
> 　药品销售，是指药品生产企业和药品经营企业（主要是指药品批发企业和药品零售企业），将药品转移至消费者手中的过程。

药品销售流程如下图。

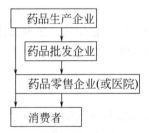

药品生产企业（简称制药公司或药厂）是指生产药品的专营企业或兼营企业；药品经营企业是指经营药品的专营企业或兼营企业，包括药品批发企业（简称医药公司）和药品零售企业（药店）。它们都是具有法定资格，主要从事药品生产、经营的经济实体。

从事药品生产或药品经营的企业必须取得《药品生产许可证》或《药品经营许可证》和《营业执照》，并通过 GMP 或 GSP 认证。

## 第一节　顾　客　服　务

### 一、接待顾客程序

1. 迎客

迎客，即迎接顾客。其基本要求是随时准备，主动迎客。营业员应做到以下内容。

（1）站在合适的位置上　所谓合适的位置，一般是指既能照顾自己所负责的柜台、货架上的药品，又能易于观察顾客与接近顾客的位置。

（2）要有良好的站立姿态　站立姿态正确，彬彬有礼。营业员一般应站在距柜台一拳的地方，身体不倚不靠柜台、货架、柱子，不背朝顾客，两脚端正的站立，双手轻握放在身前或轻轻叠放在柜台上。

（3）态度自然明朗，热情诚恳。

（4）注意力集中。

**2. 接触**

接触，即接近顾客，招呼顾客。其基本要求是把握时机，热情接待。营业员应做到以下两点。

（1）从顾客的行动和神态来判断最佳接触时机（见第三节，接待顾客的技巧）。

（2）运用不同的方式接近顾客。

**3. 拿递**

拿递，即拿取药品。其基本要求是主动拿取，迅速准确。营业员应做到以下三点。

（1）把握时机　拿取药品也要把握时机，一般情况下，当顾客对某种药品感兴趣并较长时间注视时；当顾客第二次临柜仍注视某种药品时；当顾客直接提出"我要这个"时等，营业员应立即主动拿取药品给顾客。

（2）准确敏捷　营业员拿递药品应根据所经营的药品的特点，练就一手拿递药品准确、敏捷的好功夫。

（3）礼貌得体。

**4. 展示**

展示，即展现药品，进行亮相。其基本要求是，掌握技巧，展示全貌。营业员应做到以下两点。

（1）采用多种方法展示　如演示法、感知法、多种类出示法、逐级出示法等。

（2）展示中，要配合语言解说　解说应简洁明了、重点突出，但不要言过其实，避免引起顾客的反感。

**5. 介绍**

介绍，即推荐药品。其基本要求是实事求是，态度诚恳。营业员应做到以下两点。

（1）实事求是维护顾客利益　对于所介绍的药品，一是要实事求是，决不可只介绍药品的疗效如何，而对毒副作用避而不谈。另外，还要根据顾客的需要，为顾客精打细算。

（2）态度诚恳，语言准确鲜明。

**6. 成交**

成交，即达成交易。其基本要求是热情周到，快中求准。营业员应做到以下两点。

（1）主动、耐心帮助顾客挑选药品　为了使顾客买到称心如意的药品，营业员要做到多问不烦，百拿不厌。

（2）运用相应方法促进成交。

（3）计量药品时，要操作熟练，快中求准。

**7. 包扎**

包扎，即包装和捆扎药品。其基本要求是牢固美观，便于携带。营业员应做到以下三点。

（1）在包扎前，认真检查核对药品，以免出错。

（2）在包扎时，要注意保护药品，防止碰坏和串污。

（3）包扎操作要规范。

8. 计价

计价，即计算货款、收款找零。其基本要求是迅速准确，唱收唱付。营业员应做到一准、二快、三清楚。

(1) 一准　就是计价、收款、找零要准确。

(2) 二快　就是计价快，收款找零快，尽可能减少顾客等待时间。

(3) 三清楚　就是收钱、找钱票要清楚，要坚持唱收唱付；向顾客交代清楚；发票填写清楚。

9. 递交

递交，即将药品递交给顾客。其基本要求是主动递交，准确礼貌。营业员应做到以下两点。

(1) 将药品双手递交给顾客。

(2) 根据不同顾客、不同药品，对用法、用量、注意事项和不良反应做必要的交代。

10. 送客

送客，即送别顾客。其基本要求是亲切自然，用语恰当。营业员应做到以下三点。

(1) 有礼貌地送别顾客。

(2) 提醒顾客带好随身携带的物品。

(3) 等顾客离开后再收验柜台上的东西。

## 二、销售药品技巧

### (一) 接待顾客的技巧

药店营业员工作的过程，是直接同顾客打交道的工作过程。因此，要满足顾客需要，完成销售任务，必须熟练掌握接待技巧，正确自如地接待每一位顾客，以热情的态度和巧妙的语言艺术引导顾客，成功达成交易。

1. 研究心理，区别接待

营业员要善于体察不同顾客购买心理，适时地有针对性地采取恰当的方法接待。

(1) 接待理智型顾客　这类顾客进店后对所要购买的药品的产地、名称、规格等都问得比较完整，在购买前从价格、质量、包装等方面往往进行反复比较，仔细挑选。要求营业员接待服务要耐心，做到问不烦，拿不厌。

(2) 接待习惯型顾客　这类顾客进店后直奔向所要购买的药品，并能讲出其产地、名称和规格，不买别的代替品。要求营业员要在"记"字上下功夫。尊重顾客的习惯，千方百计地满足他们的要求。

(3) 接待经济型顾客　这类顾客一般是以价格低廉作为选购药品的前提条件，喜欢买便宜货，熟悉商品情况，进店后精挑细选。对这类顾客，要在"拣"字上下功夫，让他们挑到满意的商品。

(4) 接待冲动型顾客　这类顾客一听到药店有新的保健品或保健器械，便赶到药店，不问价格和用途，到店就买。对这类顾客，要在"快"字上下功夫，同时还要细心介绍该医药商品性能、特点和作用，提醒顾客注意考虑和比较。

(5) 接待活泼型顾客　这类顾客性情开朗，活泼好动，选购随和，接待比较容易。要求营业员要多做介绍，耐心宣传解释，当好参谋，在"讲"字上下功夫，指导消费。

(6) 接待不定型 (犹豫型) 顾客　这类顾客进店后面对商品拿不定主意，挑了很久还下不了购买的决心。要求接待要在"帮"字上下功夫，耐心介绍商品，当好顾客参谋，帮助他们选购商品。一般顾客还是相信营业员的意见的。

**2. 营业繁忙，有序接待**

在顾客多、营业繁忙的情况下，营业员要保持头脑清醒，沉着冷静，精神饱满，忙而不乱的做好接待工作。

（1）按先后次序，依次接待 营业员接待时要精力充沛，思想集中，看清顾客先后次序和动态，按先后次序依次接待。

（2）灵活运用"四先四后"的原则 营业中在坚持依次接待顾客时，要注意灵活运用"四先四后"的原则，使繁忙的交易做到井井有条。"四先四后"的原则是：先易后难，先简后繁，先急后缓，先特殊后一般。

（3）"接一顾二招呼三"和交叉售货穿插进行 营业员要运用好"接一顾二招呼三"的接待方法，在接待第一位顾客时，抽出空隙询问第二位顾客，并顺便向第三位顾客点头示意。视情形采用交叉售货，将商品拿递给第一位顾客，让其慢慢挑选，腾出时间去接待购买商品挑选性不强的顾客，力争快速接待，快速成交。

（4）眼观六路，耳听八方 营业员在同时接待多位顾客时，尽管人多手杂，有的问，有的挑，有的取货，有的开票，但营业员必须保持清醒的头脑，既准确快速的接待顾客，又避免出现差错（包括照顾商品安全、不错拿、错取等）。要求做到眼快（看清顾客先后次序和动态）、耳快（倾听顾客意见、谈论）、脑快（反应灵敏，判断准确）、嘴快（招呼适时，答问迅速，结算报账快）、手快（动作敏捷，干净利索，取货、换货、展示、包扎、找零迅速）、脚快（依据售货操作的需要，及时移动）。这眼、耳、脑、嘴、手、脚六者，协调配合。

**3. 情况特殊，特殊接待**

营业员每天要接待各种各样的顾客，而且每一个顾客的心理特点各异，情况不一，要做到不同情况下，又使每个顾客都满意，这就要求营业员不仅要有较高的思想觉悟、政策水平和比较熟练的售货操作技术，而且还要有一套特殊接待的方法和技巧。

（1）接待代人购买药品的顾客 营业员一般可采取一问（问使用人的病情）、二推荐（根据代买人的口述情况推荐适用药品）、三介绍（介绍推荐药品的疗效与功能，以及用法和用量、禁忌等）、四帮助（帮助顾客仔细挑选药品）的方法接待。

（2）接待老、幼、病、残、孕顾客 这类顾客他们在生理上和心理上有特殊情况，因此在购买药品时，更需要营业员的帮助和照顾，在顾客多的情况下，营业员应主动和其他顾客商量，让他们先买先走。同时，还要根据不同情况，妥善接待。如老年顾客，一般记性较差，听力不好，营业员应耐心地仔细询问，一字一句地慢慢的对药品进行介绍。对病残顾客，尤其是聋、哑、盲人和手脚伤残的顾客，更要关怀备至。接待盲人，要仔细问清需要，认真负责地帮助他们挑选好药品，钱货应逐件放在他们手中，并一一交代清楚。接待聋、哑人，要多出示药品让他们挑选，并要学会一些哑语，以便弄清意思，满足需要。儿童来买药品，往往是急来、急买、急走，不挑选，不看找零，拿了就走，因而容易出差错。接待时营业员要特别关照，让他们先买，买好后还要关照他们把购买的药品拿好，把找回的钱票收好，防止丢失。遇到儿童持大面额钱票买货，要查明情况。对孕妇顾客，也要优先接待，更要注意关照。

（3）接待结伴而来意见又不一致的顾客 营业员应掌握顾客心理，判明谁是买主，然后根据主要服务对象，当好参谋，要以满足购买者本人或当权者的要求为原则来调和矛盾，尽快成交，引导购买。

**（二）接触顾客的技巧**

接触顾客，是指营业员接近顾客、同顾客打招呼。营业员主动并巧妙、成功的接触顾客，是药品销售成功的关键。而营业员成功的接触顾客的关键，一是选准最佳的接触时机；二是说好第一句话。

1. 选准最佳的接触顾客的时机

接触顾客既不能过迟也不能过早。接触过迟，给人以冷淡、怠慢的感觉，但接触过早，则会使顾客产生压迫感。接触时机一般应掌握在顾客对某医药商品引起了注意并产生兴趣之后。下面六种时机可供参考：

① 当顾客长时期注视某种药品的时候，这时营业员可用询问的目光和话语来接近顾客；

② 当顾客突然停住脚步注视某种药品的时候，这时营业员应不失时机地主动接近顾客；

③ 当顾客好像在寻找什么药品的时候，营业员应尽早接近并主动打招呼；

④ 当顾客抬起头，将视线从药品转向营业员的时候，营业员应精神饱满的前去打招呼；

⑤ 当顾客触摸药品时，营业员应平静地凑上前打招呼，切不可从顾客背后打招呼；

⑥ 当顾客与营业员的目光相对的时候，营业员应面带笑容的轻轻点头示意。

在具体工作中，接触时机还要考虑顾客的不同年龄、性别、职业、态度、个性以及商品的特点与价值等，许多接触顾客的良机要靠营业员仔细观察，灵活掌握。

2. 说好第一句话

这第一句话，是指营业员在接待顾客时说的迎客声。迎客声又叫做招呼声，是营业员给顾客的第一印象，它在交易过程中起着举足轻重的作用。营业员必须说好这第一句话。

说好第一句话的要求是：用语准确，称呼对方礼貌、得体，要注意切合当时语境，贴切、自然、合乎情理。切忌称谓不当、失礼、漫不经心、冷眼旁观地说话。

接触顾客时，营业员应面带微笑，眼迎着顾客，点头致意，不能面无表情，对顾客视而不见。要主动打招呼，不要等顾客发问，而是主动询问来意。

**（三）语言表达的技巧**

营业员每天都要利用语言这种交流工具与数以万计的顾客进行沟通，在语言交流中了解顾客，揣摩顾客购买心理，进而在语言交流中影响引导顾客，因此营业员必须讲究语言表达艺术，提高接待顾客时服务用语的表达技巧。

商业服务中常用的口头语言形式有三种：叙述、提问、劝说。

（1）叙述　即用陈述句的语气对事物进行客观的描述和铺陈。当营业员向顾客介绍医药商品特点时，常用叙述性语言。

（2）提问　即用疑问句引发顾客的注意，通过发问的形式了解顾客的需求、爱好及其他信息。

（3）劝说　即用灵活的语言形式引发顾客的联想、欲望，从而使顾客接受营业员的劝解等。

1. 叙述语言的表达技巧

（1）肯定叙述　当营业员回答顾客问题时，应多用肯定叙述，慎用否定叙述。否定叙述会给人生硬、冷漠、无礼、拒人于千里之外的感觉。因此，工作中营业员需学会巧妙转换语式，用肯定叙述表达一种委婉的否定。

在否定叙述中，营业员把自己与顾客继续谈话的可能性堵死了。而在肯定性回答中，营业员淡化了没此种药品的事实，并同时把顾客的思路引向了一个新的方向，在这个过程中营业员找到了与顾客继续对话的可能，使看上去没有希望的事情发生转机，找到回旋的余地。

（2）对比叙述 当顾客对某种药品的功效和规格难以确定或对自身的购买目标尚不明确时，营业员可采用对比叙述的方法，介绍和阐明两种不同医药商品的特点或一件医药商品正反两方面的特点。

在对比叙述中，营业员应注意，当表示肯定意见时，要态度明朗，充满自信；当表示否定意见时，也要分析中肯，实事求是；否则顾客会感到无所适从，不知道哪个是对的，犹豫不决，反而影响了商机。

2. 发问式语言的表达技巧

在药品销售中，营业员应常常使用问句，通过提问了解顾客的需求、爱好等，所以营业员必须学会正确地发问技巧。

（1）选择性发问 营业员在向顾客发问时，要学会设计问题，尽量避免让顾客在"是"与"不是"、"买"与"不买"之间选择答案。营业员的提问应该让顾客感到不是要不要买的问题，而是买哪个的问题，试看下面的事例。

#### 顾客来到消化系统药品柜台观看药品

（营业员的两种提问方式，得到的可能是两种不同的效果）

> **第一种方式：**
>
> 　　营业员："您买胃药吗？"
>
> 　　顾客："不买，看看。"
>
> 　　营业员不再说话，顾客看完后就离开了柜台。

> **第二种方式：**
>
> 　　营业员："肠胃不舒服吗，有些什么症状？"
>
> 　　顾客："常有溏便，用哪种药品治疗好？"
>
> 　　营业员："您可以看看这两种药，培菲康调节肠道益生菌，乳酸菌素价格实惠。"

在第一种提问方式中，营业员强调了"买"与"不买"，顾客回答"不买"时，如果营业员不能用其他话语留住顾客，对话自然结束。第二种方式发问，营业员用"问病"代替了"买"，同时提出"培菲康"、"乳酸菌素"两种方案供顾客选择，无形中顾客从"买"与"不买"的思考中走了出来，思维转向联想，想想自己用培菲康好还是用乳酸菌素好，在这一选择性提问中，调动了顾客对自身要求的确认，从更深一层引发其购买欲望。

（2）主导式发问 营业员把主导思想提出来，当顾客肯定这种思想后，再以引导为目的进行提问，回答是可以控制的，试看下面的事例。

#### 某顾客到保健品柜台前买保健品

> 　　营业员："冬天到了，大家都喜欢冬令进补吧！身体中一年的消耗很需要冬天补养调整一下。"
>
> 　　顾客："是呀。"
>
> 　　营业员："这是今年新到的哈士蟆胶囊，润肺补阴美容，并很容易吸收。"
>
> 　　顾客："是挺好的，广告也在做。"
>
> 　　营业员："您选一种？试试看。"

在这个例子中，营业员采用一系列的主导发问，在发问过程中营业员强调了冬天应进补、身体应调养。主导式发问中，由于营业员给予商品充分的肯定，对顾客的购买欲望产生明显的影响。

（3）假设式发问　销售中营业员可用"如果……那么……"，"要是……那……"等假设性句式进行发问，假设性发问特别适合那些个性较强，常说"不"的顾客。试看下面的事例。

**某顾客选中一种保健品，　但仍在价钱上犹豫**

（这时营业员采用不同的发问方式，效果可能不一样）

> **第一种方式：**
>
> 　　营业员："您买不买，别犹豫，买就交钱。"
>
> 　　顾客：放下东西扭头就走。

> **第二种方式：**
>
> 　　营业员："如果您确实需要，尽管该保健品价格上贵点儿，您买它也是值得的。另外，您是我们的会员吗？如果是会员，可以按会员价卖给您？"
>
> 　　顾客："我不是你们店的会员，是否可以按会员价卖给我？"
>
> 　　营业员："如果您确实想买，我可以与店长商量一下，为您免费办一张会员卡，您可以随时以会员身份到我们药店买药或保健品，享受优惠。"
>
> 　　顾客非常满意地买到了他想买的保健品，同时也办理了该店的会员卡，这不是一举两得吗！

在第二种方式中，营业员采用了假设式提问，没有强迫顾客，没有给顾客造成压力，同时还给顾客提供了一点小小的利益，顾客有可能很快决定购买。

3. 劝说式语言的表达技巧

劝说是一种设法使顾客改变初衷，心甘情愿接纳营业员购买意见和建议的技巧。为使劝说发挥作用，劝说前必须注意顾客个性、心情、需求倾向等，在掌握了这些信息的基础上，进行有的放矢的劝说。

（1）以顾客为中心劝说　销售中，顾客就是主角，营业员应避免用驾驭他人的语言进行说话，尽量避免使用以"我"为中心的句式，如"我认为……"，"我的看法是……"。一般说来，在购物中，顾客喜欢自己拿主意、下结论，不喜欢别人替她下结论或把某种东西强加于她（当顾客征求营业员意见时另当别论），因此劝说时，要用以顾客为中心的语言，如"您觉得……"，"您看这……"等。

（2）以顾客所能获得的利益进行劝说　顾客购买商品时，不仅仅考虑价格，同时还是为了满足某种需要，获得某种利益，因此营业员在进行劝说时，要淡化价格，突出利益，试看下面的事例。

**某顾客选中了某种保健品礼盒**

> **第一种方式：**
>
> 　　顾客："包装款式不错，只是盒子小了一点，有大的吗？"
>
> 　　营业员："大点儿的有，不过价钱可不是现在这样了，要贵多了！"

> **第二种方式：**
>
> 　　顾客："包装款式不错，只是小了点，有大的吗？"
>
> 　　营业员："有，请稍等，我给您拿。"
>
> 　　顾客欣赏营业员拿来的另一款稍大的礼盒。
>
> 　　营业员："包装礼盒大点儿，就好看多了！"
>
> 　　顾客："多少钱？"
>
> 　　营业员报价："××"
>
> 　　顾客："贵了点！"
>
> 　　营业员："您看，您拎着多气派，送给亲人朋友保证很有面子，价钱是贵了点，但值这么多钱呀！现在送礼讲究漂亮大方，您买大的肯定没错。"
>
> 　　顾客愉快地点头成交。

在第一种方式中，营业员强调了价格高、价钱贵，顾客可能有两种想法。其一：可能觉得营业员小看了自己，觉得自己拿不出钱来，赌气不买了。其二：可能感觉到价钱太贵了。顾客的这两种想法都可能让他们中断挑选，终止购买。而在第二种劝说中，营业员把顾客的思想引导到拥有这款礼盒时可以很争面子、送得出手等一系列购后利益上，淡化了价格，这就大大提高了成交的可能性。

### （四）介绍药品的技巧

介绍药品，就是营业员直接向顾客推荐药品，或向顾客介绍药品知识，或对顾客所提出的有关药品的性能、特点、使用、保管等方面问题的答询。这是营业员促进销售、指导消费的一种手段。营业员要做到"一懂"、"四会"、"八知道"，即懂得药品流转各个环节的业务工作；对所经营的药品会分类、会使用、会配伍、会推荐；知道药品的产地、价格、质量、性能、特点、用途、用法和保管方法。药品营业员只有十分熟悉自己所经营的药品的情况，才能得心应手的做好药品介绍工作，引起顾客的兴趣并使其购买。

介绍药品要注意严格遵守医药职业道德规范，维护消费者利益，实事求是地介绍药品，不夸大药品的优点，也不隐瞒药品的缺点；不以次充好，不将积压滞销药品说成是紧俏药品；尊重顾客的习惯、兴趣、爱好，有针对性地介绍药品，不盲目介绍或过分纠缠，给人以强买强卖的感觉；语言要简明扼要，语调语气要体现出热情、诚恳和礼貌。

营业员要掌握得当的介绍技巧和方法，可以边介绍、边展示，让顾客充分了解药品特点，促使顾客下决心购买。

1. 一般药品的介绍技巧

（1）侧重介绍药品的成分、性能　　对有特殊效能的药品的介绍，应从其成分、结构讲起，再转到其效能。例如，对儿童补钙制剂的介绍，应先从其成分介绍开始，它是由优质碳酸钙和维生素 AD 组成，因而其特点是容易吸收，具有有效帮助儿童牙齿和骨骼生长的作用。

（2）侧重介绍药品的质量特点　　顾客对药品的质量往往都有很高的期望，营业员要特别抓住构成药品质量的主要因素、药品质量的标准等，给予积极的介绍，让顾客更好的做出选购决定。

（3）侧重介绍名牌产品的特点　　享有盛誉的名牌产品，要侧重介绍它的产地和信誉。营业员应主要介绍这些药品的产地、历史、质量工艺、信誉等，从而吸引顾客慕名购买。

（4）侧重介绍药品的作用特点　顾客购买药品的目的就是为了防病治病、康复保健，因此，药品营业员应抓住药品的作用特点，特别是顾客感兴趣的特点，向顾客进行介绍，有的放矢地诱导顾客。

2. 新上市药品的介绍技巧

新上市的药品，顾客对其不了解，需营业员积极向顾客推荐介绍。新药，宜着重介绍该药物类别、优点、药理特性、用途及使用方法；改进药品，或者仿制药品，宜着重介绍改进所在、价格优势等，同原来药品比较有哪些进步，突出其优点。

3. 进口药品的介绍技巧

进口药品应有中文说明，营业员介绍药品时应实事求是，着重介绍其商标品牌、作用特点、质量信誉、使用方法；应把不良反应、使用注意事项方面的情况讲清楚，切忌盲目夸赞，言过其实。

4. 代用药品的介绍技巧

顾客需要某一药品而本店暂时没货时，营业员要从顾客的实际出发，主动、热情地向顾客介绍可代用的药品。但是，在介绍代用药品时，要注意与原定药品在规格、用途以及价格等方面相接近，如某产地的药品缺货时，介绍另一产地的同类同质药品，或介绍用途相同的另一种同类药品。

5. 滞销商品的介绍技巧

商品的滞销，一般是因顾客需要的变化、消费水平的改变、季节的变化、地域性消费习惯的差异等原因造成的，滞销商品不等于失去了使用价值，同时，由于顾客的消费水平不一，爱好各异，总有需要它的顾客。因此，营业员要注意分析顾客的心理活动，有针对性地做好宣传介绍，并主动帮助挑选，就有可能变滞销为适销。在介绍滞销商品时，一定要实事求是，既要介绍其长处，又要指出其短处。

# 第二节　药品销售

药品销售过程主要是指医药商品购销员在店堂内通过柜台货币交易出售药品的买卖行为。医药商品购销员直接面对很多个性化很强、有着各种各样需求的顾客。如何赢得顾客、满足顾客的需要，顺利完成药品销售任务，是医药商品购销员必须认真思考的问题。

## 一、医药商品购销员的岗位职责和知识技能要求

1. 岗位职责

① 熟悉柜台营业工作程序，做好营业前的准备、营业中的辅助、营业后的收场等工作。

② 根据顾客的不同需求，不同购买心理，介绍、推荐药品，提供服务。

③ 掌握药品销售技巧，合理接待顾客，正确处理顾客投诉。

④ 按处方配药，做到审方、配方、复核、发药。

⑤ 做好药品销售的记录工作，如实填写各种票据和表格。

2. 药店营业员的知识与技能要求

① 具有高尚的医药职业道德，爱岗敬业，真诚守信，文明经商，服务热情。

② 熟悉药品管理法及其相关的法律、法规知识。

③ 掌握药学基础知识和医学基础知识，做到问病售药。

④ 具有识别真伪药品和进口药品的能力。

⑤ 具有调剂处方的能力。

⑥ 具有正确使用衡量器具的能力。

## 二、柜台营业工作程序

### （一）开店流程

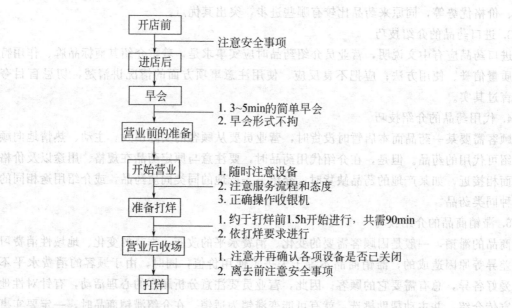

### （二）开店流程控制重点

**1. 早会**

由店长主持，内容如下：

① 服装礼仪检查；

② 今日工作事项说明及交办；

③ 服务用语练习；

④ 特殊工作日，应将工作落实到人（补货日、下货日、调价日、促销日、效期商品信息汇总、盘点等）

**2. 环境清理清洁整顿**

由当班负责人主持，按责任区域分头工作，对地面、货架、柜台、座椅等设施设备，以及店外走廊、POP 广告资料等归位清洁。

**3. 检查商品和交接班记录**

药店营业员对自己负责的货架柜台上的商品进行检查清点，补货上架，必要时应有针对性地盘点。检查交接班记录，根据缺货情况及时提出要货计划。

**4. 收银准备**

收银员清点或领取备用金，兑换足够的零钞；整理收银台，打开收银机，进入销售状态，将收银所需的章、印、发票、解码器及办公用品等摆放整齐。

**5. 交接班**

晚班当班负责人对于当班区域责任人的确定及工作分派。交接完毕，接班人进入状态确定后，早班人员离岗，晚班人员继续营业。工作交代事项如下。

（1）贵重商品交接　处方药区为药师之间交接，其他区为营业员之间交接。

（2）卖场整洁状态确认　相应当班负责人负责。

（3）收银交接　当班负责人及收银员。

（4）顾客需求情况交接　当班负责人。

（5）公司通知事项交接并传达　当班负责人。

（6）待完成事项交接　当班负责人。

（7）钥匙的交接　当班负责人（注意：贵重商品管理规范，钥匙管理规范）。

6. 营业结束

（1）清点贵重物品　相应负责人。

（2）清洁卫生　当班区域负责人。

（3）清点营业款、备用金　收银员。

（4）整理票据　收银员，当班负责人。

（5）交接班记录填写　当班负责人。

（6）收银记录填写　收银员。

（7）数据传输及 POS 机操作　收银员。

（8）确认钥匙保管人　当班负责人。

（9）注意事项

① 无顾客情况下，可以提前 10min 进行贵重物品的清点；

② 不得提前结束营业；

③ 不得向顾客暗示打烊；

④ 营业结束后，不得无故进入店内，有特殊事情则需有经理或 2 人以上进入店内。

（10）打烊状态确认

① 营业结束工作进行完毕；

② 清洁完毕，设备归位；

③ 设备及营业场所安全状态确认；

④ 钥匙已妥善保管。

**（三）开店流程应抓好三个环节**

1. 营业前的准备工作

它是做好一天营业工作的基础。如果准备工作做得充分，就能使营业员在售货前忙而不乱、精力集中，保证售货工作的顺利进行。所以营业员每天应该提前进店，并做好以下准备工作。

（1）检查准备好药品　检查过夜药品，药店营业员进店第一件事，就是根据平时药品摆放规律，对过夜药品进行过目检查。检查的目的，一是要看有没有丢失被盗，二是要看是否需要添补，做到心中有数；整理添加药品，做到整齐、充足、美观、大方。

（2）检查标签，熟悉价格　在整理药品的同时，必须逐个检查标价签，要求做到货架相符、标签齐全、货签对位。对各种原因引起的商品变价要及时调整标价，标签要与药品的货号、品名、产地、规格、单位、单价相符。

（3）查验售货用具　营业前，药店营业员要根据自己出售药品的操作需要，准备好或查验好售货工具和用品，并按习惯放在固定适当的地方，以便售货时取用。须准备和查验的售货用具大致有：计价收银用具，主要有电子收银机、电子计算器、算盘以及圆珠笔、复写纸、发票等，对其必须常校验、检查；计量用具，主要有电子秤、戥秤、尺、天平等度量衡器，对其不仅要正确使用，还必须注意依法使用；包扎用具，如纸、袋、盒、绳、夹、卫生药袋等，在进行包扎时，要注意大小适宜，包装牢靠，符合卫生标准，同时，还要注意有利于环境保护；宣传材料或用具，在此是指与药品相关的广告、说明、介绍以及图片、声像、软件等，在上岗之前，应将其认真备齐，以供赠送或索取；找零款，在顾客付款时，不允许要求对方自备零钱，更不准以任何借口拒绝找零钱，为此，应提前根据实际需要，备好零钱的具体品种，并确保数量充足。

（4）检查并清理环境　药店营业环境必须整洁、明亮、舒适，让顾客一来就有一种温馨、清爽、健康的感觉，为此，应做好以下工作：清洁空气，调节温度。营业场所应做到空气清新流动、温度适宜，保持药品陈列在规定的温湿度环境下，为此，营业前须打开换气设备，让隔夜的空气散去，新的空气流进来，同时检查温湿度计，如果超过规定范围可开启空调，把温湿度调到适宜的范围；打扫场地，整理台面。营业场所要保持干净卫生、整齐有序，因此售前清洁，拖洗地面，擦抹柜台、货架、商品及有关设施，清除杂物，确保无积尘、无污物，物品定置有序，展柜美观漂亮，通道畅通无阻，显示清新整齐的面貌；播放音乐，调节灯光。销售前营业员应检查音响设备，选播适宜的轻音乐，检查营业场所的亮度，调节灯光亮度，整理广告画牌，护理花卉盆景，使整体环境显得舒适、明亮、优美，以迎接顾客的光临；摆放座椅，整理书刊。营业前，药店营业员应在营业场所内的适当位置摆放座椅，整理书报架，备好饮水机，为顾客营造一个舒适方便的购物环境，提供细致周到的服务。

2. 营业中的辅助工作

在每天几个销售高峰过后，常常会出现空闲时间，营业员要充分利用空闲时间，做好营业中的辅助工作。

（1）整理和添加药品　归位整理，在顾客多的情况下，由于接待繁忙，使个别药品和药品价格标签放错位置，在空闲时间，要及时地进行归位、整理，以免发生错位而卖错药的现象；补充添加，营业员对柜台、货架上售完的药品，要及时地添加，以保证销售不间断。

（2）整理货款和票证　实行"一手钱一手货"的柜台，营业员还要抓紧空闲时间清点货款和票证，实行"集中收款"和"开票售货"的柜台，要做好销货单和发票的汇总工作，找零钱不足的也要及时兑换。

3. 营业后的收场工作

营业后和营业前有些工作均属于服务与销售的准备工作，哪些在营业前做，哪些在营业后做要依药店营业的具体情况来定。但还应遵循善始善终的原则，尽量把营业后的收场工作做好，以减轻次日营业前的工作压力。

（1）结算报账工作　清点当日销货款并填"缴款单"，一式两联，一并送交出纳人员或银行，经出纳员收讫盖章后，执回一联记账。对集中收款的药店，各柜台营业员要将缴款凭证汇总计算后和收款员对账，如金额一致，同样填"缴款单"，由收款员签字盖章，发现差错要及时查找；营业员要根据"缴款单"解交金额，削减药品账总金额，对日清月结的柜台，要当日清点药品余存数，和销货卡片上的数字核对，然后削减商品账中数字；无专职保管员的药店，营业员要根据当日"进货凭证"，登记商品总金额、总数量，汇集各种销货凭证，根据汇总的数字，填报药品《进销存日报表》，经财会部门复核无误后，编制《药品进销存汇总表》，由于这两种表是零售药店经营业务活动的综合反映和真实记录，因此营业员必须及时、认真、准确地加以填制，对差错要及时追查，并逐日装订成册，为柜组核算提供必要的资料和可靠依据。

（2）封存工作　将账后款、票证以及体积小的贵重药品、特殊药品等密封，并按规定送交专管人员或存入保险柜，不准将其放在柜台、货架、一般钱箱中过夜或带出药店保管；对不能统一封存的贵重药品，要上好柜锁或按规定要求保管过夜。

（3）整理工作　将已放乱的药品及药品价格标签，继续进行归位、整理；在整理中，发现已售完的药品，继续添补，有专职保管人员的药店，要根据当日销售情况，填好次日提（补）货单，以便在次日营业前迅速补齐药品；对各售货工具要整理好，校正好。

（4）其他清理检查工作　翻阅《顾客意见登记簿》和《缺药登记簿》，研究顾客意见，及时改进工作，并将缺货情况通知进货员，以满足顾客的需要；将药品、柜台、货架、用具、店堂打扫擦洗干净；检查仓库、营业场地的安全设施，搞好防火、防盗、防毒、防鼠等工作。

总之，营业结束工作既是一天工作的总结，又是第二天经营业务活动的开始，营业员要高质量地完成各个程序，为下一步的营业工作打下一个良好的基础。

### 三、药品销售的有关规定

从事药品生产或经营的企业必须遵守《中华人民共和国药品管理法》，保证药品质量，保障人体用药安全，维护人民身体健康和用药的合法权益。在药品销售中要做到以下几点。

1. 从2006年1月1日起，药品分类管理工作必须达到相关要求

① 麻醉药品、放射性药品、一类精神药品、终止妊娠药品、蛋白同化制剂、肽类激素（胰岛素除外）、药品类易制毒化学品、疫苗以及我国法律法规规定的其他药品零售企业不得经营的药品，在全国范围内药品零售企业不得经营。

② 注射剂、医疗用毒性药品、二类精神药品、上述规定以外其他按兴奋剂管理的药品、精神障碍治疗药（抗精神病、抗焦虑、抗躁狂、抗抑郁药）、抗病毒药（逆转录酶抑制剂和蛋白酶抑制剂）、肿瘤治疗药、含麻醉药品的复方口服溶液和曲马朵制剂、未列入非处方药目录的抗菌药和激素以及国家食品药品监督管理局公布的其他必须凭处方销售的药品，在全国范围内做到凭处方销售。

2. 销售处方药的规定

销售处方药必须凭执业医师或执业助理医师的处方，经执业药师对处方进行审核、签字后依据处方正确调配、销售药品。

3. 销售非处方药的规定

销售非处方药可以不凭执业医师或执业助理医师的处方，由消费者自主选购，但须提示消费者按非处方药标签和说明书所示内容使用。

4. 销售含麻醉药品复方制剂的规定

① 口服固体制剂每剂量单位含可待因（Codeine）以含可待因碱计不超过15mg，且该制剂中不含其他列入特殊管制药品的复方制剂按处方药管理。

② 口服固体制剂每剂量单位含双氢可待因（Dihydrocodeine）以含双氢可待因碱计不超过10mg，且该制剂中不含其他列入特殊管制药品的复方制剂按处方药管理。

③ 口服固体制剂每剂量单位含羟考酮（Oxycodone）以羟考酮碱计不超过 5mg，且该制剂中不含其他列入特殊管制药品的复方制剂按处方药管理。

④ 口服固体制剂每剂量单位含右丙氧芬（Dextropropoxyphene）以右丙氧芬碱计不超过 50mg，且该制剂中不含其他列入特殊管制药品的复方制剂按处方药管理。

# 第三节　销售记录和相关票据的填写

## 一、销售记录

销售记录是指药店将药品销售情况以一定的形式记载下来，一方面真实反映药店实际经营情况，另一方面也可以作为药店财务核算的主要依据，同时也是 GSP 所规定的内容。

**（一）销售记录的形式**

药店为了使记录工作及时、简便，销售记录常以表格、单据的形式来表现。主要的记录如下。

1. 药品销售记录（表 8-1）

表 8-1　药品销售记录

销售单位：　　　　　　　　　　　　　　　　　　　　　销售日期：

| 药品名称 | | 合同代码 | | 单价 | |
|---|---|---|---|---|---|
| 剂型 | | 发票号码 | | 总金额 | |
| 规格 | | 产地名称 | | 费用 | |
| 批号 | | 销售对象 | | 利润 | |
| 生产单位 | | 数量 | | 结算方式 | |
| 有效期 | | 计价单位 | | 备注 | |
| 经办人 | | 其他 | | 审核 | |

2. 库存商品明细账（表 8-2）

表 8-2　库存商品明细账

编号：＿＿＿＿＿＿

品名：＿＿＿＿＿　规格：＿＿＿＿＿　批准文号：＿＿＿＿＿　生产单位：＿＿＿＿＿　生产批号：＿＿＿＿＿

计量单位：＿＿＿＿＿＿　进价：＿＿＿＿＿＿　售价：＿＿＿＿＿＿　效期：＿＿＿＿＿＿

| 年 | 月 | 日 | 购销单位摘要 | 收入数量 | 发出数量 | 结存数量 | 收(发)货人 | 质量复核员 | 质量情况 | 备注 |
|---|---|---|---|---|---|---|---|---|---|---|
| | | | | | | | | | | |
| | | | | | | | | | | |
| | | | | | | | | | | |
| | | | | | | | | | | |
| | | | | | | | | | | |

3. 近效期药品催销表（表 8-3）

**表 8-3　近效期药品催销表**

制表日期：　　　年　　月　　　日

| 品名规格 | 单位 | 数量 | 陈列柜组贮存仓位 | 批号 | 有效期限 | 生产企业 | 备注 |
|---|---|---|---|---|---|---|---|
| | | | | | | | |
| | | | | | | | |
| | | | | | | | |
| | | | | | | | |
| | | | | | | | |

业务主管：　　　　　　　　　　　　　　　　　　　　　　保管员：

注：一式三联，留存、业务或柜组、质管各备一联。

### （二）销售记录填写要求

① 内容真实，记录及时；不得超前"记录"和回忆记录。

② 字迹清晰，不得用铅笔或圆珠笔填写。

③ 不得撕毁或任意涂改文件，需要更改时不得用涂改液，应划去后在旁边重写，签名并标明日期。

④ 按表格内容填写齐全，不得留有空格，如无内容填写时要用"—"表示，以证明不是填写者疏忽，内容与上项相同时应重复抄写，不得用"……"或"同上"表示。

⑤ 品名、厂牌、购进和销售单位等不得简写。

⑥ 操作者、复核者均应填全姓名，不得只写姓或名。

⑦ 填写日期一律横写，并不得简写。如 2004 年 8 月 4 日，不得写成"04"、"8/4"或"4/8"。

⑧ 销售记录一般保存 3 年。

## 二、销售票据

票据是买卖双方经济活动的重要证据。各种票据的使用都有其相应的规定、使用注意事项及要求。

销售凭证也称购货凭证，是药店内部使用的一种票据。

1. 销货传票

药店内设有专门收款台，营业员须开具销货传票（表 8-4）。销货传票一式三联。第一联柜台留存，做小组结账用；第二联交顾客，做顾客购货凭证；第三联交收款台留存，为会计记账用。

当商品成交后，营业员需立即填写销货传票，具体步骤如下。

① 销货传票要求依次填写商品编号、品名、数量、单位、单价、合计金额。

② 将填好的销售传票（一式三联）交给顾客，顾客持此票到收款台交款。收款台收款后，在三联传票上盖"现金收讫"章，收款台自留第三联后，将其余两联交回给顾客（表8-4）。

③ 售货柜台检查并确认"现金收讫"章印后，收回第一联，同时将商品及第二联交给顾客。第二联只能作购物凭证，不能作为报销发票。

④ 营业终了，营业员凭"交款凭证"第一联汇总当日销售额，并做登记，组长签字。

⑤ 收款员根据"交款凭证"第三联汇总销售额，与当日收款额核对无误后，按柜组填

制"交款凭证"汇总表，并将此表分别交柜组、会计、统计等有关部门。

**表 8-4　销售传票**

_____医药零售连锁有限公司

No：100001

柜组：　　　　　　　销售传票　　　　年　　月　　日

| 商品货号 | 商品名称 | 数　量 | 单　价 | 金　额 |
|---|---|---|---|---|
|  |  |  |  |  |
|  |  |  |  |  |
| 合计(大写) |  |  |  |  |

收银员：　　　　　　　　　　　　　　　　　　营业员：

2. 商品购货凭证

未设收款台的商场，以一手交钱一手交货的方式销售商品，柜台营业员需向顾客开具购货凭证。

① 购货凭证的格式如表 8-5 所示。购货凭证一般为两联，第一联柜台留存，第二联交与顾客作为购货凭证。

② 购货凭证的填写，与商场内部销售传票填写方式相同，它的使用相对较为简单：当商品成交时，营业员按要求依次填写品名、单位、数量、单价、合计金额；请顾客按合计金额交款，同时清算钱数；将填写完毕的购货凭证第二联连同商品递交给顾客，此联不能作为报销凭证。

**表 8-5　购货凭证**

_____医药零售连锁有限公司

No：100001

柜组：　　　　　　　购货凭证　　　　年　　月　　日

| 品　名 | 单　位 | 数　量 | 单　价 | 合　计 |
|---|---|---|---|---|
|  |  |  |  |  |
|  |  |  |  |  |
| 总　计 |  |  |  |  |

# 第四节　顾客投诉和退换货的处理

## 一、顾客投诉的处理

顾客的投诉，反映了他们对药店服务水平的要求在不断提高。当今社会，随着人们生活水平和消费水平的提高，人们在消费中的不满足感也越来越强烈。顾客到药店，不仅希望能买到称心如意的药品，还希望能得到更多的药学服务。如果某一方面不能满足，就会产生不满和抱怨。药店要视这种不满和抱怨为"礼物"，因为它能教会药店怎样去照顾顾客，满足顾客，不断提升药店的服务质量。

当顾客表达他们不满时，药店的反应将决定与这种顾客的关系是存还是亡。研究表明，那些虽然不满意却从不抱怨的顾客中，只有 10% 的人今后仍然从该药店购药；而那些抱怨过的顾客中有 20% 是"回头客"；但是对于那些抱怨得到满意处理的顾客，90% 会继续购买，这令药店有更好的利润，所以有很多人认为投诉其实是一项礼物。国外有一家药店，在同行业绩平平时，它却异军突起，原因来自一个成功的营销活动，即药店的承诺："只要顾客提出任何不满，药店将退还购药费"。许多顾客由此慕名而来，通过顾客的意见和建议，药店提高了服务水平，成为当地最有名的药店，成为新老顾客的首选。

**（一）顾客投诉的类型**

1. 对医药商品的投诉

对医药商品的投诉主要集中在：

① 医药商品的质量有问题；

② 医药商品的价格过高；

③ 医药商品的标示不清；

④ 医药商品缺货。

2. 对药店服务的投诉

对药店服务的投诉主要集中在：

① 药品营业员的服务方式落后、粗暴，冷落了顾客，或答话方式令人难以接受，或根本就无法回答顾客的提问，或者不遵守约定等；

② 收银作业不当，或者是在收款时弄错了钱物；

③ 现有服务作业不当；

④ 服务项目不足，或原有的服务项目取消。

**（二）处理顾客投诉时的注意事项**

① 克制自己的情绪；

② 要有自己代表公司的感觉；

③ 以顾客为出发点；

④ 以第三者的角度保持冷静；

⑤ 注意倾听；

⑥ 反应迅速；

⑦ 诚恳是对待顾客抱怨的最佳方案；

⑧ 就算是顾客的错也要以顾客满意为目标解决问题；

⑨ 必须恢复顾客的信任感；

⑩ 绝对不要与顾客为敌。

**（三）处理顾客投诉的技巧**

1. 接受顾客投诉时与顾客交谈的技巧

（1）与顾客谈话时的距离在 1m 以内　进行谈话时，相互的位置关系有着微妙的心理影响。1m 以内可以看清对方的动作，是保持势力范围和个人自由的距离。

（2）看着顾客的眼睛，以表示自己的诚恳　在与顾客交谈时切忌左顾右盼，表现得心不在焉，或者不礼貌地上下打量顾客，盯视顾客身体的其他部位，这些都会加重顾客的抵触情绪，极其容易导致顾客愤怒，使问题解决的难度加大。

（3）应当有意识地了解顾客的兴趣和关心的问题　这样交谈容易切入顾客感兴趣的话题，使顾客产生认同感。

（4）等顾客的情绪稳定下来后再详细询问事情的经过　切忌在顾客愤怒时询问，否则造成顾客情绪更加不稳定。

（5）有时插进轻松俏皮话以缓和紧张情绪。

（6）准备好劝说顾客的理由　通常三个理由劝说效果最佳。

2. 根据不同原因处理顾客投诉的技巧

（1）因药品质量问题造成的抱怨，处理时应向顾客诚恳地道歉；替顾客退货或换货，并奉送一份礼物；如果因药品质量造成顾客的物质损失、人身伤害和精神损失，店方应该适当给予赔偿和安慰；仔细调查发生药品质量问题的原因，并杜绝该类事故的再度发生。

（2）因顾客使用药品不当造成的抱怨，处理时因未向顾客交代清楚而造成顾客损失的，店方首先应该诚恳地向顾客道歉；如果药品因店方的责任受损，应予退换；如果顾客不接受退换，店方应给予一定的赔偿和安慰；药品营业员应多方掌握相关的药品知识，以便在以后的销售过程中向顾客做详细的交代；如果确由顾客使用药品不当而造成损失的，切忌"得理不让人"。

（3）因营业员服务态度不佳产生的抱怨，处理时应向顾客保证今后一定加强对营业员的教育，杜绝类似情形再度发生；陪同当事人向顾客赔礼道歉，以期获得谅解；加强对营业员优质服务的教育，并建立相应的监督机制。

**（四）处理顾客投诉的一般过程**

1. 保持心情平静

就事论事，对事不对人，心平气和地保持沉默，用微笑和善的态度请顾客说明事项的原委。

2. 有效倾听

诚恳地倾听顾客的诉说，并表示你完全相信顾客所说的一切，要让顾客发泄完不满的情绪，使心情得到平静，不要试图辩解。

3. 运用同情心

要不带任何偏见，站在顾客的立场来回应顾客的问题。

4. 表示歉意

不论顾客提出什么样的意见、其责任在谁，都要诚心的向顾客表示歉意，并感谢顾客提出的问题，这是顾客衡量企业对自己是否尊重的重要因素。

5. 记录顾客投诉内容

无论是通过电话、书信还是直接上门投诉都要填写"顾客投诉记录表"（表 8-6），按 5W1H（who、when、where、what、why、how）原则记载清楚，并向顾客复述一遍，请顾客确认。

6. 分析顾客投诉的原因

仔细分析该投诉事件的严重性，有意识地了解顾客的期望，抓住顾客的投诉重点，确定责任归属。

7. 提出解决方案

对所有投诉都应有处理意见，都必须向对方提出解决问题的方案，并尽量让顾客了解，店方对解决这个问题所付出的诚心和努力。找出折中的方式来满足顾客的要求。

8. 执行解决方案

对双方都同意的解决方案应立即执行，让顾客满意。不能当场解决的，应告诉顾客原委，特别要详细说明处理的过程和手续，双方约定其他时间再做出处理，并将经办人姓名、电话告知顾客，以便事后追踪处理。

9. 检讨

检讨处理得失，将处理过程仔细记录在案，分析检查产生投诉的原因，从而加以修正，并及时以各种固定的方式向员工通报投诉产生的原因、处理结果、处理后顾客的满意情况以及今后的改进方法。

总之，处理顾客投诉的总体要求是妥善处理好每一位顾客的不满意与投诉，尊重顾客，并尽可能的满足顾客。

**表 8-6　顾客投诉记录表**

| 顾客姓名 | | 电　话 | |
|---|---|---|---|
| 地址 | | | |
| 投诉事由 | | | |
| 处理意见 | | | |
| 顾客满意度 | | | |
| 接待人 | | 接 待 日 期 | |

## 二、退换货的处理

药品的退换常常伴随着顾客投诉或抱怨而产生，也是售后服务的重要内容。正确处理售后商品的退换，有助于商业服务质量的提高，有利于取得顾客对药店的信任。

1. 处理药品退换的原则

因为药品是特殊的商品，一旦拆封后药品就有可能会被污染，不能再出售，因此退换时要求遵循一定的原则：包装没有拆封时，只要确认是本店出售的就可以退换；如果包装已被拆封，且确实是药品质量的问题，则可考虑退换；非质量因素则一般不予退换。

2. 处理退换货的注意事项

① 端正认识，深刻体会处理好顾客商品退换业务是体现药店诚意的最好的途径。要意识到，顾客的信赖是千金不换的财富。

② 要以爱心去对待顾客，面对顾客的退换，不能怕麻烦，不能推诿，要急顾客之所急，迅速帮顾客处理好医药商品退换。

③ 在退换过程中，要向顾客诚心的道歉，并保证再不发生类似事件。

④ 要对其他顾客负责。如果在一段时期内，同一药品有数起退换事件发生，那就证明药品质量明显有问题，营业员必须停止销售，并通知顾客退换。

3. 处理退换货的一般过程

（1）倾听　以诚恳和蔼的态度认真听取顾客要求退换的原因。

（2）检查　仔细检查要求退换的医药商品的包装、批号、外观质量、购货小票，确认是本公司所售。

（3）记录　将情况记录在销货退回商品台账（表 8-7）或售后服务记录（表 8-8）上。

（4）道歉　对顾客购买商品带来的烦恼表示诚恳的道歉。

（5）征询　征询顾客意见，看是否同意以货换货，或退货。

（6）处理　双方协商意见一致后，办理退货手续，开出红票，顾客签名。

**表 8-7　销货退回商品台账**

| 序号 | 日期 | 退货单位 | 品名规格 | 单位 | 数量 | 批号 | 生产企业 | 退货原因 | 质量验收 | 验收员 | 处理结果 | 经办人 | 备注 |
|---|---|---|---|---|---|---|---|---|---|---|---|---|---|
| | | | | | | | | | | | | | |
| | | | | | | | | | | | | | |
| | | | | | | | | | | | | | |

**表 8-8　售后服务记录**

| 序号 | 日期 | 服务内容 | 服务原因 | 顾客姓名 | 联系住址电话 | 处理结果 | 经办人 | 备注 |
|---|---|---|---|---|---|---|---|---|
| | | | | | | | | |
| | | | | | | | | |
| | | | | | | | | |
| | | | | | | | | |

（7）后处理　将退回商品进行质量验收，质量合格可以继续销售的，做必要账务处理后入库或陈列柜台；质量不合格者则进入不合格区，登记不合格商品处理记录，做进一步处理。

（8）通报　将商品退换原因、处理结果向有关部门及员工通报，以期引起重视，并在服务工作中加以改善。

# 第五节　实践练习

## 【能力目标】

- 真正理解医药商业服务要求和销售技巧，并自觉运用于实际工作中。
- 正确完成销售记录和相关票据的填写。
- 正确完成处理顾客投诉和退换货问题，做好各种记录。

## 【实践指导】

（1）再次参观药店，结合所学知识和技巧观察服务人员的服务，写一篇关于医药商品购销员如何做好销售工作的感想体会。

（2）按药店营业员接待顾客的一般步骤和要求进行实践演练。

（3）正确完成各种销售记录和相关票据的填写。

（4）正确处理顾客投诉和退换货问题，并正确填写售后服务记录、退换货记录及顾客投诉记录和处理意见。

# 模块四 医药商品陈列与保管

# 第九章 药品陈列与保管

## 【学习目标】

通过本章的学习学生应达到以下要求。

- 掌握药品的陈列码放原则、保管养护的基本要求。
- 熟悉不合格药品、退货药品的处理，特殊管理药品的保管。
- 了解影响药物质量的因素。

> 某医院近 5 年来，共发生小儿急性药物中毒 17 例。各种药物中毒病例中，对药品保管不当造成的小儿误服者达 13 例，占 76％。可见保管不当或贮存条件不好，往往会使药品变质失效，甚至产生有毒物质，药品一旦变质，轻则药效下降或无效，重则会危害患者的健康和生命。
>
> 另有些药品的包装形状、颜色都非常相似，容易混淆，曾有营业员将外包装非常相似的氧氟沙星滴眼液当成氧氟沙星滴耳液卖给了顾客。
>
> 可见合理的陈列药品，正确的保管药品在保证安全用药中是多么的重要。

## 第一节 药品的陈列码放

药品购进后，经验收合格后根据不同的贮存要求存放于库房中不同的区域，或陈列于药店中不同的区域。药品零售企业和零售连锁门店在店堂陈列药品时应严格按 GSP 执行。

1. 设施设备

企业营业场所中营业用货架、柜台齐备；在销售柜组上有醒目的标志，包括商品分类的标志（例如处方药、非处方药），警示用语（例如，凭医师处方销售）。配置符合药品特性要求的常温、阴凉和冷藏存放的设备（一般为空调和冰箱）。

2. 分类陈列

由于各个企业经营范围的不同，营业场所中陈列的商品有所差别，但根据 GSP 的要求陈列的原则相似。

① 零售店堂内陈列的药品，质量和包装应符合规定。

② 药品陈列条件应符合药品的贮存要求，陈列药品应避免阳光直射，需避光贮存的药品不应陈列或陈列空包装。对有阴凉贮存要求的药品，应摆放在相对阴凉处，需冷藏的药品应存放在符合规定的冷藏设施中。

③ 药品与非药品分开（药品与保健品、医疗器械等非药品分开陈列），处方药（Rx）

与非处方药（OTC）分开，内服药与外用药分开，易串味药品（含碘、三碘甲烷、樟脑、薄荷脑、冰片、麝香等有特殊气味的药品）与一般药品分开。

有些药品本身有浓烈气味，但在密封或包装完好时并不会有气味溢出，这样的药品可以不当作"易串味药品"。

④ 拆零药品要集中存放于拆零专柜，并保留原包装和标签。药品拆零销售使用的工具、包装袋应清洁和卫生，出售时应在药袋上写明药品名称、规格、服法、用量、有效期等内容。

⑤ 药品应按品种、规格、用途或剂型分类摆放整齐，标签放置正确，字迹清晰。

⑥ 危险品不能陈列，如需陈列，只能陈列空包装。

⑦ 药品包装相近的或不同批号的要分开。品名或外包装容易混淆的品种，应分开存放、用不同的药品隔开等。

⑧ 中药饮片装斗前应做质量复核，不得错斗、串斗，防止混药。饮片斗前应写正名正字。

⑨ 特殊管理药品要单独专柜存放。麻醉药品、一类精神药品可存放在同一专用库（柜）内；毒性药品应专库（柜）存放；放射性药品应贮存于特殊的专用库（柜）内。

除了以上要求外，还应做到：陈列药品的货柜、橱窗应保持清洁卫生，防止人为污染药品；陈列的药品，按月进行质量检查，做好记录。发现质量问题及时下架，并尽快报告质量管理员，及时处理。

根据以上要求，营业场所可以划分为如图 9-1 所示的不同区域。

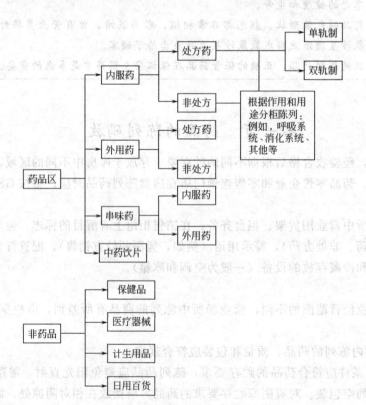

**图 9-1 营业场所的区划**
企业在按照 GSP 要求的基础上，可以根据经营范围作适当调整

# 第二节　影响药品质量的因素

## 一、影响药品质量的外部因素

一开始人们就知道了药品保管不当或贮存条件不好，往往会使药品变质失效，甚至产生有毒物质，药品一旦变质，轻则药效下降或无效，重则会危害患者的健康和生命。那么引起药品变质的原因是什么呢？下面谈谈影响药品贮存质量的"黑客"。

1. "黑客"之一——温度

温度过高或过低都能使药品变质。特别是温度过高与药品的挥发程度、形态及引起氧化、水解等反应以及微生物的寄生有很大关系。例如，只要稍稍高一点的温度就能使疫苗血清、酶制剂、生物制剂等药品中的蛋白质变性而降低它们的药效；温度高时，挥发性药物如丁香、桂皮、薄荷、细辛等的有效成分会大量挥发，降低它们的药效；温度和湿度一起，可以促使细菌、霉菌大量地滋生和虫卵孵化，以致中草药霉变虫蛀，还能让糖浆类制剂长霉产气，油脂类及软膏类长期受热易酸败变质，有些糖衣片、胶丸发生变形粘连。温度过低又易引起冻结或析出沉淀，容器破裂。如注射剂在−5℃时易冻裂；乳剂（如鱼肝油乳）会冷冻分层，甲醛溶液会产生多聚甲醛沉淀等。因此，药品在贮存时要根据其不同性质选择适宜的温度。

2. "黑客"之二——湿度

水蒸汽在空气中的含量叫湿度，说白了湿度就是空气中水分的含量，它随地区及温度高低而变化。湿度对药品的质量影响很大。湿度太大，药品受潮后，中药材会霉烂，片剂会松散破裂、变色粘连，药物会黏结成块，有的还会分解失效。如阿司匹林在干燥情况下较稳定，当它受潮后会渐渐分解，不仅有刺鼻的臭味，而且对胃有较大的刺激性。湿度太小，也容易使某些药品风化。

3. "黑客"之三——空气

空气是各种气体的混合物，其中对药品质量影响比较大的为氧气和二氧化碳。

氧能使许多具有还原性的药物发生氧化反应。像维生素 A、维生素 C、维生素 D 和肾上腺素等遇空气中的氧均能被缓慢氧化，药品一旦被氧化，其疗效就会降低，甚至会产生毒素。被氧化的药品均能从其变色、变味上观察出来。空气中的二氧化碳被药品吸收，会发生碳酸化而使药品变质。

4. "黑客"之四——光线

光线根据其波长分为可见光、紫外线、红外线。紫外线、红外线是人眼所看不到的，但正是这些看不见的光线对药品有着巨大的影响，如红外线对药物起干燥作用，紫外线对药品变化常起着催化作用，能加速药品的氧化、分解等，引起药物的化学变化，导致药物变色或出现沉淀，特别是那些对光敏感的药物，如硝普钠、尼莫地平（尼莫通）等。维生素 $D_2$ 经紫外线照射后会生成有毒的物质。

5. "黑客"之五——时间

有些药品因其性质或效价不稳定，尽管贮存条件适宜，但时间过久也会逐渐变质、失效。因此药典对某些药品特别是抗生素制剂，根据它们的性质不稳定的程度，均规定了不同的有效期。要求使用单位在规定的有效期限内使用。

6. "黑客"之六——微生物与昆虫

微生物和昆虫很容易进入包装不严的药品内，它们的生长、繁殖是造成药物腐败、发酵、蛀蚀等变质现象的一个主要原因。尤其是一些含有营养物质的制剂及一些中草药制剂更容易发生霉变和虫蛀。

除上述一些外在因素外，左右药品贮存质量的还有药物本身的一些内在因素。

## 二、影响药品质量的内部因素

### 1. 内在因素之一——药物的化学结构

药物的稳定性取决于药物的理化性质，药物的性质则是由药物的化学结构所决定。

（1）易水解的药品　当药品的化学结构中含有酯、酰胺、酰脲、酰肼、醚、苷键时，易发生水解反应而导致失效甚至产生不良反应。如青霉素的分子中含有 $\beta$-内酰胺环，在酸性、中性或碱性溶液中易发生分解，失去抗菌作用，并可能引起变态反应。所以青霉素只能做成粉末，严封于容器中贮存。

（2）易被氧化的药品　当药品的化学结构中含有羟基、巯基、芳伯胺、不饱和键、醇、醚、醛、吡唑酮、吩噻嗪等具有还原性基团时，易被空气中的氧或其他氧化剂氧化而变质。如吗啡、氯丙嗪等药物，在日光、空气、湿气的作用下易被氧化而变色、变质失效，故应遮光，密封保存。

此外具有氧化性的某些药物，如硝基化合物、过氧化物等可被空气中的还原性物质还原而变质。

### 2. 内在因素之二——药物的理化性质

（1）挥发性　系指液态药物能变成气态扩散到空气中的性质。具有挥发性的药物如果包装不严或贮存的温度过高，可造成挥发减量，如乙醇、薄荷等。药物的挥发性还可引起串味，如麝香、三碘甲烷等。

（2）吸湿性　系指药物自外界空气中不同程度地吸附水蒸汽的性质。药物吸湿后可导致结块粘连、潮解、液化、变性、分解、发霉。例如，枸橼酸铁铵吸湿后粘连、$CaCl_2$ 吸湿后潮解、胃蛋白酶吸湿后发霉等。

（3）吸附性　系指有些药物能够吸收空气中的有害气体或特殊臭气的性质。吸附不仅降低药物本身的药效且引起"串味"。例如，淀粉、药用炭、白陶土等药物因表面积大而具有显著的吸附作用，从而使本身具有所吸附气体的气味。

（4）冻结性　系指以水或乙醇作溶剂的一些液体药物遇冷可凝结成固体的性质。冷冻的结果主要可引起药品的体积膨胀而导致容器破裂，还可致乳浊液型药剂（如鱼肝油乳）中的乳化剂失去作用而析出结晶、乳浊液破裂分层，还可使混悬液型药物发生沉降。

（5）风化性　系指某些含结晶水的药品在干燥空气中易失去全部或部分结晶水，变成白色不透明的晶体或粉末的现象。风化后的药物其药效虽未改变，但因失水导致剂量的不准确，尤其是一些特殊管理的药品，如硫酸可待因、咖啡因等可因风化导致剂量超标，造成医疗事故。易风化的药品如硫酸阿托品、硫酸可待因、硫酸镁、硫酸钠及明矾等。

（6）色、臭、味　药物的色、臭、味是药物重要的外观性状，也是药物的物理性质，是保管人员实施感官检查的重要依据。因为当药品的色、臭、味发生改变时，经常意味着药物的性质发生了改变。如维生素 C 由白色变为黄色，是因为其被氧化了；阿司匹林出现针状结晶或浓厚的醋酸味，是由于因吸湿而发生了水解反应，产生水杨酸和乙酸；某些药品的异臭、异味可能是由微生物所引起发酵、腐败等。

此外药品的纯度、融化性、溶解性等均是影响药品质量的内在因素。

这些因素对药品质量的影响，多数情况下不是单独行动的结果。如糖衣片在温度、湿度、空气等共同作用下发生变色、潮解、粘连、味道异常等现象。维生素 C 在光线、空气、温度等共同"攻击"下会变成深黄色，这表明它已被氧化，从有生理作用的维生素 C 变成了无生理作用的古洛糖酸了。生物化学制剂如肾上腺素、脑垂体后叶素、胰岛素等药品在光线、温度和湿度作用下会变质，失效；青霉素粉针剂会出现结块、粘瓶、溶液呈黄色，以致不能使用。

## 第三节　药品的贮存保管、验收和养护

### 一、药品的保管

**(一) 术语**

药品都应按其包装标签中［贮存］项下规定的条件分类储存。《中国药典》2005 年版贮存项下的规定，系对药品贮存与保管的基本要求。

(1) 遮光　系指用不透光的容器包装，例如，棕色容器或黑纸包裹的无色透明、半透明容器。

(2) 密闭　系指将容器密闭，以防止尘土及异物进入。

(3) 密封　系指将容器密封以防止风化、吸潮、挥发或异物进入。

(4) 严封或熔封　系指将容器熔封或适当的材料严封，以防止空气与水分的侵入并防止污染。

(5) 阴凉处　指不超过 20℃。

(6) 凉暗处　系指避光并不超过 20℃。

(7) 冷处　2～10℃。

**(二) 不同性质药品的保管方法**

一般把药品置于通风、干燥、避光的地方，减少温度、湿度、光线对药品的影响。经常检查药品的有效期，并在有效期内使用。

1. 易受光线影响而变质的药品的保管方法

① 采用棕色玻璃瓶或用黑色纸包裹的玻璃器包装，以防止紫外线的透入，并尽量采用小包装。

② 需要避光保存的药品，应放在阴凉干燥或光线不易直射到的地方。门、窗可悬挂遮光用的黑布帘、黑纸，以防阳光照入。

③ 不常用的怕光药品，可贮存于严密的药箱内，存放怕光的常用药品的药橱或药架应以不透光的布帘遮蔽。

2. 易受湿度影响而变质的药品的保管方法

① 对易吸湿的药品，应根据药物的不同性质采取密封、严封甚至熔封的方法贮存。对少数易受潮的药品，可采用石灰干燥器贮存。

② 对易挥发的药品，应密封，置于阴凉干燥处。

③ 控制湿度，陈列药品的店堂与贮存药品的库房相对湿度应控制在 45％～75％为宜，否则采取相应的升湿或降湿措施。例如，辅助用吸湿剂石灰、木炭等；设置排风扇或通风

器，尤其在雷雨季节更要采取有效的防霉措施。除上述防潮设备外，药库应根据天气条件，分别采取下列措施：即在晴朗干燥的天气，可打开门窗，加强自然通风；当下雾、下雨或室外湿度高于室内时，应紧闭门窗，以防室外潮气侵入。

3．易受温度影响而变质的药品的保管方法

药品批发和零售企业应根据所经营药品的贮存要求，设置不同温度条件的仓库。其中冷库为 2～10℃，阴凉库为不超过 20℃，常温库为 0～30℃。一般药品贮存于室温（常温库）即可，如指明"阴凉处"、"凉暗处"或"冷处"贮存的药品，贮存于相应的阴凉库和冷库中。

对易冻和怕冻的药品，必须保温贮存。保温措施可采用保温箱，有条件的地方，可建立保暖库。另外也可利用地窖、坑道、天然山洞等贮存药品，其特点为冬暖夏凉。

对挥发性大的药品如浓氨溶液、乙醚等，在温度高时容器内压力大，不应剧烈震动。开启前应充分降温，以免药液冲出（尤其是氨溶液）造成伤害事故。

4．中药的保管方法

中药材及其制剂大都含有淀粉、脂肪、糖、蛋白质、氨基酸、有机酸、纤维素、鞣质等成分，另外还有维生素类、无机元素。中药材一般营养成分俱全，若温度和水分适宜则极易滋生昆虫或细菌，发生虫蛀或霉变，加速药材的变质。因此，中药材及其制剂贮存于较低温度并防潮的地方最为适宜。另外，还要按品种的性质和剂型来决定保管方法。其中以防止霉变及防治虫蛀两项更为重要。

① 中草药材防霉，主要应严格控制药材的水分和贮存场所的温度、湿度，避免日光和空气的影响，使霉菌不易生长繁殖。易发霉的中草药，应选择阴凉干燥通风的库房，垛堆应离地用木条垫高，垛底垫入芦席或油毛毡等隔潮。地面上铺放生石灰、炉灰或木炭、干锯末等防潮剂，使药材经常保持干燥，以防止霉变。

② 为防虫蛀，药材进库前，应把库内彻底清理，以杜绝虫源，必要时在药材进库前，可用适量的滴滴涕乳剂对四壁、地板、垫木以及一切缝隙进行喷洒。

③ 贮存过程中，为防止霉菌、害虫的生长繁殖，可将中草药材干燥后，打成压缩包以减少与空气的接触面积。贮存期间，尤其是热天或雨季，由于大气湿度较大，天气暖和，最适合霉菌、害虫的繁殖，更要选择晴朗的天气及时翻晒。并将仓库进行通风。但在湿度大的天气，应闭门窗，以防潮气侵入。

④ 如发现虫害时，可采用高温杀虫法，如采用曝晒、烘烤、热蒸等措施杀灭害虫，也可用化学药剂如硫黄、$Cl_3CNO$ 等熏蒸法消灭虫害，以及采用红外线照射，防止发霉生虫。但三氯硝基甲烷能腐蚀金属，并影响种子发芽率；硫黄燃烧后产生的二氧化硫气体有漂白作用，易使某些药品变色、变酸味，且对种子发芽也有不良影响，使用时应加以注意。

⑤ 已被虫蛀的药材，可按虫害轻重分开处理，凡生虫严重而有结块现象的不宜再供药用，严重霉烂变质的中草药材也不能再供药用。

5．易燃、易爆危险品的保管方法

易燃（如乙醇）、易爆（如苦味酸、硝化纤维、硝酸铵、高锰酸钾）、危险品（如氰化物、汞制剂）系指易受光、热、空气等外来因素影响而引起自燃、助燃、爆炸或具有强腐蚀性、刺激性、剧烈毒性的药品，如果处置、保管不当，都能引起爆炸、燃烧等严重事故，给人民生命财产带来极大损失。

此类药品应贮存于危险品库内，一般不得与其他药品同库贮存，并远离电源，同时应有专人负责保管。危险品应分类堆放，灭火方法不同的物品应该隔离贮存。危险品库应严禁烟火，并应有消防安全设备（如灭火器、沙箱等）。危险品的包装和封口必须坚实、牢固、密封，并应经常检查是否完整无损、有无渗漏，一经发现问题必须立即进行安全处理。

6. 近效期药品的保管方法

近效期药品特别是稳定性较差的药品，如青霉素、链霉素等抗生素，胎盘球蛋白等生物制品，胰岛素、催产素等生物化学药品以及其他某些药品，由于性质不稳定，易受外界因素的影响，当贮存一定时间后，会逐渐变质失效或降低效价，甚至毒性增高。因此除了严格按照规定的贮存条件贮存外，为确保所销售或使用的药品质量，避免造成浪费，在保管过程中，应经常注意期限，随时检查，掌握"先进先出、近期先出"的原则。同时健全近效期药品的催销或使用管理制度，凡过期药品，不可再销售和使用。

7. 特殊药品的保管方法

《中华人民共和国药品管理法》规定，在我国实行特殊管理的药品有麻醉药品、精神药品、医疗用毒性药品和放射性药品。

（1）麻醉药品和精神药品的保管方法

①麻醉药品药用原植物种植企业、定点生产企业、全国性批发企业和区域性批发企业以及国家设立的麻醉药品贮存单位，应当设置贮存麻醉药品和第一类精神药品的专库。该专库应当符合下列要求：

a. 安装专用防盗门，实行双人双锁管理；

b. 具有相应的防火设施；

c. 具有监控设施和报警装置，报警装置应当与公安机关报警系统联网。

全国性批发企业经国务院药品监督管理部门批准设立的药品贮存点应当符合前款的规定。

麻醉药品定点生产企业应当将麻醉药品原料药和制剂分别存放。

② 麻醉药品和第一类精神药品的使用单位应当设立专库或者专柜贮存麻醉药品和第一类精神药品。专库应当设有防盗设施并安装报警装置；专柜应当使用保险柜。专库和专柜应当实行双人双锁管理。

③ 麻醉药品药用原植物种植企业、定点生产企业、全国性批发企业和区域性批发企业、国家设立的麻醉药品贮存单位以及麻醉药品和第一类精神药品的使用单位，应当配备专人负责管理工作，并建立贮存麻醉药品和第一类精神药品的专用账册。药品入库双人验收，出库双人复核，做到账物相符。专用账册的保存期限应当自药品有效期期满之日起不少于 5 年。

④ 第二类精神药品经营企业应当在药品库房中设立独立的专库或者专柜贮存第二类精神药品，并建立专用账册，实行专人管理。专用账册的保存期限应当自药品有效期期满之日起不少于 5 年。

（2）医疗用毒性药品的保管方法

① 毒性药品必须贮存于专用仓库或专柜加锁并由专人保管。库内需有安全措施，如警报器、监控器，并严格实行双人、双锁管理制度。

② 毒性药品的验收、收货、发货均应坚持双人开箱，双人收货、发货制度，并共同在单据上签名盖章。严防错收、错发，严禁与其他药品混杂。

③ 建立毒性药品收支账目，定期盘点，做到账物相符，发现问题应立即报告当地药品监督管理部门。

④ 对不可供药用的毒性药品，经单位领导审核，报当地药品监督管理部门批准后方可销毁，并建立销毁档案，包括销毁日期、时间、地点、品名、数量、方法等。销毁批准人、销毁人员、监督人员均应签字盖章。

（3）放射性药品的贮存保管方法

① 放射性药品应严格实行专库（柜）、双人双锁保管，专账记录。仓库需有必要的安全措施。

② 放射性药品的贮存应具有与放射剂量相适应的防护装置；放射性药品置放的铅容器应避免拖拉或撞击。

③ 严格出库手续，出库验发时要有专人对品种、数量进行复查。

④ 由于过期失效而不可供药用的药品，应清点登记，列表上报，监督销毁，并由监销人员签字备查，不得随便处理。

**（三）主要剂型的保管方法**

（1）注射剂　避光、防热（抗生素类注射剂一般放置在阴凉库中，生物制品、酶类注射剂一般放置在冷库中）、防冻（除冻干品外，一般不能在 0℃ 下保存）、防潮（注射用粉针剂）。

（2）片剂、胶囊剂　防潮、避光、防热。

（3）水溶液剂　重点控制温度和微生物。

（4）软膏剂　密闭、避光，置干燥凉处，温度控制在 25℃ 以下。

（5）栓剂　一般温度控制在 20℃ 以下，密闭、避光保存。

（6）丸剂（蜜丸、水丸、糊丸、浓缩丸、微丸）　防潮、防霉变、防虫蛀，密闭。

（7）散剂　防潮、密闭、干燥处。

## 二、药品的验收和养护

为了保证药品质量，医药企业对药品的贮存和养护制定了严格的程序和制度。包括药品的入库验收、贮存、养护和出库。其各环节如下。

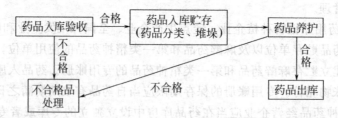

**（一）药品的入库验收**

1. 人员要求

验收人员必须由经过专业培训、熟悉药品知识，了解各项验收标准内容的人担当，在一定时期内，保持相对稳定。

2. 场所和时间要求

药品入库验收工作应在待验库（区）进行。药品到货，验收员应于 24h 内进入现场验收。特殊管理药品、贵细药品、冷藏药品则随到随验。一般情况下，药品到货后应于 3～5 天内验完。

3. 验收方法和程序

（1）数量和包装质量的验收　根据送货单或配送单对照实物，首先核对大件数量，同时检查外包装是否完整，牢固，有无受潮、污损、破碎等异常情况及特殊管理药品有无醒目标记等，如发现数量不符或包装质量异常，即与业务经营部门联系，做适当处理后继续验收或退回。

（2）包装内容、标签、说明书的验收　根据送货单或配送单，对照实物，核对数量后，对包装、标签、说明书以及有关要求的证明或文件进行逐一检查。药品包装的标签和所附说明书上，有生产企业的名称、地址，品名、规格、批准文号、产品批号、生产日期、有效期等；标签或说明书上还应有药品的成分、适应证或功能主治、用法、用量、禁忌、不良反应、注意事项以及贮存条件等。

对不同药品的验收应执行相应的规定。①每件包装中，应有产品合格证。②进口药品，其包装的标签应以中文注明药品的名称、主要成分、进口药品注册证号或医药产品注册证号，并有中文说明书。进口药品应有符合规定的《进口药品注册证》或《医药品注册证》和《进口药品检验报告书》复印件；进口预防性生物制品、血液制品应有《生物制品进口批件》复印件；进口药材应有《进口药材批件》复印件。以上批准文件应加盖供货单位质量检验机构或质量管理机构原印章。③中药材和中药饮片应有包装，并附有质量合格的标志。每件包装上，中药材标明品名、产地、供货单位；中药饮片标明品名、生产企业、生产日期等。实施文号管理的中药材和中药饮片，在包装上还应标明批准文号。④对特殊管理的药品，应实行双人验收制度。特殊管理药品、外用药品包装的标签或说明书上有规定的标识和警示说明。处方药和非处方药按分类管理要求，标签、说明书上有相应的警示语或忠告语；非处方药的包装有国家规定的专有标识。⑤首营品种应进行内在质量检验。某些项目如无检验能力，应向生产企业索要该批号药品的质量检验报告书和质量标准，送县以上药品检验所检验。药品检验应有完整的原始记录，并做到数据准确、内容真实、字迹清楚、格式及用语规范。记录保存5年。

（3）药品外观质量验收　验收员应根据不同批号开箱抽样检验。

① 抽样原则及规定

a. 抽样原则　样品应具有代表性和均匀性。

b. 抽样规定如下。（a）抽样件数　整件药品，50件以下验收2件，50件以上，每增加50件，增加验收1件；不足50件按50件计；零散商品，小于10盒（瓶、袋）的按实数验收；10～100盒（瓶、袋）的按5％验收。（b）在每件中从上、中、下不同部位抽3个以上小包装进行检查。（c）一般抽样数量　片剂、胶囊剂等抽样100片（粒）；注射液1～20ml抽样200支，50ml或50ml以上抽样20支（瓶）；散剂3袋（瓶）、颗粒剂5袋（块）；酊剂、水剂、糖浆剂等分别为10瓶；气雾剂、膏剂、栓剂分别为20瓶（支、粒）。（d）如发现外观检查有异常现象需复验时，应加倍抽样复检。对特殊管理药品、贵重药品，应逐件验收。

② 几种主要剂型的外观质量验收要求

a. 片剂　主要检查色泽、斑点、异物、麻面、吸潮、粘连、溶化、发霉、结晶析出、边缘不整、松片、装量等；含生药、脏器及蛋白质类药物的制剂还应检查有无虫蛀、有无异臭等；包衣片，还应检查瘪片、龟裂、爆裂、脱壳、掉皮、膨胀、片芯变色、变软等。

b. 胶囊剂　主要检查色泽、漏药、破裂、变形、粘连、异臭、霉变、生虫等。

c. 滴丸剂　主要检查色泽、漏药、吸潮、粘连、异臭、霉变、畸形丸等。

d. 散剂　主要检查色泽、异臭、潮解、风化、漏药、霉变、虫蛀等。

e. 颗粒剂　主要检查色泽、气味、吸潮、软化、结块、是否均匀等。

f. 口服溶液剂、混悬剂、乳剂、糖浆剂　主要检查色泽、浑浊、沉淀、结晶析出、异味、异臭、霉变、酸败、杂质异物、渗漏等。

g. 酊剂 主要检查色泽、澄清度、异物、渗漏等。

h. 注射剂、滴眼剂 水针剂、混悬针剂、滴眼剂主要检查色泽、结晶析出、浑浊沉淀、霉变、澄明度、装量等；油针剂还要检查有无异臭、酸败；粉针剂主要检查色泽、粘瓶、吸潮、结块、溶化、异物、溶解后澄明度等。

i. 软膏剂 主要检查色泽、细腻度、黏稠性、异物、酸败、霉变等。

j. 栓剂 主要检查色泽、外形、融化、酸败、霉变等。

③ 验收完毕即应做好记录 验收记录记载供货单位、数量、到货日期、品名、剂型、规格、批准文号、批号、生产厂商、有效期、质量状况、验收结论和验收人员等项内容。记录要求内容完整，不缺项，字迹清晰，结论明确，每笔验收记录均应由验收员签字盖章，验收记录保存至超过有效期1年，至少保存3年。

(4) 药品的内在质量检验

药品批发企业的质量管理部门除了进行药品外观质量验收外，还应对药品内在质量进行监控，依据国家法定标准进行检验。

a. 片剂、胶囊剂 包括性状、鉴别、重量差异/装量差异检查、崩解时限检查、溶出度检查、卫生学限度检查、含量测定等项目。

b. 注射剂 包括性状、鉴别、装量差异检查、澄明度检查、不溶性微粒检查、无菌检查、热原/细菌内毒素、含量测定等项目。

c. 软膏、栓剂 包括性状、鉴别、装量差异检查、卫生学限度检查、含量测定等项目。

记录表式：药品入库验收记录（表9-1）、进口药品入库验收记录（表9-2）、首次购进药品验收表（表9-3）、特殊管理药品入库验收记录（表9-4）。

**表 9-1 药品入库验收记录**

验收日期：　　年　　月　　日　　　　　　　　　　　　　　　　　编号：

| 到货日期 | 供货单位 | 生产厂家 | 品名 | 规格 | 数量 | 批准文号 | 注册商标 | 批号 | 有效期 | 合格证 | 质量情况 | 验收员 |
|---|---|---|---|---|---|---|---|---|---|---|---|---|
|  |  |  |  |  |  |  |  |  |  |  |  |  |
|  |  |  |  |  |  |  |  |  |  |  |  |  |
|  |  |  |  |  |  |  |  |  |  |  |  |  |
|  |  |  |  |  |  |  |  |  |  |  |  |  |
|  |  |  |  |  |  |  |  |  |  |  |  |  |

**表 9-2 进口药品入库验收记录**

验收日期：　　年　　月　　日　　　　　　　　　　　　　　　　　编号：

| 到货日期 | 供货单位 | 生产厂家 | 品名 | 规格 | 数量 | 注册证号 | 注册商标 | 批号 | 有效期 | 合格证 | 质量情况 | 验收员 |
|---|---|---|---|---|---|---|---|---|---|---|---|---|
|  |  |  |  |  |  |  |  |  |  |  |  |  |
|  |  |  |  |  |  |  |  |  |  |  |  |  |
|  |  |  |  |  |  |  |  |  |  |  |  |  |
|  |  |  |  |  |  |  |  |  |  |  |  |  |
|  |  |  |  |  |  |  |  |  |  |  |  |  |
|  |  |  |  |  |  |  |  |  |  |  |  |  |

**表9-3 首次购进药品验收表**

年 月 日

| 品　名 | | 规格 | | 数量 | |
|---|---|---|---|---|---|
| 批准文号 | | | 包装规格 | | |
| 生产批号 | | | 有效期 | | |
| 出厂日期 | | | 注册商标 | | |
| 厂　名 | | | 购货数量 | | |
| 项　目 | 装　量 | | | | |
| | 外观质量 | | | | |
| | 包装质量 | | | | |
| 验收结论 | | | | | |
| 备　注 | | | | | |

**表9-4 特殊管理药品入库验收记录**

验收日期： 年 月 日　　　　　　　　　　　　　　编号：

| 到货日期 | 供货单位 | 生产厂家 | 品名 | 规格 | 数量 | 批准文号 | 注册商标 | 批号 | 有效期 | 合格证 | 质量情况 | 验收员 | 复核员 |
|---|---|---|---|---|---|---|---|---|---|---|---|---|---|
| | | | | | | | | | | | | | |
| | | | | | | | | | | | | | |
| | | | | | | | | | | | | | |
| | | | | | | | | | | | | | |
| | | | | | | | | | | | | | |
| | | | | | | | | | | | | | |
| | | | | | | | | | | | | | |
| | | | | | | | | | | | | | |

（5）如对药品内在质量有疑问，须报质量管理部门抽样检验。

（6）对货单不符、质量异常、包装松散、药液渗漏、标签与标贴模糊或凭证不齐、手续不全的药品应拒绝入库，并及时向质量管理部门和业务部门联系，做适当处理。一般情况下6个月内到有效期药品也不得入库。不合格药品应存放在不合格库（区），并挂红牌。并填写药品拒收报告单（表9-5）。

**表9-5 药品拒收报告单**

年 月 日

| 品　名 | | 规　格 | | 数　量 | |
|---|---|---|---|---|---|
| 供货单位 | | 生产企业 | | | |
| 批　号 | | 批准文号 | | | |
| 进货凭证 | | 金　额 | | | |
| 拒收原因(质量不合格应附药品检验报告书) | | | | | |
| 处理情况： | | | | | |
| 验收、保管员意见(签字)： | | | | | |
| 质量负责人意见(签字)： | | | | | |
| 备注： | | | | | |

药品零售连锁门店对企业配送中心送来的药品进行验收时，可简化验收程序，但验收人员应按送货凭证对照实物，进行品名、规格、批号、生产厂商以及数量的核对，并在凭证上签字。送货凭证保存至超过药品有效期1年，但不得少于3年。如发现有质量问题的药品，应及时退回配送中心，并向总部质量管理机构报告；对毒麻中药材实行双人验收制。

**（二）药品入库贮存**

**1. 验收步骤**

保管员凭质量验收员"药品质量验收单"核对品名、规格、数量、批准文号、生产批号、生产日期、有效期、注册商标、生产厂家等。如发现实物与单据不符，应拒收，并通知验收员；如符合则收货入库。

**2. 分类贮存**

按药物管理要求、特性等分类：例如，内服药与外用药分库贮存、处方药与非处方药分库贮存、特殊管理药专库（区）贮存、危险品专柜存放；按剂型、作用和用途、温湿度贮存条件分类等。危险品应严格执行公安部颁发的"化学危险品储存管理暂行办法"、"爆炸物品管理规则"和"仓库防火安全管理规则"等规定，按其危险性质，分类存放于有专门设施的专用仓库。

另外，医药商业仓储保管工作中，习惯上将不同种类的各种制剂大体归纳为针（注射液、粉针剂）、片（片剂、丸剂、胶囊剂）、水（酊、水剂、油膏剂）、粉（原料药、粉散剂）四大类，其优点是易从外观上区别，在包装、贮存、保管、运输等方面均具有共同特点。虽然有些制剂外观上不完全符合某一类型，例如，将栓剂归类于水剂类显然不恰当，但依照医药商业保管习惯仍然将栓剂列入水剂类。

**3. 色标管理**

其统一标准是：待验药品库（区）、退货药品库（区）为黄色；合格药品库（区）、零货称取库（区）、待发药品库（区）为绿色；不合格药品库（区）为红色。特殊管理药品、外用药品除了挂色标牌外，还应有相应的标示。

**4. 贮存条件**

药品贮存库房温、湿度条件为：常温库 0～30℃；阴凉库不超过 20℃；冷库 2～10℃；相对湿度为 45%～75%。

**5. 特殊管理药品的贮存**

特殊管理药品必须专柜贮存、专人管理、专账受付；实行双人、双锁、双人进、双人出的管理。入库验收应逐件验收到小包装，清点数量，检查包装密封情况，包装应有封签，验收人应做详细登记，签字负责。

特殊管理药品的包装及包装容器，应印有规定的警告标记。

一类精神药品、麻醉药品、医疗用毒性药品专人负责专库（区）贮存，双人双锁保管，专账管理。二类精神药品应在库房中设置相对固定的位置保存，并采取相应的防盗措施。

特殊管理药必须凭处方销售，并做好记录；做到每日结清，每月进行盘点，如发现溢损，应及时处理，做到账货卡相符。

**6. 堆垛要求**

仓库中应具有适合药品贮存的专用货架和地架，并与地面之间距离不少于 10cm。药品按批号倒序堆垛；按批号及效期远近依次分开堆垛；按药品外包装标示图式正确堆垛，不得倒置。药品堆垛时应留有一定的距离，与墙、屋顶（房梁）的间距不小于 30cm，与库房散热器或供暖管道的间距不小于 30cm，垛间不小于 100cm，库房内主要通道宽度不小于 180cm。货垛堆码须牢固、整齐。对于包装不坚固或过重的药品，不宜堆码过高。堆垛应合乎防火规定，要与防火门、电器装置等保持一定距离，以利于对药品进行检查、搬运和消防。

　　7. 日常管理

　　保管员每天做好药品货位卡，每一笔药品进出库后即做动态核对。每月盘点，详细核对药品品名、规格、批号、数量，注意效期药品的期限，做到账、卡、货相符，发现问题，立即查明原因，采取措施，确保药品贮存安全，质量稳定，数量正确。

### (三) 药品的养护

　　药品在库养护应贯彻"预防为主"的原则。

　　1. 养护设备的配置、使用和养护

　　① 养护设备主要包括：空调、温湿度检测仪、除湿机、排风扇和冷冻机组。

　　② 养护员根据库房内温、湿度变化，启用养护设备调控。

　　③ 定期对温度仪、湿度仪进行校验，定期对所有调控设备进行维护、保养。

　　④ 养护仪器设备的使用、保养应做好详细记录。

　　2. 药品养护措施

　　① 做好库房温度、湿度的监测和管理。每日应上午、下午各一次定时对库房温、湿度进行记录。如库房温度、湿度超出规定范围，应及时采取调控措施，并予以记录，填写温湿度记录表（表 9-6），店堂内同样做好温度、湿度的监测和管理。

**表 9-6　温度、湿度记录**

| 年 | | 上　　午 | | | | | | 下　　午 | | | | | | 记录人 |
| 月 | 日 | 库外 | | 库房 | | 超标处理 | 处理后 | | 库外 | | 库房 | | 超标处理 | 处理后 | |
| | | 温度 | 湿度 | 温度 | 湿度 | | 温度 | 湿度 | 温度 | 湿度 | 温度 | 湿度 | | 温度 | 湿度 | |
| | | | | | | | | | | | | | | | | |
| | | | | | | | | | | | | | | | | |
| | | | | | | | | | | | | | | | | |
| | | | | | | | | | | | | | | | | |
| | | | | | | | | | | | | | | | | |

　　② 坚持每季按"三三制"进行药品质量检查（即每月检查 1/3），并做好养护记录（表 9-7），发现问题，及时与质量管理部门联系处理。对店堂陈列的药品每月进行全面检查，建立月检查记录。

**表 9-7　药品养护记录**

　　年　　月　　日

| 品名 | 规格 | 单位 | 数量 | 批准文号 | 生产批号 | 有效期 | 生产企业 | 贮存地点 | 质量情况 | 处理意见 | 备注 | 养护员 |
| --- | --- | --- | --- | --- | --- | --- | --- | --- | --- | --- | --- | --- |
| | | | | | | | | | | | | |
| | | | | | | | | | | | | |
| | | | | | | | | | | | | |
| | | | | | | | | | | | | |
| | | | | | | | | | | | | |
| | | | | | | | | | | | | |

③ 近效期的药品，易霉变、易潮解的药品视情况缩短检查周期，对质量有疑问（由于异常原因可能出现问题的药品、易变质药品、已发现质量问题药品的相邻批号药品）及贮存时间较长（2 年以上）的药品应及时抽样送检。

④ 库存养护中如发现质量问题，应悬挂明显标志和暂停发货，并尽快通知质量管理机构予以处理。

⑤ 有效期药品做到"先进先出，近期先出"，以免过期失效。对近效期药品（GSP 规定是有效期在一年内，实际操作过程中是 6 个月以内），应按月填报《有效期、使用期药品催销表》（表 9-8，与第八章药品销售催销表比较）。

**表 9-8　有效期、使用期药品催销表**

年　　月　　日

| 品名 | 规格 | 单位 | 数量 | 批准文号 | 生产批号 | 有效期 | 生产企业 | 贮存地点 | 备注 |
|---|---|---|---|---|---|---|---|---|---|
|  |  |  |  |  |  |  |  |  |  |
|  |  |  |  |  |  |  |  |  |  |
|  |  |  |  |  |  |  |  |  |  |
|  |  |  |  |  |  |  |  |  |  |
|  |  |  |  |  |  |  |  |  |  |
|  |  |  |  |  |  |  |  |  |  |

仓库负责人　　　　　　　　　　　　　　　　　　　　　　　　　　　　　　　保管员

# 三、不合格药品、退货药品的处理

## （一）假劣药品的识别

### 1. 假药概念

《中华人民共和国药品管理法》规定，禁止生产、销售假药。

有下列情形之一的为假药：

① 药品所含成分与国家药品标准规定的成分不符的；

② 以非药品冒充药品或者以他种药品冒充此种药品的。

有下列情形之一的药品，按假药论处：

① 国务院药品监督管理部门规定禁止使用的；

② 依照《中华人民共和国药品管理法》必须批准而未经批准生产、进口，或者依照《中华人民共和国药品管理法》必须检验而未经检验即销售的；

③ 变质的；

④ 被污染的；

⑤ 使用依照《中华人民共和国药品管理法》必须取得批准文号而未取得批准文号的原料药生产的；

⑥ 所标明的适应证或者功能主治超出规定范围的。

### 2. 劣药概念

《中华人民共和国药品管理法》规定，禁止生产、销售劣药。

药品成分的含量不符合国家药品标准的，为劣药。

有下列情形之一的药品，按劣药论处：

① 未标明有效期或者更改有效期的；

② 不注明或者更改生产批号的；

③ 超过有效期的；

④ 直接接触药品的包装材料和容器未经批准的；

⑤ 擅自添加着色剂、防腐剂、香料、矫味剂及辅料的；

⑥ 其他不符合药品标准规定的。

3. 假劣药品的识别方法

（1）看

① 看小包装　正品包装盒印刷精美、文字清晰，文字、字母及生产批号的数字大小一致，间距均匀并按规定注明生产厂家、批准文号、注册商标。假药则印刷粗糙，文字、字母大小不一，生产批号数字大小不一，字间距不均匀，或者是"三无"（即无生产厂家、无批准文号、无注册商标）药品。观察包装时还应注意检查药品的有效期，超过有效期的药品即为劣药。

② 看药品外观性状　观察药片的大小是否均匀，口服液是否澄清，糖衣片的糖衣层是否均匀，胶囊装量是否一致。假药则同一药瓶或同一批号的药片大小不一，口服液浑浊，或有絮状物，或有不应有的沉淀物，糖衣层的厚薄不一，颜色差异明显，胶囊装量多少不一。观察药品质量变化，判断药品是否变质，观察胶囊剂是否有受潮粘连、松片、裂片或有严重斑点、发霉等现象；滴眼剂是否结晶或有絮状物产生；糖浆剂是否发酵、发霉；软膏剂是否酸败、产生异臭等。若药品外观发生质量变化，则可能为假药或劣药。

③ 看药品颜色　观察糖衣片及胶囊内容物的颜色。如不符合药品标准规定的则可能是假药或劣药。如维生素C一般为素片，当颜色变成深黄色时，表明已被氧化变成无生理作用及有害的古洛糖酸，不宜再服用，即判为假药或劣药。

（2）溶　即溶化，观察粉针剂用注射用水溶解时的现象以及片剂置于温水中溶解时的现象。如青霉素粉针剂易溶化，氨苄青霉素次之，链霉素最难溶。

（3）嗅　即闻味。不少注射剂都有味，如林可霉素注射剂有臭蒜味，如果用苯甲醇注射液冒充则没此味。

（4）烧　即用火烧。如新诺明易燃，且燃烧时有油迹，像烧牛毛毡一样，而用滑石粉压制的，则烧之不燃。

**（二）不合格药品管理**

不合格药品应存放在不合格品库（区），并有明显标志。不合格药品的确认、报告、报损、销毁应有完善的手续和记录。

1. 不合格药品的来源

① 在药品入库验收和退货药品验收过程中，验收员发现的。

② 药品在库贮存养护检查或药品防霉保质等专项检查中发现的。

③ 复核员对出库药品质量复核中发现的。

④ 药检部门抽查、检验判定为不合格品，或国家食品药品监督管理局公告、发文、通知查处的不合格品。

2. 确认为不合格品的监控和处理

凡怀疑药品有内在质量问题的，均应填写"药品请验单"（表9-9）报质量管理部门抽样复验。

**表 9-9　药品请验单**

编号：　　　　　　　　　　　　　　　　　　　　　　　　　　　　年　　月　　日

| 品　　名 | | 规　　格 | | 数　　量 | |
|---|---|---|---|---|---|
| 批准文号 | | 批　　号 | | 有 限 期 | |
| 供货单位 | | 生产企业 | | | |
| 请验原因： | | | | | |
| 备注 | | | | | |
| 请验人 | | | | | |

凡在药品入库验收、养护检查、出库复验、销售退回检查时发现的不合格品，均应填写"不合格药品确认表"（表 9-10）立即报质量管理部门和业务部处理，同时将不合格品移入不合格品库（区）存放，挂红牌，填写"不合格药品台账"（表 9-11）。

**表 9-10　不合格药品确认表**

编号：　　　　　　　　　　　　　　　　　　　　　　　　　　　　年　　月　　日

| 品　　名 | | 规　　格 | | 数　　量 | |
|---|---|---|---|---|---|
| 供货单位 | | 生产企业 | | | |
| 批　号 | | 批准文号 | | | |
| 不合格原因（质量问题应附药品检验报告书）： | | | | | |
| 确认意见： | | | | | |
| 经手人意见（签字）： | | | | | |
| 负责人意见（签字）： | | | | | |
| 审批人意见（签字）： | | | | | |
| 备注： | | | | | |

**表 9-11　不合格药品台账**

编号：

| 序号 | 日期 | 进货单位 | 品名 | 规格 | 单位 | 数量 | 生产企业 | 批准文号 | 批号 | 有效期 | 不合格原因 | 不合格项目 | 调换 | 报损 | 经办人签名 | 质量员签名 | 备注 |
|---|---|---|---|---|---|---|---|---|---|---|---|---|---|---|---|---|---|
| | | | | | | | | | | | | | | | | | |
| | | | | | | | | | | | | | | | | | |
| | | | | | | | | | | | | | | | | | |
| | | | | | | | | | | | | | | | | | |
| | | | | | | | | | | | | | | | | | |
| | | | | | | | | | | | | | | | | | |
| | | | | | | | | | | | | | | | | | |

凡在质量抽查时发现的和国家食品药品监督管理局通知查处的不合格品，除对在库不合格货物按规定处理外，质量管理部门应立即和业务部门联系，通知传真发函、电话联系等方

式迅速追回流落在市场的不合格药品，并按有关规定和程序处理。

对质量不合格的药品，应查明原因，分清责任；应由供货厂商负责的，根据合同中有关质量条款的规定，办理退货手续；如因购货方管理不当造成的，亦依据合同条款，双方协商，妥善处理；如属于本企业保管不当，养护失职，则采取纠正预防措施，并对责任人在季度考核时，予以经济处罚。

不合格药品由责任部门办理报损手续，做好不合格药品台账，并填写"不合格药品报损审批表"（表 9-12），经主管负责人批准后予以销毁。

### 表 9-12　不合格药品报损审批表

报告单位：　　　报告时间：　　　　年　月　日　　　　　　　编号：

| 品名 | 规格 | 单位 | 单价 | 数量 | 金额 | 批准文号 | 批号 | 有效期 | 生产企业 |
|---|---|---|---|---|---|---|---|---|---|
|  |  |  |  |  |  |  |  |  |  |
| 财产损失类型 |  |  |  |  |  |  |  |  |  |
| 不合格原因（附检验报告）： |  |  |  |  |  |  |  |  |  |
| 仓库主任签字： |  |  |  |  | 保管员签字： |  |  |  |  |
| 业务部门意见： |  |  |  |  |  |  |  |  |  |
| 质量管理部门意见： |  |  |  |  |  |  |  |  |  |
| 财会部门意见： |  |  |  |  |  |  |  |  |  |
| 经理签署意见： |  |  |  |  |  |  |  |  |  |

不合格药品报损后需做出销毁处理时，应在质量管理部和其他有关部门的监督下进行，定时、定点，指定销毁人和监销人，并填写"不合格药品销毁记录表"（表 9-13）。

### 表 9-13　不合格药品销毁记录表

填报单位：　　　　　　　　　　　　　　　　　　　编号：

| 品名 | 药品编号 | 规格 | 数量 | 生产厂家 | 供货单位 | 批准文号 | 批号 | 执行日期 |
|---|---|---|---|---|---|---|---|---|
|  |  |  |  |  |  |  |  |  |
|  |  |  |  |  |  |  |  |  |
|  |  |  |  |  |  |  |  |  |
|  |  |  |  |  |  |  |  |  |
| 原因 |  |  |  |  |  |  |  |  |
| 处理意见 |  |  |  |  |  |  |  |  |
| 经手人 |  | 处理人 |  | 审批人 |  |  |  |  |
| 销毁情况 | 1. 销毁地点：<br>2. 销毁方式 |  |  |  |  |  |  |  |
| 经手人 |  | 销毁人 |  | 监督人 |  |  |  |  |

年　月　日

#### 3. 记录要求

本程序的各项记录应按规定及时、完整、逐项填写清楚，不得用铅笔填写，不得撕毁或任意涂改，不准使用修改液，写错需要更改时，应划线后在旁边重写，并在画线处盖本人图章，保留原始面目。

签名，盖章必须用全名，记录、签名、盖章均用蓝色或黑色。

不合格药品处理记录及相关资料保存不少于3年。

### （三）退货药品

1. 退货药品的范围

① 本企业退回供货方的药品。

② 销后退回的药品。

2. 处理程序

对进货药品验收时，发现质量不合格的药品，按合同规定退回供货方，并做好药品退货台账。

对销后退回的药品，凭销售部门开具的退货凭证收货，存放于退货药品库（区），由专人保管并做好退货记录。经验收合格的药品，由保管人员记录后方可存入合格药品库（区）；不合格药品由保管人员记录后放入不合格药品库（区）。退货记录应保存3年。

## 四、质量反馈

### （一）质量查询、质量投诉

1. 范围

质量查询：①本企业因药品质量问题，向供货方用信函等书面形式反映质量问题和要求进行处理的一项业务活动；②顾客对企业销售的药品质量存有疑虑，来信来访要解释或处理的一种行为。

质量投诉：用户因对药品质量、工作质量、服务质量不满的一种诉讼行为。

2. 处理要求

① 企业对用户反映的药品质量问题必须认真处理，查明原因，及时答复。一般情况下，不超过一周时间。

② 对消费者的质量查询和投诉意见要有调查、研究、落实的措施，并给予消费者满意的答复。

③ 企业每年主动组织1～2次用户访问活动，即采取上门访问，书面调研，邀请用户座谈会等形式广泛征询用户对药品质量、服务质量和工作质量的评价意见。

④ 建立群众来信来访档案和客户意见登记簿，及时汇总、分析，认真处理用户反映药品质量、工作质量和服务质量问题，做到件件答复，桩桩有交代。

⑤ 建立投诉电话，次次有记录，有处理结果。

### （二）药品不良反应报告制度

为加强上市药品的安全监督管理，规范药品不良反应报告和监测的管理，保障公众用药安全，国家实行药品不良反应报告制度。

药品生产企业、药品经营企业、医疗卫生机构应按规定报告所发现的药品不良反应。药品不良反应实行逐级、定期报告制度，必要时可以越级报告。

药品生产企业、药品经营企业和医疗卫生机构必须指定专（兼）职人员负责本单位生产、经营、使用药品的不良反应报告和监测工作，发现可能与用药有关的不良反应应详细记录、调查、分析、评价、处理，并填写《药品不良反应/事件报告表》，每季度集中向所在地的省、自治区、直辖市药品不良反应监测中心报告，其中新的或严重的药品不良反应应于发现之日起 15 日内报告，死亡病例须及时报告。

群体发现药品不良反应，应立即向所在地的省、自治区、直辖市（食品）药品监督管理局、卫生厅（局）以及药品不良反应监测中心报告。省、自治区、直辖市（食品）药品监督管理局应立即会同同级卫生厅（局）组织调查核实，并向国家食品药品监督管理局、卫生部和国家药品不良反应监测中心报告。

个人发现药品引起的新的或严重的不良反应，可直接向所在地的省、自治区、直辖市药品不良反应监测中心或（食品）药品监督管理局报告。

1. 新药

新药监测期内的药品应报告该药品发生的所有不良反应；新药监测期已满的药品，报告该药品引起的新的和严重的不良反应。

对新药监测期内的药品，每年汇总报告一次；对新药监测期已满的药品，在首次药品批准证明文件有效期届满当年汇总报告一次，以后每 5 年汇总报告一次。

2. 进口药品

进口药品自首次获准进口之日起 5 年内，报告该进口药品发生的所有不良反应；满 5 年的，报告该进口药品发生的新的和严重的不良反应。

对进口药品发生的不良反应还应进行年度汇总报告，进口药品自首次获准进口之日起 5 年内，每年汇总报告一次；满 5 年的，每 5 年汇总报告一次。

进口药品在其他国家和地区发生新的或严重的不良反应，代理经营该进口药品的单位应于不良反应发现之日起一个月内报告国家药品不良反应监测中心。

## 【习　题】

1. GSP 对药品陈列的要求有那些？
2. 药品质量验收的程序？
3. 简述验收药品时抽样原则及比例？
4. 药品仓库的色标管理是如何规定的？
5. 简述不合格药品的处理程序。
6. 哪些药品属于特殊管理的药品。

# 第四节　实践练习

## 【能力目标】

通过本章的学习使学生完成以下任务。

1. 进行药品的正确陈列与码放。
2. 正确进行药品的入库验收、入库贮存。
3. 做好药品的日常养护。
4. 不合格药品的处理。
5. 退货药品的处理。

## 【实践指导】

在模拟药店进行。

## 一、目的要求

1. 熟悉验收的方法及步骤。

2. 能正确的对常见药品进行分类陈列。

3. 能正确说出药品的日常养护工作。

4. 能正确处理不合格药品和退货药品，正确填写有关表格。

## 二、材料及要求

一般药品零售企业所售商品若干。

1. 药品

（1）内服药

① 处方药　单轨制，如阿莫西林胶囊、头孢拉定胶囊、酮康唑、利巴韦林胶囊、利福平、复方磷酸可待因口服液、复方甘草口服液、注射用庆大霉素、葡萄糖注射液等。

双轨制，如吡罗昔康、卡马西平、盐酸维拉帕米、硫酸沙丁胺醇气雾剂、果导片、螺内酯、醋酸地塞米松片、他巴唑、格列苯脲片、氯雷他定片等。

② 非处方药　日夜百服宁、抗病毒口服液、六味地黄丸、盐酸小檗碱片、多潘立酮片、达喜、马来酸氯苯那敏片、枸橼酸喷托维林、盐酸溴己新片、葡萄糖酸锌口服液、黄连上清片等。

（2）外用药

① 处方药　氧氟沙星滴眼液、莫匹罗星、正红花油、辣椒颠茄贴膏等。

② 非处方药　红霉素眼膏、硝酸咪康唑栓、阿昔洛韦软膏剂、高锰酸钾散剂、醋酸曲安奈德软膏剂等。

（3）易串味药　风油精、马应龙麝香痔疮膏、十滴水、藿香正气水等。

（4）特殊药品　安定、甲丙氨酯等。

（5）首营药品

（6）进口药品

2. 非药品

血压计、棉签、口罩、力康霜等。

**注意**：药品中可设置一些不合格药品（例如，包装渗漏、注射液中有异物等）。

## 三、实验内容

1. 对照实物进行药品的验收工作，填写验收记录。

2. 按药品分类分别贮存于不同的库房

① 正确说出按温度要求设置的库房要求；

② 正确说出哪些药品应该专柜、专库（区）存放；

③ 药品堆垛的要求；

④ 填写货位卡。

3. 正确说出药品的日常养护要求。并填写养护记录，温湿度记录，有效期药品催销表。

4. 不合格药品的处理。

# 模块五 经济核算

# 第十章 经济核算

## 【学习目标】

- 了解简单的商业计算和财务知识。
- 熟悉收银机的使用和各种常见情形的处理。
- 熟悉简单的商业计算、商业盘点及结算。
- 掌握各种商业报表的正确填写。

## 第一节 正确使用收银机

> 众所周知，在药店除了营业人员、店长或经理，还有一个岗位是必不可缺的，这就是被称为"小金库"的收银人员。企业欢迎一专多能型人才，常希望一个人能够同时胜任几个岗位，不仅会销售，最好在需要时还能会收银。收银的相关内容本身比较简单，关键是多练习！

目前市场上的医药管理进销存系统由于不同商家开发，有多种不同软件。下面以其中一种为例给大家介绍一下前台零售的基本操作。

## 一、收银机简介

### (一) 主要部件

见图 10-1。其中 1 为 POS 主机；2 为 POS 键盘及鼠标；3 为客显；4 为 9 寸主显；5 为扫描枪；6 为票据打印机；7 为钱箱。

### (二) 各部件的作用与功能

(1) POS 主机　是系统的主体所在，进销存软件系统装在其中；

(2) POS 键盘以及鼠标　是操作的主要部件，尤其主要靠键盘右下方的数字键以及上下左右四个箭头键以及"Enter"、"确定"键来进行。

(3) 客显　主要是显示给顾客看的相关内容，包括从开始出现的"Hello"到出现每个药

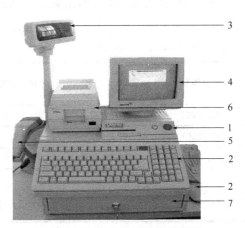

图 10-1　收银机的结构示意图

品的价格、总价和最后的找零金额；

（4）主显　相比于客显，它主要是工作人员操作时所依靠的主体，显示销售的一系列相关内容；

（5）扫描枪　主要是通过扫描药品的条形码来对应相应的货物，出现它的一系列属性，包括价格、品名、规格等；

（6）打印机　主要是在确定收款正确后打印收款小票，显示收款员、销售员、代码、品名、数量、规格、单价以及总价和所享受的优惠等内容；

（7）钱箱　当确定收款输入正确后，按"Enter"键确定后，开始打印售货小票的同时自动弹开钱箱，从方便找零。另外，直接点击屏幕所显示的"打开钱箱"也可使之弹开，此外，没有其他途径可打开钱箱。

**（三）收款的基本要求**

（1）要文明待客，主动问好，使用文明语言，注意避免使用药学行业的服务忌语，如"欢迎下次光临"等。

（2）收款时应做到"三唱一复"，即唱价、唱收、唱付，复核输入数据与票据是否有误差。

（3）收款结束一定要盖章，并把小票及找零同时给顾客。

## 二、收银机的日常使用

要求能够熟练掌握下列各种收款常见情况的处理与实际操作。

1. 正常收款

这是最常规的收款情形，若走入收银岗位，也将是人们所面对最多的情况，所以大家一定要熟练掌握。

主要操作程序如下。

（1）收款前准备　插上电源，打开相关需要的开关。检查打印机是否缺纸，客显、主显、扫描枪等各部件功能是否正常，各项功能正常则可以开始进行收款。

这是任意一次收款开始之前的必须步骤，是正常收款的需要。

（2）确定上述各项功能均正常后即可进行收银。打开主显桌面的"前台收款"系统，进入，输入"登录姓名"、"密码"后，进入界面。

（3）顾客凭购物小票前来交款，小票样本见表10-1。

表 10-1　销售小票（样本）

2005 年　　6 月　　26 日　　　　　　　　　　　　　　　　　　　　　No：0143939

| 货品编号 | 品　名 | 单位 | 数量 | 单价 | 金额 | | | | | | | |
|---|---|---|---|---|---|---|---|---|---|---|---|---|
| | | | | | 十 | 万 | 千 | 百 | 十 | 元 | 角 | 分 |
| 02001701 | 利康液 | 瓶 | 3 | 3.50 | | | | | 1 | 0 | 5 | 0 |
| 01002501 | 碘酒 | 瓶 | 3 | 1.50 | | | | | | 4 | 5 | 0 |
| 01001202 | 冻伤膏（仲景） | 盒 | 5 | 7.50 | | | | | 3 | 7 | 5 | 0 |
| 合计 | 人民币（大写）　　伍拾贰元伍角整 | | | | | | | | | | | |

收款员　王小二　　　　　　　　　　　　　　　　　　　　　　　　　　　售货员　01

在"销售员码"一栏输入小票中的开票人员代码01，随后输入货品编号02001701，自动出现系统默认的产品"利康液"及其规格、单价。光标将在数量处闪烁，可进行修改，系统默认数量为1。将光标闪烁处改为3，第一个药物的输入即已经完成。

如此继续进行，依次完成3个药物的输入，即可见图10-2。

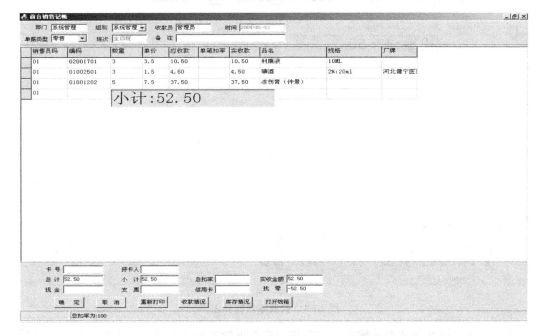

图 10-2 药物输入完成所显示的界面

此时，把光标放入小计的位置，开始依次进行"唱价"，例如，"您买的是利康液3瓶，碘酒3瓶，冻伤膏（仲景）5盒，总共是52.50元"。

顾客付款，收银人员应"唱收"，例如，"收您一百元"，接着在现金位置输入金额，此时出现图10-3。

此时，收银员"唱付"，例如，"找您47.50元"。在唱药价的过程中应同时核对在电脑输入的药品编号、名称及数量是否与小票相符合，此即"一复"。

随后，用鼠标单击"确定"，或直接单击键盘上的"Enter"键，自动弹开钱箱，同时票据打印机开始打印。

在此过程中收银人员则应该按照要求在小票上盖章，相应的把"收款"联留下，"顾客"联以及"柜台"联以及打印小票递交顾客。有时小票是两联的，则打印票据作为顾客购物凭据由顾客保存。

以上即完成了一个正常收款的完整操作。

2. 关于药品折扣

在某些特殊情况下，药品可能出现打折情况，主要包括两种可能情况，一是在所购药品中只有一个药品打折，其他没有变化，人们称此为单笔折扣；二是顾客有该店的会员卡，所有药品均享受某一扣率。这两种情况的操作与正常收款相差不大，下面主要将区别之处简单指出。

（1）单笔折扣 销售前准备以及药品的货号输入等同正常收款，差别主要是对于打折商品除正常输入编码、数量之外，在单笔扣率处输入所享受的折扣数，通常系统默认为百分数表示，所以，若产品打 9.5 折，只需在此商品的单笔扣率处输入 95 即可。

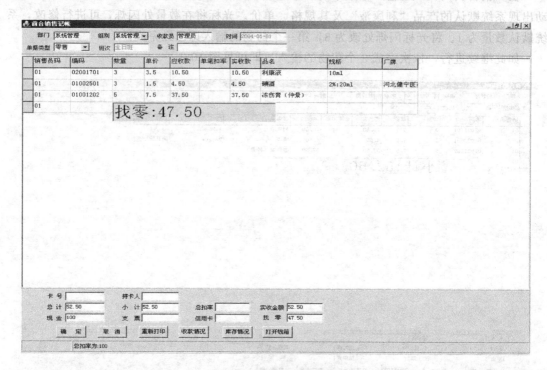

图 10-3　找回零钱的界面

另外，为让顾客更清楚地购物，在唱价时应告诉顾客哪个药打了多少折，打完折以后是多少钱。其他操作同正常收款。

（2）会员卡打折　销售前准备以及药品的货号输入等同正常收款，主要是在把药物的编码、数量输入完全以后，应在会员卡卡号处输入相应卡号，此时，单击"持卡人"出现系统默认的持卡人，所有商品的单笔扣率处均出现系统默认的扣率，如 90、85 等，扣率大小由系统设置所决定。

在唱价时应根据要求核对持卡人的姓名，告知其享受的优惠以及优惠后的价格，其他操作同正常收款。

3. 退货的处理

此情况较少见，主要是因为药品是特殊的商品，一般没有特殊的原因售出以后是不退货的。若万一遇到退货的情况，其基本处理程序与前面的操作相差不大。在得知经理或相关领导批准退货后，由售货员开具退货小票，收银员进行退货处理。在退货小票的处理时收银员应千万注意，退货相当于库存增加，数量处输入数据前应加负号。

4. 鼠标坏的紧急情况处理

若遇到突发的鼠标失灵的情况，应能够进行及时处理——依靠键盘完成正常收款，主要变化在于以前可以用鼠标来移动光标，现在只能靠键盘，光标的移动主要依靠"Tab"键进行即可。

以上逐一介绍了实际收款工作中可能遇到的情况，应该能够正确处理。另外，在此忠告：收银时应千万注意认真验钞，避免假币；在收款前要准备足够的零钱，以便找零。

## 三、收银机的操作流程

### （一）基本操作流程

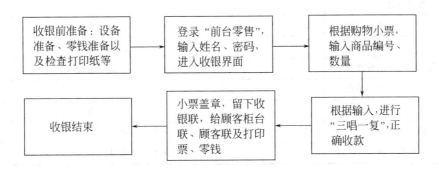

### （二）注意事项

① 收银开始前一定要检查零钱是否充分；打印机的打印纸一定要够用，防止打印中途缺纸，不能出具完整的小票。

② 收银过程中一定要使用礼貌语言，尤其注意服务忌语，药店不同于饭店、商场，千万不能说"欢迎下次光临"之类不合宜的话。

③ 唱价、唱收、唱付时一定要声音洪亮，口齿清晰，尤其是"共收您多少元?"应该让顾客能够听清楚，以避免收款过程中一些不必要的纠纷。

④ 对打折商品应该跟顾客交代清楚，以免顾客心中有疑虑："到底给我打折没?"而对有会员卡的门店，根据门店的规定灵活调整是否需要核对持卡人，还应该清楚地告诉顾客会员卡所享受的优惠扣率。

⑤ 收钱尤其是面额较大时，一定要注意核对是否有假币以避免不必要的个人赔偿；找钱最好点两遍，少找了顾客不乐意，多找了又给个人带来不必要的损失。

⑥ 小票联均应盖戳，其中顾客联和柜台联应给顾客，顾客把柜台联给柜台销售人员才能取得药品。收银联自己保留，便于一天工作下来的对账。

# 第二节　商业报表的填写

药店作为赢利性企业，资金的管理同样占据相当重要的地位。那么，作为每天进行一线销售的柜组，他们都要通过哪些内容来反映当日的销售情况呢？主要依靠下列商业报表来完成。

## 一、进销存日报表的填写

1. 商品进销存日报表的作用

当日营业结束后，柜组必须对照销货结算簿及盘点情况填报"进销存日报表"（表10-2），它是柜组向上级财务部门报账的日表单，是零售柜台组经营业务活动的真实记录。因此，必须及时、认真、准确填报并逐日按月装订成册。

2. 与填制进销存日报表相对应的表单

（1）商品验收单（表10-3）

### 表 10-2　商品进销存日报表

柜组：　　　　　　　　　　　　　　年　月　日　　　　　　　　　　　　　单位：元

| 项　目 | | 金　额 | 项　目 | | 金　额 |
|---|---|---|---|---|---|
| 昨日结存 | | | 本日销售 | | |
| 增加部分 | 本日购进 | | 减少部分 | 本日调出 | |
| | 本日调入 | | | 调价减值 | |
| | 调价增值 | | | 盘点短缺 | |
| | 盘点溢余 | | | | |
| | | | | 本日结存 | |
| 合　计 | | | 合　计 | | |
| 本月销售定额 | | | 本月销售累计 | | |

组长：　　　　　　　　复核：　　　　　　　　制表：

### 表 10-3　商品验收单

供货单位：　　　　　　　　　　　　年　月　日　　　　　　　　　　　收货部门：

| 货号 | 等级 | 品名及规格 | 购　进　价 | | | | 零　售　价 | | | | 进销差价 |
|---|---|---|---|---|---|---|---|---|---|---|---|
| | | | 单位 | 数量 | 单价 | 金额 | 单位 | 数量 | 单价 | 金额 | |
| | | | | | | | | | | | |
| | | | | | | | | | | | |
| | | | | | | | | | | | |
| 合　计 | | | | | | | | | | | |
| 备　注 | | | | | | | | | | | |

　　商品验收单是柜组质量员在进行商品进货数量的清点以及质量验收入库工作中所填制的。它是进销存日报表中的"本日购进"项目的填写依据，验收单的汇总金额即为"本日购进"栏的填写金额。

　　(2) 商品内部调拨单（表 10-4）

### 表 10-4　商品内部调拨单

调出柜组：　　　　　　　　　　　　年　月　日　　　　　　　　　　　调进柜组：

| 货号 | 品名 | 单位 | 数量 | 购进价 | | 零售价 | | 进销差价 |
|---|---|---|---|---|---|---|---|---|
| | | | | 单位 | 金额 | 单位 | 金额 | |
| | | | | | | | | |
| | | | | | | | | |
| | | | | | | | | |
| 合　计 | | | | | | | | |

调出部门经办人：　　　　　　　　　　　　　　　　　　　　　　调进部门经办人：

　　商品内部调拨单是发生在企业与柜组、柜组与柜组之间的商品流动而填制的表单。它是"进销存日报表"中"本日调入（出）"栏的填写依据，应填写调拨单的汇总数据。

　　(3) 商品调价单（表 10-5）

**表 10-5　商品调价单**

调价通知单日期：　　　年　月　日

填报部门：　　　　　　　　　　　年　月　日　　　　　调价通知文号：

| 货号 | 品名 | 单位 | 数量 | 零售单价 | | 加或减 | 单位差价 | 增加金额 | 减少金额 |
|------|------|------|------|------|------|------|------|------|------|
| | | | | 原售价 | 新售价 | | | | |
| | | | | | | | | | |
| | | | | | | | | | |
| | | | | | | | | | |
| 合　　计 | | | | | | | | | |

门店经理：　　　　　　　　　　　核算员：　　　　　　　　　　　物价员：

　　商品调价是对商品原售价的变更，柜组接到上级调价通知单后，在规定调价执行日期的前一天对调价商品进行盘点，查明实际库存后再核算出变价现值，填制"商品调价单"。它是"进销存日报表"中"调价增价（减价）"栏的填写依据。

　　（4）商品损溢报告单（表 10-6）

**表 10-6　商品损溢报告单**

填报部门：

| 账面结存 | 实际结存 | | 溢　余 | 损　失 | 损溢原因： |
|------|------|------|------|------|------|
| | | | | | |
| 品名规格 | 单　位 | 数　量 | 单　位 | 金额（＋或－） | |
| | | | | | |
| | | | | | 处理意见： |
| | | | | | |

门店经理：　　　　　　　　　　　　　　　　　　　制单：

　　商品的损溢是指商品从进货到销售这一整个零售流动环节中所发生的溢余或损耗，当日盘点后发现有损溢情况必须将损（溢）数额、情况及原因分析填入损溢报告单，经盘点人、柜组长签字后送交上级主管部门并以此作为会计处理的凭证。它是"经销存日报表"中的"盘点溢余（短缺）"栏的填写依据。

　　3．进销存日报表的填写

　　要填写本表，应涉及到这几个表格：商品验收单、商品内部调拨单、商品调价单、商品损溢报告单，根据每天的具体情况，有则填，没有则为零。

　　商品验收单的总额即为"本日购进"的数据，"本日调入（调出）"的数据取决于商品内部调拨单，"调价增值（减值）"的数据取决于商品调价单，"盘点溢余（短缺）"取决于商品损溢报告单，前一天的"本日结存"即为今天的"昨日结存"。

　　具体填写说明如下。

　　①"昨日结存"栏根据前一天的"本日结存"数填写。

　　②"本日购进"、"本日调入（出）"、"调价增值（减值）"、"盘点溢余（短缺）"均按照上述各报表部分介绍的内容填写。

　　③"本日销售"栏根据实际销售额汇总填写。

　　④"本日结存"栏根据下式进行计算

本日结存＝昨日结存＋本日购进＋本日调入＋调价增值＋盘点溢余－本日销售－本日调出－调价减值－盘点短缺

⑤ 商品进销存日报表中左右两边的合计数应相等,左方合计为昨日结存与本日增加部分的数值之和,右方合计数为本日结存与本日减少部分数值之和。

4. 样例

某柜组的进销存日报表如表 10-7 所示。

**表 10-7  某框组进销存日报表（样本）**

柜组：中成药           2005 年 06 月 30 日           单位：元

| 项　　目 | | 金　　额 | 项　　目 | | 金　　额 |
|---|---|---|---|---|---|
| 昨日结存 | | 27500 | 本日销售 | | 5400 |
| 增加部分 | 本日购进 | 3000 | 减少部分 | 本日调出 | 800 |
| | 本日调入 | | | 调价减值 | 75 |
| | 调价增值 | | | 盘点短缺 | 4.60 |
| | 盘点溢余 | | | 本日结存 | 24220.4 |
| 合　　计 | | 30500 | 合　　计 | | 30500 |
| 本月销售定额 | | 30000 | 本月销售累计 | | 25100 |

组长：张小三           复核：王小二           制表：兰兰

## 二、发票、支票的填写

### (一) 发票

发票是售货的原始资料,对药店和柜台来说,它具有查找差错、堵塞漏洞、积累统计资料的作用;对顾客来说,它又是购货凭证。因此,发票是销售经营中很重要的商业凭证。

1. 发票的形式

销售经营中的发票一般有三种形式:第一种是商业零售发票,它适用于商品零售小规模纳税人,是营业员给顾客开具的正式的可作报销的凭证,如表 10-8 所示;第二种是增值税专用发票,它适用于集团购买,可作为报销凭证;第三种是发票一般一式三联,第一联为存根联,第二联为发票联,第三联为记账联。

**表 10-8 _____ 商业零售发票（样本）**        No：000268

客户名称：                     开票日期：  年   月   日

| 编号 | 商品名称 | 规格 | 单位 | 单价 | 金　额 | | | | | | |
|---|---|---|---|---|---|---|---|---|---|---|---|
| | | | | | 十 | 万 | 千 | 百 | 十 | 元 | 角 | 分 |
| | | | | | | | | | | | |
| | | | | | | | | | | | |
| 小写金额合计 | | | | | | | | | | | |
| 大写金额 | | | | 拾 | 万 | 千 | 百 | 十 | 元 | 角 | 分 |

开票单位(盖章)：           收款人：           开票人：

2. 发票填写的要求

(1) 字迹端正、清楚,不能涂改  开发票时,字迹要清楚端正,数字书写要规范,合计金额要大写，不写错字和生造字，不能涂改，如涂改，必须加盖本人名章。

（2）填写栏目，不得颠倒或漏填　发票的客户栏（俗称抬头）、日期、品名、数量、单位、单价、金额等栏，均应逐栏认真填写，不得颠倒或漏填；增值税发票需要计算机打印，填全购货单位，销货单位的名称、地址、电话，纳税人登记号，开户银行及账号都应逐一填写清楚。

（3）价格计算要准确　计价要准确，金额栏中大小写数字要相符，并有"栏头断尾"的记号（即小写金额前加"￥"记号，尾数填到"分"栏；大写第一数字顶格，尾数后加个"整"字）。

（4）要全面复核　开完发票后，要进行全面复核，尤其销售数额大的，可以由另一位营业员复核，看是否按要求填写，各项是否准确、无误。然后，经手人和复核人都应在发票上签章，以明其责任。

3. 开发票的操作要求

（1）用复写纸一次填写　发票均是由数联组成的，在填写前要垫好复写纸，依次填写，不得一联一联分开填写。如填写错误，可以重写，将开错的发票注上"作废"字样，不得撕下，如已撕下，应贴回原处，以便查考。

（2）按顺序号使用　营业员向财务部门领取发票时，应登记签字，使用过程中不得随意摆放，发票的本数和页数应按顺序使用。

（3）妥善保存，严防丢失　发票存根要按日（或本）装订，按月打捆，严防丢失，按要求交有关部门或人员保管，以便备查。

**（二）支票**

我国目前主要使用的支票种类有两种：转账支票和现金支票。

（1）转账支票　是集体单位购买商品结算货款的一种方式。它是同一地区所在单位之间进行商品交易普遍采用的一种结算方式，具有结算简便、灵活、严格现金管理制度等优点。

（2）现金支票　是在银行账户上提取现金的一种结算方式。

营业员在药品销售中，收到支票时须做好以下几项工作。

1. 检查支票的真伪

为了防止经济犯罪，支票上印有防伪标志，营业员收到支票后首先要检查支票防伪标志。

2. 验收支票

在收到顾客送来的支票时，营业员须检查支票上应填项目：出票日期、付款方银行名称、收款人、出票账号、人民币金额等，看这些项目是否填写准确，检查出票人印章是否清晰、完整。

3. 登录用票人的有关信息

在检验支票的同时应要求用票人出示身份证并在支票背面记录用票人姓名、身份证号码、联系电话等。

## 三、简单商业术语

### （一）利润与亏损

营业利润是指柜组在一定时期内，收到营业收入的金额抵去全部支出后的余额。余额大于零则为利润，反之则为亏损。营业利润等于销售收入减去销售成本、经营费用、销售税金后的净值。

**（二）毛利与毛利率**

（1）毛利  销售收入与销售成本是形成利润的主要部分，那么，它们的差值就是毛利。公式表示即为

$$毛利＝销售收入－销售成本$$

（2）毛利率  销售毛利与销售额之比（％）即为毛利率，其意义是表示每百元商品销售额所能实现的毛利。计算公式表示为

$$毛利率＝（毛利÷商品销售额）×100％$$

例如，某药店 6 月份的销售额为 120000 元，销售成本为 100800 元，试计算该药店本月的实际毛利率。

解：毛利＝120000－100800＝19200（元）

毛利率＝（19200÷120000）×100％＝16％

柜组利润是柜组最终经营成果的实质体现，事先柜组在落实营业利润指标计划时上级财务部门将根据销售的有关资料给柜组核定一个毛利率，这是确定柜组目标利润额来源的基础。

# 第三节  商业盘点与结算

在药店工作的人都知道，每个月的盘点是最麻烦的事情了！但也非常的重要，接触药店一线的销售人员，我们经常听说"日清、月盘"这些到底是要干什么呢？

对药店的上千种药品如何进行盘点？盘点会不会影响日常的销售呢？能否将对外药品销售与盘点同时进行呢？带着这些疑问，来学习本节内容。

## 一、盘点的基本概念及相关制度

**（一）盘点**

盘点是指企业对商品的实物数量及其价值余额进行清点的一项工作，是考核商品资金定额执行情况的重要依据，是商品经营活动中必不可少的重要环节。

**（二）盘店主要内容**

盘点操作的主要内容包括以下几点。

① 确定经营部门在一定经营时间内的销售情况，包括损溢情况。

② 掌握库存水平。

③ 了解库存质量管理以及商品的积压和短缺情况。

**（三）盘点的相关制度**

盘点制度通常是由各企业总部统一制定的，其主要内容如下。

1. 盘点周期

定期盘点，即每次盘点间隔时间一致，通常对陈列药品一个月进行一次盘点，而对在库药品通常是一个季度进行一次盘点。定期盘点可以事先做好准备工作，一般药品经营企业都采用这种方式。但此方式未考虑节假日等特殊情况。

不定期盘点，即每次盘点的间隔不要求一致，机动弹性，可以考虑节假日或经营异常等

特殊情况。如在调整价格、改变销售方式、人员调动、清理残货时可进行。

2. 盘点原则

（1）实地盘点原则　　即针对门店未销售的库存商品，在门店实地进行存货数量的实际清点的方法。只要无疏忽错误，通过实际盘点就能够掌握实际存货的情况，了解门店的坏品、滞销品、存货积压或商品短缺等真实情况。此为大多数情况下采用。

（2）售价盘点原则　　即以商品的零售价作为盘点的基础，库存商品以零售价来控制，通过盘点来确定一定时期内的商品损溢和零售差错。

3. 盘点方法

以盘点时间与营业时间的先后关系来划分，可分为营业前盘点、营业中盘点以及停业盘点。

为不影响一天的营业，对不是太大的门店可采用提前盘点的办法，如早上 8：30 上班，可 6：00 开始盘点。但不适用于店面大、品种多的门店。

对于品种多的门店通常可以采用后面两种盘点方法，一是营业中盘点，但盘点的同时销售容易出差错，所以通常采用营业中分柜组盘点，即盘点柜组暂停销售，其他柜组正常营业。盘点完一个柜组再进行另一个柜组的盘点。此法可将盘点对日常销售的影响降到最低，但出现差错的概率比停业盘点要大。二是停业盘点，即暂停整个门店的营业，全部进行盘点。对于停业盘点应注意在门口贴出安民告示同时避免供应商在盘点时送货。

## 二、商品盘点的操作步骤

### （一）盘点操作流程图（图 10-4）

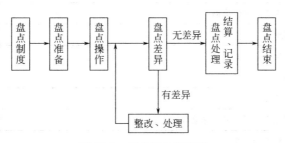

图 10-4　盘点操作流程图

### （二）盘点操作步骤

1. 盘点前准备

对于停业盘点、营业中盘点都应在盘点前告知供应商，以免供应商在盘点时送货，造成不便。对于停业盘点还应该在门店前贴出告示提前告知顾客，以免顾客在盘点时来购物而徒劳而返。

此外，门店还应在盘点时做好环境准备，商品的简单整理，盘点工具（如红、蓝圆珠笔等）的准备和盘点所需填写单据的准备。

2. 盘点操作的进行

盘点正式开始前，首先要确定各盘点区域的责任负责人员。店长简要说明盘点工作的重要性、盘点要求、盘点常犯的错误以及异常情况的出现和处理。告诫大家一定要有责任心，不得有半点马虎。然后发放盘点表（表 10-9），告知填写办法。

**表 10-9　商品盘点表**

部门：　　　　　　　　　　　　　年　月　日　　　　　　　　　货架编号：

| 货　号 | 品名 | 规格 | 生产厂家 | 数量 | 零售价 | 金额 |
|---|---|---|---|---|---|---|
|  |  |  |  |  |  |  |
|  |  |  |  |  |  |  |
| 小　计 |  |  |  |  |  |  |

盘点负责人：

对于劣质品和破损品，通常将其汇集到指定的统一地点，与正常商品区分开。对于各组的盘点结果，门店店长等负责人要认真加以抽查。

**3. 店长的盘点作业检查**

在整个盘点过程中，门店店长还必须填写由总部设计的门店商品盘点操作规范检查表（表10-10）。它是检查门店在盘点过程中是否按照盘点的操作规范进行的表格。基本要求如下：

① 每次盘点都必须由店长实事求是的填写，以保证盘点的严密性；

② 该表格在盘点作业结束后，由店长上交；

③ 门店执行《门店盘点操作规范检查表》的工作情况，将纳入连锁企业总部考核门店的指标之一。

**表 10-10　门店盘点操作规范检查表**

门店：　　　　　　　　　　店长：　　　　　　　　　日期：　　年　月　日

| 项　目 | | 内　　　容 | 执行情况 | |
|---|---|---|---|---|
| | | | 是 | 否 |
| 盘点前 | | 是否提前告知送商品的供应商 | | |
| | | 是否提前告知顾客 | | |
| | | 区域划分人员配备是否到位 | | |
| | | 盘点单是否发放 | | |
| | | 是否做好环境整理 | | |
| | | 是否准备好盘点工具(红、蓝圆珠笔等) | | |
| | 单据整理 | 进货单是否整理 | | |
| | | 变价单是否整理 | | |
| | | 销货单是否整理 | | |
| | | 报废品单是否整理 | | |
| | | 赠品单是否整理 | | |
| | | 移仓单是否整理 | | |
| | 商品整理 | 货架商品是否整理整齐 | | |
| | | 不允许上架的商品是否已撤出货架 | | |
| | | 是否一物一价,价物相符 | | |
| | | 待处理商品是否专地存放有记录 | | |
| | | 通道死角是否有商品 | | |
| | | 内仓商品是否整理 | | |

续表

| 项　目 | 内　　　容 | 执行情况 | |
| --- | --- | --- | --- |
| | | 是 | 否 |
| 盘点中 | 盘点顺序是否按区域逐架、逐排、从左而右、从上而下 | | |
| | 商品清点是否进行初点、复点，分别标记 | | |
| | 复点是否更换负责人 | | |
| | 每个商品是否都已盘点出数量和金额 | | |
| 盘点后 | 盘点单是否全部回收 | | |
| | 检查盘点单上的签名是否齐全 | | |
| | 检查盘点单上的商品数量单位是否正确 | | |
| | 营业现金、备用金是否清点登录 | | |
| | 盘点结果是否输入电脑 | | |
| | 是否进行正常营业准备 | | |
| | 是否进行地面的清扫工作 | | |
| | 店长对盘点损溢结果是否有说明 | | |

4. 盘点后处理

盘点结束后，应该做到以下三点：

① 将盘点表收回，检查并加以汇总；

② 计算盘点结果并上报总部；

③ 根据盘点结果实施奖惩措施，对盘点中的问题，提出改善措施。

5. 盘点注意事项

① 店长在平时要教育和启发员工了解有关盘点的重要性和必要性；

② 应做好盘点有关的环境、工具的准备工作；

③ 把实施盘点的组织分配图及盘点范围告知有关人员并于盘点前再说明；

④ 盘点时根据实际需要可组成临时支援小组，以达到盘点工作的时效性；

⑤ 在盘点进行中，盘点的主管人员应注意是否有漏洞，必要时随时抽点；

⑥ 盘点区域应事前划分好；

⑦ 盘点前应对商品进行集中整理，便于盘点进行；

⑧ 盘点时应按照责任区依次从上而下、从左而右展开进行；

⑨ 盘点时最好两人一组，一人盘点，一人记录，注意复诵时避免错误，同时可以采用盘点人与记录人交换的方式，保证盘点的正确性；

⑩ 盘点表应书写清晰，便于整理，记录应详细、准确，避免念错、听错、写错等现象。

## 三、结算

### （一）对账

为了确保柜组账册记录和核算资料的真实可靠，柜组要认真执行对账、清账制度。对账就是把账簿所反映的资料，进行内部核对（柜组内部）、内外核对（柜组之间），做到账证相符（账簿和凭证），账账相符（总账和明细账），账实相符（账面数与实物数），现金账要天天盘对现金与账面余额是否相符。在账中出现差错和疑问，应及时查明原因，加以更正和处理。

供应商结算应付账款前首先要与采购部门对账，采购部门或门店应检查对退货、票到货未到、短缺、质量拒收等供应商送货差错，确定应结算货款，然后与财务核对，确认应付款，最后由企业负责人决定付款。

**（二）结账**

为了总结柜组某一时期（月、季度、年度）的经营业务实绩，必须按期进行结账。所谓结账，就是把一定时期内所发生的经济业务全部登记入账，结算出各账户本期发生额和期末余额，结束本期账簿记录。结账基本要求如下。

① 保证账簿记录的完整性。

② 店长核实柜组全部库存商品，并计算总余额。

③ 规定支付供应商应付的账款，并按规定方法做好结账记录。

# 【习 题】

1. 收银过程中应做到"三唱一复"，分别指哪"三唱"？哪"一复"？

2. 某药店前 3 个月的销售额为 25 万元，销售成本为 22 万元，试计算该药店这 3 个月的毛利和实际毛利率分别是多少？

3. 某药店的某天的进销存日报表填写如下。

| 项 目 | | 金 额 | 项 目 | | 金 额 |
|---|---|---|---|---|---|
| 昨日结存 | | 25800 | 本日销售 | | 6500 |
| 增加部分 | 本日购进 | 2000 | 减少部分 | 本日调出 | 350 |
| | 本日调入 | | | 调价减值 | |
| | 调价增值 | 120 | | 盘点短缺 | 6.8 |
| | 盘点溢余 | | | 本日结存 | A |
| 合 计 | | 30500 | 合 计 | | B |
| 本月销售定额 | | 30000 | 本月销售累计 | | 25100 |

试问表格中的 A、B 应分别是多少？如何求得？

# 第四节 实 践 练 习

## 【能力目标】

1. 正确操作收银机，完成实际工作中各种常见情形的收银处理。

2. 正确完成进销存日报表以及相关商务报表的填写。

3. 正确进行实际工作中的盘点，并做好相应的记录。

## 【实践指导】

1. 按药店收银员进行收银工作的一般步骤对常见几种收银情况进行实践演练。

2. 正确完成进销存日报表以及相关商务报表的填写。

3. 利用模拟药店，组织以全班同学作为门店店员，模拟一次真实的盘点工作，由老师进行指导和组织。

# 模块六 综合实训

## 第十一章 医药商品购销员综合实训

> 通过本课程学习，应该达到医药商品购销员中级职业标准。

### 【知识目标】

1. 职业道德与职业规范

了解商业服务规范，熟悉医药职业道德，熟悉药品销售人员的服务要求，掌握药品销售人员服务公约，做到热情服务，真诚待客。

2. 法律法规知识

熟悉药品的内涵和特殊性；熟悉药品法的内容及药品经营质量管理规范（GSP）相关内容；掌握处方药与非处方药的知识。

3. 药学知识

熟悉药物的作用、影响药物作用因素、药物的用法与用量、合理用药原则和常用中成药基础；熟悉处方解读；掌握药品的分类和剂型特点，掌握药品的质量和包装要求；掌握处方调剂；掌握常见病的用药原则；特别应掌握药品的商品名称、通用名称，药品的适应证及在使用中的注意事项和不良反应，特殊人群用药原则等内容。

4. 药品陈列和保管

熟悉药品的贮存保管、日常养护要求和药品质量问题处理；熟悉特殊管理药品的贮存保管知识，掌握药品陈列码放要求。

5. 药品购进

了解药品购进程序和要求；熟悉特殊管理药品的购进要求，熟悉首营企业和首营品种的审核程序，熟悉购销合同的签订；掌握首营企业和首营品种的审核、合格供应商的筛选等。

6. 药品销售

了解药品销售流程；熟悉药品销售要求和药品销售人员岗位职责，特别应熟悉特殊管理药品的销售要求；掌握药品销售技巧、如何接待顾客咨询和投诉，掌握销售记录与相关票据的填写等。

7. 经济核算

熟悉商业计算、商业盘点和商业结算等内容，掌握收银机的使用。

### 【能力目标】

1. 职业规范

遵守药品管理法、GSP及相关法律法规知识，遵守药学职业道德，符合药品销售人员服务规范和岗位职责，做到礼貌待客、热情大方、质量第一、顾客至上的服务宗旨。

2. 药学服务

能按药品管理法和 GSP 要求正确陈列码放药品，做好日常贮存养护，确保药品质量符合要求；用自己掌握的药学知识和购销技巧为顾客提供准确周到的用药指导和优质服务。

3. 药品购进

按药品购进程序和药品购进要求正确购进药品，保证购进药品的质量符合要求，正确签订购销合同，做好首营企业和首营品种的审核，确定合格供应商。

4. 药品销售

按药品销售流程和销售要求正确销售药品，保证销售药品的质量符合要求，做好顾客咨询和投诉，能正确完成销售记录和相关票据的填写。

5. 经济核算

正确使用收银机，做好商业计算、商业盘点和商业结算工作。

## 【情感目标】

1. 热爱医药事业，热爱医药商品营销工作。
2. 真正理解医药商品购销员的职业规范和职责要求。
3. 爱岗敬业，精益求精，礼貌待客，服务热情。

## 【综合实训】

1. 职业规范

在模拟场景中进行实地训练，始终贯彻药品管理法、药品经营质量管理规范、药学职业道德、医药商业服务规范和岗位职责，达到医药商品购销员职业标准要求。

2. 药学知识

（1）现场模拟　采用销售员与患者一问一答"问病售药"的现场模拟方式考察是否真正掌握了药品的商品名称、通用名称、药品的适应证及在使用中的注意事项和不良反应、特殊人群用药原则等内容。

（2）药品的陈列码放和日常养护　在规定的时间内按要求陈列码放药品，按要求保管养护药品，考察是否真正掌握了药品分类、陈列、养护、保管的知识和相关的药品管理法内容。

（3）药品的剂型和包装　正确分辨药品剂型，指出药品的批准文号、批号、商品名称、通用名称、注册商标、说明书、药品标识等的具体内容和位置等。

3. 药品购进

（1）购进药品　按药品购进程序正确验收药品，保证购进药品符合要求。

（2）签订购销合同。

（3）首营企业和首营品种审核　对所提供的首营企业和首营品种的资料进行审核，筛选合格供应商。

4. 药品销售

（1）销售药品　按药品销售流程和适当的销售技巧正确销售药品，特别是对国家特殊管理药品和处方药品的销售符合要求。

（2）顾客咨询和投诉　对不同情况下顾客咨询和投诉进行处理。

（3）填写销售记录和相关票据。

5. 经济核算

(1) 工作要求 做到"三唱一复",符合收银员工作要求。

(2) 收银机的使用 正确使用收银机完成收款工作。

(3) 盘点和结算 完成医药商品的商业计算、商业盘点和商业结算等工作。

# 附录　属非处方药的抗菌药

| 序号 | 药品名称 | 类别 | 批次 | 适应证 | 抗微生物类别 | OTC 类别 |
|------|---------|------|------|--------|-------------|---------|
| 1 | 红霉素眼膏 | 甲 | 第一批 | 用于沙眼、结膜炎、角膜炎、眼睑缘炎及眼外部感染 | 抗生素类 | 眼科 |
| 2 | 红霉素软膏 | 乙 | 第二批 | 用于脓疱疮等化脓性皮肤病及小面积烧伤、溃疡面的感染 | 抗生素类 | 皮肤科 |
| 3 | 氯霉素滴眼液 | 甲 | 第一批 | 用于结膜炎、沙眼、角膜炎和眼睑缘炎 | 抗生素类 | 眼科 |
| 4 | 氯霉素滴耳液 | 甲 | 第一批 | 用于外耳炎 | 抗生素类 | 耳鼻喉科 |
| 5 | 硫酸庆大霉素滴眼液 | 甲 | 第二批 | 用于细菌性结膜炎、麦粒肿及细菌性眼睑炎 | 抗生素类 | 眼科 |
| 6 | 盐酸金霉素眼膏 | 甲 | 第二批 | 用于细菌性结膜炎、麦粒肿及细菌性眼睑炎 | 抗生素类 | 眼科 |
| 7 | 盐酸金霉素软膏 | 乙 | 第二批 | 用于脓疱疮等化脓性皮肤病及小面积烧伤、溃疡面的感染 | 抗生素类 | 皮肤科 |
| 8 | 杆菌肽眼膏 | 甲 | 第二批 | 用于革兰阳性细菌引起的细菌性结膜炎、麦粒肿及细菌性眼睑炎 | 抗生素类 | 眼科 |
| 9 | 杆菌肽软膏 | 甲 | 第二批 | 用于脓疱疮等化脓性皮肤病及烧伤、溃疡面的感染 | 抗生素类 | 皮肤科 |
| 10 | 克林霉素磷酸酯凝胶 | 甲 | 第二批 | 用于治疗寻常性痤疮 | 抗生素类 | 皮肤科 |
| 11 | 克林霉素磷酸酯外用溶液 | 甲 | 第二批 | 用于治疗寻常性痤疮 | 抗生素类 | 皮肤科 |
| 12 | 林可霉素利多卡因凝胶 | 甲 | 四批(二) | 用于轻度烧伤、创伤及蚊虫叮咬引起的各种皮肤感染 | 抗生素类 | 皮肤科 |
| 13 | 复方新霉素软膏 | 乙 | 第二批 | 用于脓疱疮等化脓性皮肤病及小面积烧伤、溃疡面的感染 | 抗生素类 | 皮肤科 |
| 14 | 红霉素-过氧苯甲酰凝胶 | 甲 | 第二批 | 用于治疗寻常性痤疮 | 抗生素类、消毒防腐剂 | 皮肤科 |
| 15 | 克林霉素甲硝唑搽剂 | 甲 | 四批(一) | 用于寻常性痤疮,也可用于脂溢性皮炎及酒渣鼻、毛囊炎 | 抗生素类、硝基咪唑类 | 皮肤科 |
| 16 | 磺胺醋酰钠滴眼液 | 甲 | 第一批 | 用于眼结膜炎、睑缘炎和沙眼 | 磺胺类 | 眼科 |
| 17 | 磺胺嘧啶银乳(软)膏 | 甲 | 第二批 | 用于预防和治疗轻度烧伤继发创面感染 | 磺胺类 | 皮肤科 |
| 18 | 复方磺胺甲噁唑钠滴眼液 | 甲 | 三批(二) | 主要用于敏感菌所引起的细菌性结膜炎、睑腺炎(麦粒肿)及细菌性眼睑炎 | 磺胺类 | 眼科 |
| 19 | 盐酸小檗碱片 | 甲 | 第一批 | 用于治疗肠道感染、腹泻 | 植物抗感染药 | 消化科 |
| 20 | 复方木香小檗碱片 | 甲 | 第六批 | 用于治疗肠道感染、腹泻 | 植物抗感染药 | 消化科 |
| 21 | 甲硝唑胶浆含漱液 | 甲 | 第一批 | 用于牙龈炎、牙周炎、冠周炎及口腔黏膜溃疡 | 硝基咪唑类 | 口腔科 |
| 22 | 甲硝唑口腔粘贴片 | 甲 | 第一批 | 用于牙龈炎、牙周炎、冠周炎及口腔黏膜溃疡 | 硝基咪唑类 | 口腔科 |
| 23 | 浓甲硝唑含漱液 | 甲 | 第一批 | 用于牙龈炎、牙周炎、冠周炎及口腔黏膜溃疡 | 硝基咪唑类 | 口腔科 |
| 24 | 甲硝唑洗液 | 甲 | 第一批 | 用于冲洗伤口或化脓性疮口 | 硝基咪唑类 | 皮肤科 |
| 25 | 甲硝唑阴道泡腾片 | 甲 | 第一批 | 用于厌氧菌或滴虫性阴道炎 | 硝基咪唑类 | 妇科 |
| 26 | 甲硝唑口颊片 | 甲 | 第二批 | 用于牙龈炎、牙周炎、冠周炎及口腔黏膜溃疡 | 硝基咪唑类 | 口腔科 |
| 27 | 甲硝唑凝胶 | 甲 | 第二批 | 用于炎症性丘疹、脓疱疮、酒渣鼻红斑的局部治疗 | 硝基咪唑类 | 皮肤科 |

续表

| 序号 | 药品名称 | 类别 | 批次 | 适应证 | 抗微生物类别 | OTC类别 |
|------|----------|------|------|--------|--------------|---------|
| 28 | 甲硝唑霜 | 甲 | 第二批 | 用于炎症性丘疹、脓疱疮、酒渣鼻红斑的局部治疗 | 硝基咪唑类 | 皮肤科 |
| 29 | 复方甲硝唑栓 | 甲 | 第二批 | 阴道给药。将本品置于阴道深处。一日1次,一次1枚,7日为一疗程 | 硝基咪唑类 | 妇科 |
| 30 | 甲硝唑口含片 | 甲 | 三批(二) | 用于牙龈炎、牙周炎、冠周炎 | 硝基咪唑类 | 口腔科 |
| 31 | 复方甲硝唑泡腾片 | 甲 | 四批(二) | 用于老年性阴道炎、滴虫性阴道炎以及细菌性阴道炎 | 硝基咪唑类 | 妇科 |
| 32 | 替硝唑栓 | 甲 | 第二批 | 用于滴虫性阴道炎及细菌性阴道病 | 硝基咪唑类 | 妇科 |
| 33 | 替硝唑阴道泡腾片 | 甲 | 第二批 | 用于滴虫性阴道炎 | 硝基咪唑类 | 妇科 |
| 34 | 浓替硝唑含漱液 | 甲 | 三批(一) | 用于厌氧菌感染引起的牙龈炎、冠周炎、牙周炎等口腔疾病的辅助治疗 | 硝基咪唑类 | 口腔科 |
| 35 | 呋喃西林乳膏 | 乙 | 四批(一) | 用于轻度化脓性皮肤病 | 硝基呋喃类 | 皮肤科 |
| 36 | 复方呋喃西林散 | 乙 | 四批(二) | 用于真菌感染的足癣 | 硝基呋喃类 | 皮肤科 |
| 37 | 甲硝唑氯己定软膏 | 甲 | 五批(三) | 用于疖肿、溃疡、小面积烧伤、烫伤、外伤感染和脓疱疮 | 硝基咪唑类、消毒防腐剂 | 皮肤科 |
| 38 | 复方醋酸氯己定栓 | 甲 | 五批(三) | 用于厌氧菌性、滴虫性阴道炎或混合感染 | 硝基咪唑类、消毒防腐剂 | 妇科 |
| 39 | 复方甲硝唑气雾剂 | 甲 | 第二批 | 用于滴虫性阴道炎、细菌性阴道病的辅助治疗 | 硝基咪唑类、消毒防腐剂 | 妇科 |
| 40 | 甲硝唑氯己定洗剂 | 甲 | 第一批 | 用于细菌、滴虫引起的各种阴道炎 | 硝基咪唑类、消毒防腐剂 | 妇科 |
| 41 | 硝酸咪康唑软膏 | 甲 | 第一批 | 用于体癣、股癣、手癣、足癣、花斑癣以及真菌性甲沟炎和念珠菌性外阴阴道炎,对外耳炎、细菌性皮肤感染也有效 | 抗真菌药 | 皮肤科 |
| 42 | 硝酸咪康唑栓 | 甲 | 第一批 | 用于念珠菌性外阴阴道炎和革兰阳性细菌引起的重复感染 | 抗真菌药 | 妇科 |
| 43 | 硝酸咪康唑散 | 甲 | 第一批 | 用于体癣、股癣、手癣、足癣、花斑癣以及真菌性甲沟炎和念珠菌性外阴阴道炎,对外耳炎、细菌性皮肤感染也有效 | 抗真菌药 | 皮肤科 |
| 44 | 硝酸咪康唑栓 | 甲 | 三批(一) | 局部治疗外阴阴道念珠菌病和革兰阳性细菌引起的双重感染 | 抗真菌药 | 妇科 |
| 45 | 硝酸咪康唑溶液 | 甲 | 三批(二) | 用于体癣、股癣、手癣、足癣、花斑癣、甲沟炎以及念珠菌性外阴阴道炎;也可用于细菌性皮肤感染及外耳炎 | 抗真菌药 | 皮肤科 |
| 46 | 复方益康唑氧化锌撒粉 | 甲 | 四批(一) | 主要用于手癣、足癣、体癣、股癣 | 抗真菌药 | 皮肤科 |
| 47 | 克霉唑栓 | 甲 | 第一批 | 用于念珠菌性外阴阴道炎 | 抗真菌药 | 妇科 |
| 48 | 克霉唑药膜 | 甲 | 第一批 | 用于念珠菌性外阴阴道炎 | 抗真菌药 | 妇科 |
| 49 | 克霉唑口腔药膜 | 甲 | 第一批 | 用于鹅口疮、口角炎和其他口腔真菌病 | 抗真菌药 | 皮肤科 |
| 50 | 克霉唑涂膜 | 乙 | 第一批 | 用于体癣、股癣、手足癣、花斑癣、头癣以及念珠菌性甲沟炎 | 抗真菌药 | 皮肤科 |
| 51 | 克霉唑溶液 | 乙 | 第一批 | 用于体癣、股癣、手癣、足癣、花斑癣、头癣以及念珠菌性甲沟炎和念珠菌性外阴阴道炎 | 抗真菌药 | 皮肤科 |

续表

| 序号 | 药品名称 | 类别 | 批次 | 适应证 | 抗微生物类别 | OTC类别 |
|---|---|---|---|---|---|---|
| 52 | 克霉唑软膏(乳膏) | 乙 | 第一批 | 用于体癣、股癣、手癣、足癣、花斑癣、头癣以及念珠菌性甲沟炎和念珠菌性外阴阴道炎 | 抗真菌药 | 皮肤科 |
| 53 | 克霉唑霜 | 甲 | 第二批 | 用于念珠菌性外阴阴道炎 | 抗真菌药 | 妇科 |
| 54 | 克霉唑片(阴道片) | 甲 | 第二批 | 用于念珠菌性外阴阴道炎 | 抗真菌药 | 妇科 |
| 55 | 克霉唑阴道片 | 甲 | 五批(二) | 用于念珠菌性外阴阴道炎 | 抗真菌药 | 妇科 |
| 56 | 克霉唑阴道泡腾片 | 甲 | 五批(三) | 用于念珠菌性外阴阴道炎 | 抗真菌药 | 妇科 |
| 57 | 克霉唑喷雾剂 | 乙 | 五批(三) | 用于体癣、股癣、手癣、足癣、花斑癣、头癣 | 抗真菌药 | 皮肤科 |
| 58 | 复方克霉唑软膏 | 乙 | 第二批 | 用于皮肤念珠菌病,如手癣、足癣、股癣、体癣及花斑癣 | 抗真菌药 | 皮肤科 |
| 59 | 复方克霉唑溶液 | 乙 | 第六批 | 用于体癣、手癣、足癣 | 抗真菌药 | 皮肤科 |
| 60 | 酮康唑乳膏 | 甲 | 第二批 | 用于手癣、足癣、体癣、股癣、花斑癣及皮肤念珠菌病 | 抗真菌药 | 皮肤科 |
| 61 | 酮康唑洗剂 | 甲 | 第二批 | 用于头皮糠疹(头皮屑)、局部性花斑癣、脂溢性皮炎 | 抗真菌药 | 皮肤科 |
| 62 | 盐酸特比萘芬软膏 | 甲 | 第一批 | 用于手癣、足癣、体癣、股癣及花斑癣 | 抗真菌药 | 皮肤科 |
| 63 | 盐酸特比萘芬溶液 | 甲 | 第二批 | 用于手癣、足癣、股癣、体癣、花斑癣以及皮肤念珠菌病 | 抗真菌药 | 皮肤科 |
| 64 | 盐酸特比萘芬凝胶 | 甲 | 第二批 | 用于手癣、足癣、股癣、体癣、花斑癣以及皮肤念珠菌病 | 抗真菌药 | 皮肤科 |
| 65 | 盐酸特比萘芬搽剂 | 甲 | 三批(二) | 用于治疗手癣、足癣、体癣、股癣及花斑癣等 | 抗真菌药 | 皮肤科 |
| 66 | 盐酸特比萘芬喷雾剂 | 甲 | 三批(二) | 用于治疗手癣、足癣、体癣、股癣、花斑癣等 | 抗真菌药 | 皮肤科 |
| 67 | 盐酸特比萘芬散剂 | 甲 | 三批(二) | 用于治疗体癣、股癣、手癣、足癣、花斑癣 | 抗真菌药 | 皮肤科 |
| 68 | 联苯苄唑阴道片 | 甲 | 三批(二) | 用于念珠菌性外阴阴道炎 | 抗真菌药 | 妇科 |
| 69 | 硝酸益康唑栓 | 甲 | 第二批 | 用于念珠菌性外阴阴道炎 | 抗真菌药 | 妇科 |
| 70 | 硝酸益康唑软膏 | 乙 | 第二批 | 用于手癣、足癣、股癣、体癣、花斑癣及皮肤念珠菌病 | 抗真菌药 | 皮肤科 |
| 71 | 硝酸益康唑喷剂 | 乙 | 第二批 | 用于手癣、足癣、股癣、体癣、花斑癣及皮肤念珠菌病 | 抗真菌药 | 皮肤科 |
| 72 | 硝酸益康唑溶液 | 乙 | 第二批 | 用于手癣、足癣、股癣、体癣、花斑癣及皮肤念珠菌病 | 抗真菌药 | 皮肤科 |
| 73 | 复方硝酸益康唑乳膏 | 甲 | 第二批 | ①伴有真菌感染或有真菌感染倾向的皮炎、湿疹;②由皮肤癣菌、酵母菌和霉菌所致的炎症性皮肤真菌病,如手足癣、体癣、股癣、花斑癣;③尿布性皮炎;④念珠菌性口角炎;⑤甲沟炎;⑥由真菌、细菌所致的皮肤混合感染 | 抗真菌药 | 皮肤科 |
| 74 | 复方硝酸益康唑软膏 | 甲 | 三批(二) | ①皮炎、湿疹。②浅表皮肤真菌病,如手癣、足癣、体癣、股癣、花斑癣。也可用于尿布性皮炎、念珠菌性口角炎、甲沟炎。由真菌、细菌所致的皮肤混合感染 | 抗真菌药 | 皮肤科 |
| 75 | 制霉菌素阴道泡腾片 | 甲 | 四批(一) | 用于念珠菌性外阴阴道炎 | 抗真菌药 | 妇科 |
| 76 | 制霉菌素阴道栓 | 甲 | 四批(一) | 用于念珠菌性外阴阴道炎 | 抗真菌药 | 妇科 |

续表

| 序号 | 药品名称 | 类别 | 批次 | 适应证 | 抗微生物类别 | OTC类别 |
|---|---|---|---|---|---|---|
| 77 | 联苯苄唑凝胶 | 乙 | 第一批 | 用于手癣、足癣、体癣、股癣、花斑癣及念珠性外阴阴道炎 | 抗真菌药 | 皮肤科 |
| 78 | 联苯苄唑溶液 | 乙 | 第一批 | 用于手癣、足癣、体癣、股癣、花斑癣及念珠性外阴阴道炎 | 抗真菌药 | 皮肤科 |
| 79 | 联苯苄唑软膏(乳膏) | 乙 | 第一批 | 用于手癣、足癣、体癣、股癣、花斑癣及念珠性外阴阴道炎 | 抗真菌药 | 皮肤科 |
| 80 | 曲安奈德益康唑乳膏 | 甲 | 五批(三) | 适用于手足癣、体癣、股癣、花斑癣和湿疹 | 抗真菌药 | 皮肤科 |
| 81 | 卡苯达唑乳膏 | 甲 | 第六批 | 用于真菌感染的体癣、手足癣以及甲癣 | 抗真菌药 | 皮肤科 |
| 82 | 复方酮康唑发用洗剂 | 甲 | 五批(三) | 用于治疗和预防多种真菌引起的感染,如头皮糠疹(头皮屑)、脂溢性皮炎和花斑癣 | 抗真菌药 | 皮肤科 |
| 83 | 复方酮康唑软膏 | 甲 | 第六批 | 用于体癣、手癣、足癣、股癣 | 抗真菌药 | 皮肤科 |
| 84 | 环吡酮胺软膏 | 甲 | 第一批 | 用于手癣、足癣、体癣、股癣及花斑癣、甲癣,皮肤和外阴阴道念珠菌感染 | 抗真菌药 | 皮肤科 |
| 85 | 环吡酮涂剂 | 甲 | 三批(二) | 用于指(趾)甲真菌病(灰指甲) | 抗真菌药 | 皮肤科 |
| 86 | 曲咪新乳膏 | 甲 | 四批(二) | 用于湿疹、接触性皮炎、脂溢性皮炎、神经性皮炎、体癣、股癣以及手足癣等 | 抗真菌药、抗生素类 | 皮肤科 |
| 87 | 复方联苯苄唑溶液 | 乙 | 三批(二) | 用于手癣、足癣、股癣、体癣、花斑癣 | 抗真菌药、消毒防腐剂 | 皮肤科 |
| 88 | 双唑泰泡腾片 | 甲 | 第一批 | 用于细菌性阴道炎、霉菌性阴道炎、滴虫性阴道炎以及混合感染性阴道炎 | 抗真菌药、硝基咪唑类、消毒防腐剂 | 妇科 |
| 89 | 双唑泰软膏 | 甲 | 第二批 | 用于细菌性阴道病、念珠菌性外阴阴道炎、滴虫性阴道炎以及混合感染性阴道炎 | 抗真菌药、硝基咪唑类、消毒防腐剂 | 妇科 |
| 90 | 双唑泰栓 | 甲 | 第一批 | 用于细菌性阴道炎、霉菌性阴道炎、滴虫性阴道炎以及混合感染性阴道炎 | 抗真菌药、硝基咪唑类、消毒防腐剂 | 妇科 |
| 91 | 黄藤素栓 | 甲 | 第二批 | 用于念珠菌性外阴阴道炎 | 植物抗真菌药 | 妇科 |
| 92 | 复方莪术油栓 | 甲 | 三批(二) | 用于念珠菌性外阴阴道炎、老年性阴道炎 | 植物抗真菌药、硝基咪唑类 | 妇科 |
| 93 | 酞丁安搽剂 | 乙 | 第一批 | 用于单纯疱疹、带状疱疹 | 抗病毒药 | 皮肤科 |
| 94 | 酞丁安软膏 | 乙 | 第一批 | 用于单纯疱疹、带状疱疹 | 抗病毒药 | 皮肤科 |
| 95 | 酞丁安滴眼液 | 甲 | 第一批 | 用于各型沙眼,也可用于疱疹性角膜炎 | 抗病毒药 | 眼科 |
| 96 | 阿昔洛韦软膏 | 甲 | 第一批 | 用于单纯疱疹或带状疱疹感染 | 抗病毒药 | 皮肤科 |
| 97 | 溶菌酶口腔药膜 | 甲 | 五批(三) | 用于口腔溃疡等口腔黏膜疾患 | 酶类 | 口腔科 |
| 98 | 溶菌酶含片 | 甲 | 第一批 | 用于急性咽喉炎、慢性咽喉炎、口腔黏膜溃疡及咳痰困难 | 酶类 | 耳鼻喉科 |
| 99 | 醋酸氯己定痔疮栓 | 甲 | 第二批 | 用于外痔、内痔 | 消毒防腐剂 | 消化科 |
| 100 | 醋酸氯己定溶液 | 乙 | 四批(一) | 用于牙龈炎、口腔黏膜炎、咽炎及牙科手术后控制口腔感染 | 消毒防腐剂 | 口腔科 |
| 101 | 碘甘油 | 甲 | 第一批 | 用于口腔黏膜溃疡、牙龈炎及冠周炎 | 消毒防腐剂 | 口腔科 |

| 序号 | 药品名称 | 类别 | 批　次 | 适　应　证 | 抗微生物类别 | OTC 类别 |
|---|---|---|---|---|---|---|
| 102 | 复方氯己定达克罗宁乳膏 | 乙 | 第六批 | 用于口腔黏膜溃疡、牙龈炎、咽炎 | 消毒防腐剂 | 口腔科 |
| 103 | 复方氯己定地塞米松膜 | 甲 | 四批(二) | 用于口腔黏膜溃疡 | 消毒防腐剂 | 口腔科 |
| 104 | 复方硼砂含漱液 | 甲 | 四批(二) | 用于口腔炎、咽炎与扁桃体炎等的口腔消毒防腐 | 消毒防腐剂 | 口腔科 |
| 105 | 枸橼酸氯己定口胶 | 甲 | 第一批 | 用于牙周炎、牙龈炎 | 消毒防腐剂 | 口腔科 |
| 106 | 氯己定苯佐卡因含片 | 甲 | 四批(一) | 用于口腔溃疡、扁桃体炎 | 消毒防腐剂 | 口腔科 |
| 107 | 葡萄糖酸氯己定含漱液 | 甲 | 第一批 | 用于牙龈炎、口腔黏膜炎、咽炎及牙科手术后控制口腔感染 | 消毒防腐剂 | 口腔科 |
| 108 | 西地碘片 | 乙 | 第二批 | 用于慢性咽喉炎、口腔黏膜溃疡、慢性牙龈炎、牙周炎 | 消毒防腐剂 | 口腔科 |
| 109 | 薄荷茴桉苯甲酸钠含片 | 乙 | 四批(一) | 用于急、慢性咽炎 | 消毒防腐剂 | 耳鼻喉科 |
| 110 | 地喹氯铵含片 | 乙 | 第二批 | 用于急性咽喉炎、慢性咽喉炎、口腔黏膜溃疡、齿龈炎 | 消毒防腐剂 | 耳鼻喉科 |
| 111 | 度米芬滴丸 | 乙 | 第二批 | 用于急性咽喉炎、慢性咽喉炎、扁桃体炎 | 消毒防腐剂 | 耳鼻喉科 |
| 112 | 度米芬含片 | 乙 | 四批(一) | 用于急性咽喉炎、慢性咽喉炎、扁桃体炎、鹅口疮、口腔黏膜感染 | 消毒防腐剂 | 耳鼻喉科 |
| 113 | 复方地喹氯铵含片 | 甲 | 第二批 | 用于急性咽喉炎、慢性咽喉炎、口腔黏膜溃疡及牙龈炎 | 消毒防腐剂 | 耳鼻喉科 |
| 114 | 复方熊胆薄荷含片 | 乙 | 第六批 | 用于缓解咽喉肿痛,声音嘶哑等咽喉部不适 | 消毒防腐剂 | 耳鼻喉科 |
| 115 | 盐酸萘甲唑啉滴鼻液 | 甲 | 第二批 | 用于伤风、鼻炎、鼻充血等 | 消毒防腐剂 | 耳鼻喉科 |
| 116 | 苯酚软膏 | 甲 | 第一批 | 用于皮肤轻度感染和瘙痒 | 消毒防腐剂 | 皮肤科 |
| 117 | 苯扎氯铵溶液 | 乙 | 第一批 | 用于皮肤、黏膜和伤口消毒 | 消毒防腐剂 | 皮肤科 |
| 118 | 苯扎氯铵贴 | 乙 | 第一批 | 用于小创伤、擦伤 | 消毒防腐剂 | 皮肤科 |
| 119 | 苯扎溴铵溶液 | 乙 | 第一批 | 用于皮肤黏膜和伤口的消毒 | 消毒防腐剂 | 皮肤科 |
| 120 | 薄荷麝香草酚搽剂 | 乙 | 五批(二) | 用于痱子、虫咬、蚊叮、皮肤瘙痒 | 消毒防腐剂 | 皮肤科 |
| 121 | 醋酸氯己定软膏 | 乙 | 第二批 | 用于疖肿、小面积烧伤、烫伤、外伤感染和脓疱疮 | 消毒防腐剂 | 皮肤科 |
| 122 | 醋酸氯己定涂膜 | 乙 | 第二批 | 用于轻度烧伤和烫伤 | 消毒防腐剂 | 皮肤科 |
| 123 | 达克罗宁氯己定硫软膏 | 乙 | 四批(一) | 用于疥疮 | 消毒防腐剂 | 皮肤科 |
| 124 | 碘酊 | 乙 | 第一批 | 用于皮肤感染和消毒 | 消毒防腐剂 | 皮肤科 |
| 125 | 碘络醚溶液 | 甲 | 第二批 | 用于轻度烧伤、烫伤等创面感染的防治 | 消毒防腐剂 | 皮肤科 |
| 126 | 丁苯羟酸乳膏 | 甲 | 第二批 | 用于湿疹和神经性皮炎 | 消毒防腐剂 | 皮肤科 |
| 127 | 丁香罗勒油乳膏 | 乙 | 第二批 | 用于治疗疥疮 | 消毒防腐剂 | 皮肤科 |
| 128 | 冻疮膏 | 乙 | 第二批 | 用于冻疮 | 消毒防腐剂 | 皮肤科 |
| 129 | 二硫化硒洗剂 | 甲 | 第一批 | 用于去头屑、防治皮脂溢出、头皮脂溢性皮炎、花斑癣(汗斑) | 消毒防腐剂 | 皮肤科 |
| 130 | 复方苯海拉明搽剂 | 甲 | 四批(一) | 用于过敏性皮炎、皮肤瘙痒 | 消毒防腐剂 | 皮肤科 |
| 131 | 复方苯甲酸酊 | 甲 | 第一批 | 用于手癣、足癣、体癣、股癣 | 消毒防腐剂 | 皮肤科 |

| 序号 | 药品名称 | 类别 | 批 次 | 适 应 证 | 抗微生物类别 | OTC 类别 |
|---|---|---|---|---|---|---|
| 132 | 复方苯佐卡因软膏 | 甲 | 五批(三) | 用于皮肤轻度烫伤、烧伤 | 消毒防腐剂 | 皮肤科 |
| 133 | 复方薄荷柳酯搽剂 | 乙 | 第六批 | 用于痱子、皮肤瘙痒及蚊叮虫咬 | 消毒防腐剂 | 皮肤科 |
| 134 | 复方醋酸氯己定喷剂 | 乙 | 四批(二) | 用于各种原因引起的皮肤瘙痒、老年性皮肤瘙痒、蚊虫叮咬、皮肤红肿、痱子及其继发感染 | 消毒防腐剂 | 皮肤科 |
| 135 | 复方间苯二酚乳膏 | 甲 | 第六批 | 用于头部脂溢性皮炎及由此引起的瘙痒和脱屑,对脂溢性脱发和斑秃也有一定疗效 | 消毒防腐剂 | 皮肤科 |
| 136 | 复方间苯二酚水杨酸酊 | 甲 | 第六批 | 用于角化型手足癣 | 消毒防腐剂 | 皮肤科 |
| 137 | 复方聚维酮碘搽剂 | 乙 | 四批(二) | ①用于足癣、体癣、头癣、花斑癣、手癣、甲癣;并发细菌感染也可使用。②用于疖、蚊虫叮咬、手足多汗症 | 消毒防腐剂 | 皮肤科 |
| 138 | 复方苦参水杨酸散 | 甲 | 四批(一) | 用于手癣、足癣 | 消毒防腐剂 | 皮肤科 |
| 139 | 复方柳唑气雾剂 | 甲 | 四批(二) | 用于体癣、手足癣 | 消毒防腐剂 | 皮肤科 |
| 140 | 复方氯己定撒粉 | 乙 | 四批(二) | 用于各类型痱子、痱毒,汗管周围炎间擦型足癣、间擦疹,也可用于蚊虫叮咬所致的皮肤瘙痒 | 消毒防腐剂 | 皮肤科 |
| 141 | 复方麝香草酚撒粉 | 甲 | 四批(二) | 用于痱子、汗疱疹及皮肤瘙痒症 | 消毒防腐剂 | 皮肤科 |
| 142 | 复方十一烯酸锌软膏 | 乙 | 第一批 | 用于手癣、足癣、体癣及股癣 | 消毒防腐剂 | 皮肤科 |
| 143 | 复方水杨酸苯胺甲酯乳膏 | 甲 | 五批(三) | 用于头癣、手癣、足癣及体癣等 | 消毒防腐剂 | 皮肤科 |
| 144 | 复方水杨酸苯甲酸搽剂 | 乙 | 五批(二) | 用于手癣、足癣、体癣、股癣 | 消毒防腐剂 | 皮肤科 |
| 145 | 复方水杨酸苯甲酸搽剂(Ⅰ) | 甲 | 四批(二) | 用于手癣、足癣、体癣、股癣 | 消毒防腐剂 | 皮肤科 |
| 146 | 复方水杨酸冰片软膏 | 乙 | 四批(一) | 用于手癣、足癣、体癣 | 消毒防腐剂 | 皮肤科 |
| 147 | 复方水杨酸搽剂 | 甲 | 五批(三) | 用于手癣、足癣、体癣、股癣 | 消毒防腐剂 | 皮肤科 |
| 148 | 复方水杨酸溶液 | 甲 | 四批(一) | 用于手癣、足癣、体癣、股癣 | 消毒防腐剂 | 皮肤科 |
| 149 | 复方水杨酸樟碘溶液(Ⅱ) | 甲 | 四批(一) | 用于手癣、足癣、体癣、股癣 | 消毒防腐剂 | 皮肤科 |
| 150 | 复方水杨酸樟碘溶液(Ⅱ) | 甲 | 五批(二) | 用于手癣、足癣、体癣、股癣 | 消毒防腐剂 | 皮肤科 |
| 151 | 复方五倍子水杨酸搽剂 | 甲 | 五批(二) | 用于手癣、足癣、体癣等 | 消毒防腐剂 | 皮肤科 |
| 152 | 复方氧化锌软膏 | 乙 | 五批(二) | 用于轻度烧伤、脓疱疮、疖肿等 | 消毒防腐剂 | 皮肤科 |
| 153 | 复方氧化锌水杨酸散 | 甲 | 四批(一) | 用于手癣、足癣 | 消毒防腐剂 | 皮肤科 |
| 154 | 复方樟脑乳膏 | 乙 | 四批(一) | 用于虫咬皮炎、湿疹、瘙痒症、神经性皮炎、过敏性皮炎、丘疹性荨麻疹等,也可用于肩胛酸痛、肌肉痛及烫伤后的皮肤疼痛 | 消毒防腐剂 | 皮肤科 |
| 155 | 复方紫荆皮水杨酸溶液 | 甲 | 四批(二) | 用于足癣,亦用于手足多汗症 | 消毒防腐剂 | 皮肤科 |
| 156 | 高锰酸钾外用片 | 甲 | 第一批 | 用于急性皮炎或急性湿疹的湿敷,清洗溃疡或脓疮,以及痔疮坐浴 | 消毒防腐剂 | 皮肤科 |
| 157 | 过氧苯甲酰凝胶 | 甲 | 第二批 | 用于寻常性痤疮 | 消毒防腐剂 | 皮肤科 |
| 158 | 过氧苯甲酰乳膏 | 甲 | 第二批 | 用于寻常性痤疮 | 消毒防腐剂 | 皮肤科 |
| 159 | 聚维酮碘溶液 | 乙 | 第一批 | 用于皮肤、黏膜的消毒 | 消毒防腐剂 | 皮肤科 |
| 160 | 聚维酮碘软膏 | 乙 | 第二批 | 用于皮肤黏膜感染 | 消毒防腐剂 | 皮肤科 |

续表

| 序号 | 药品名称 | 类别 | 批次 | 适应证 | 抗微生物类别 | OTC 类别 |
|---|---|---|---|---|---|---|
| 161 | 利多卡因氯己定气雾剂（含成膜型） | 乙 | 四批（二） | 用于轻度割伤、擦伤、软组织损伤、灼伤、晒伤以及蚊虫叮咬、瘙痒、痱子等 | 消毒防腐剂 | 皮肤科 |
| 162 | 硫磺硼砂乳膏 | 乙 | 四批（二） | 用于脂溢性皮炎、疥疮、痤疮以及湿疹 | 消毒防腐剂 | 皮肤科 |
| 163 | 硫软膏 | 乙 | 第一批 | 用于疥疮、头癣、痤疮、脂溢性皮炎、酒渣鼻、单纯糠疹和慢性湿疹 | 消毒防腐剂 | 皮肤科 |
| 164 | 硼砂甘油钾溶液 | 乙 | 五批（三） | 用于手足皲裂，也可用于角化型手足癣引起的皲裂 | 消毒防腐剂 | 皮肤科 |
| 165 | 硼酸软膏 | 乙 | 第二批 | 用于湿疹、褥疮 | 消毒防腐剂 | 皮肤科 |
| 166 | 硼酸洗液 | 乙 | 第二批 | 用于冲洗创面与黏膜面，如伴有渗液的急性湿疹、皮炎 | 消毒防腐剂 | 皮肤科 |
| 167 | 硼酸氧化锌软膏 | 甲 | 五批（三） | 用于慢性皮炎，也可用于浅表创伤、烧伤及褥疮的辅助治疗 | 消毒防腐剂 | 皮肤科 |
| 168 | 葡萄糖酸氯己定软膏 | 乙 | 五批（三） | 用于疖肿、小面积烧伤、烫伤、外伤感染及脓疱疮 | 消毒防腐剂 | 皮肤科 |
| 169 | 鞣柳硼三酸散 | 乙 | 五批（三） | 用于手癣、足癣 | 消毒防腐剂 | 皮肤科 |
| 170 | 乳酸依沙吖啶溶液 | 甲 | 四批（一） | 用于手癣、足癣 | 消毒防腐剂 | 皮肤科 |
| 171 | 乳酸依沙吖啶软膏 | 甲 | 第一批 | 用于各种小片创伤、溃烂及感染性皮肤病 | 消毒防腐剂 | 皮肤科 |
| 172 | 水杨酸苯酚贴膏 | 甲 | 五批（三） | 用于鸡眼 | 消毒防腐剂 | 皮肤科 |
| 173 | 水杨酸苯甲酸松油搽剂 | 甲 | 五批（二） | 用于足癣 | 消毒防腐剂 | 皮肤科 |
| 174 | 水杨酸苯佐卡因软膏 | 甲 | 四批（一） | 用于手足皲裂、手癣、足癣 | 消毒防腐剂 | 皮肤科 |
| 175 | 水杨酸复合洗剂 | 甲 | 第二批 | 用于真菌感染引起的手癣、足癣 | 消毒防腐剂 | 皮肤科 |
| 176 | 水杨酸软膏 | 乙 | 第二批 | 用于手足癣及干皮病 | 消毒防腐剂 | 皮肤科 |
| 177 | 水杨酸氧化锌软膏 | 乙 | 四批（一） | 适用于手癣、足癣、体癣 | 消毒防腐剂 | 皮肤科 |
| 178 | 小儿复方麝香草酚撒粉 | 乙 | 四批（二） | 用于小儿痱子 | 消毒防腐剂 | 皮肤科 |
| 179 | 氧化锌硫软膏 | 甲 | 四批（二） | 用于疥疮和湿疹 | 消毒防腐剂 | 皮肤科 |
| 180 | 氧化锌升华硫软膏 | 甲 | 四批（二） | 用于痤疮、酒渣鼻、脂溢性皮炎 | 消毒防腐剂 | 皮肤科 |
| 181 | 乙醇 | 乙 | 第二批 | 外用消毒 | 消毒防腐剂 | 皮肤科 |
| 182 | 聚维酮碘凝胶 | 甲 | 第二批 | 用于念珠菌性外阴阴道炎、细菌性阴道病、混合感染性阴道炎及老年性阴道炎。也可用于痔疮 | 消毒防腐剂 | 妇科 |
| 183 | 聚维酮碘泡腾片 | 甲 | 三批（二） | 用于念珠菌性阴道炎、滴虫性阴道炎 | 消毒防腐剂 | 妇科 |
| 184 | 聚维酮碘栓 | 甲 | 第二批 | 用于念珠菌性外阴阴道炎、细菌性阴道病、混合感染性阴道炎及老年性阴道炎。也可用于痔疮 | 消毒防腐剂 | 妇科 |
| 185 | 复方氯己定含漱液 | 乙 | 第二批 | 用于牙龈炎、冠周炎、口腔黏膜炎等引致的牙周脓肿、口腔黏膜溃疡等病症的辅助治疗 | 消毒防腐剂、硝基咪唑类 | 口腔科 |
| 186 | 氯己定甲硝唑乳膏 | 乙 | 第六批 | 用于牙龈炎、牙周炎 | 消毒防腐剂、硝基咪唑类 | 口腔科 |

# 参 考 文 献

1 中华人民共和国劳动和社会保障部. 医药商品购销员国家职业标准. 2002

2 王东风. 医药商品购销员国家职业资格培训教程. 北京：中国中医药出版社，2003

3 国家食品药品监督管理局执业药师资格认证中心. 药学综合知识与技能·全国从业药师资格考试应试指南. 北京：中国中医药出版社，2002

4 国家食品药品监督管理局执业药师资格认证中心. 药学从业人员培训大纲及教程县以下农村药品经营企业. 北京：中国中医药出版社，2004

5 上海质量管理协会医药委员会. 药品 GSP 认证实用手册. 北京：中国医药科技出版社，2003

6 杨群华. 实用药物商品知识. 北京：化学工业出版社，2005

7 中华人民共和国药典委员会. 中华人民共和国药典. 2005 年版. 北京：化学工业出版社，2005

8 杨宝峰. 药理学. 第 6 版. 北京：人民卫生出版社，2003

9 王功立，孙忠实. 中国非处方药店员手册. 第 2 版. 北京：化学工业出版社，2003

10 彭六保. 实用药物商品名别名大全. 湖南：湖南科学技术出版社，2004

11 彭建福. 药事法规与经济法规. 北京：中国中医药出版社，2003

12 胡佩珍. 中西医结合内科治疗学. 北京：化学工业出版社，1996

13 米一鄂. 常见疾病中成药应用指南. 中医古籍出版社，2002

14 张大禄，胡旭，包绍卿. 药品经营策略与技巧. 北京：中国医药科技出版社，2003

# 内 容 提 要

本书由全国医药职业技术教育研究会组织编写，是全国医药中等职业技术学校教材之一。针对医药商品营销专业的特点和医药市场的最新发展趋势，全书采用模块教学，共分十一章，六个模块。

深入浅出地从基础知识、药学知识、药品购销、药品陈列与保管、经济核算、综合实训等六个模块安排学习内容；每章都含有学习目标和实践练习部分。本书理论知识与实践练习相结合，突出实践技能的培养，实用、操作性强，充分体现职业教育培养应用型专门人才的特色。通过本书的学习和实训，能达到中华人民共和国劳动和社会保障部《医药商品购销员》中级职业标准。

本书可作为全国医药中等职业学校医药商品营销专业的专业课教材，与《医药市场营销学》、《药事法规》、《医药职业道德》等教材配套使用，也可作为医药经营行业的职业培训教材和医药公司、零售药店、医院药学技术人员的参考书。

# 全国医药中等职业技术学校教材可供书目

| | 书 名 | 书号 | 主编 | 主审 | 定价 |
|---|---|---|---|---|---|
| 1 | 中医学基础 | 7876 | 石 磊 | 刘笑非 | 16.00 |
| 2 | 中药与方剂 | 7893 | 张晓瑞 | 范 颖 | 23.00 |
| 3 | 药用植物基础 | 7910 | 秦泽平 | 初 敏 | 25.00 |
| 4 | 中药化学基础 | 7997 | 张 梅 | 杜芳麓 | 18.00 |
| 5 | 中药炮制技术 | 7861 | 李松涛 | 孙秀梅 | 26.00 |
| 6 | 中药鉴定技术 | 7986 | 吕 薇 | 潘力佳 | 28.00 |
| 7 | 中药调剂技术 | 7894 | 阎 萍 | 李广庆 | 16.00 |
| 8 | 中药制剂技术 | 8001 | 张 杰 | 陈 祥 | 21.00 |
| 9 | 中药制剂分析技术 | 8040 | 陶定阑 | 朱品业 | 23.00 |
| 10 | 无机化学基础 | 7332 | 陈 艳 | 黄 如 | 22.00 |
| 11 | 有机化学基础 | 7999 | 梁绮思 | 党丽娟 | 24.00 |
| 12 | 药物化学基础 | 8043 | 叶云华 | 张春桃 | 23.00 |
| 13 | 生物化学 | 7333 | 王建新 | 苏怀德 | 20.00 |
| 14 | 仪器分析 | 7334 | 齐宗韶 | 胡家炽 | 26.00 |
| 15 | 药用化学基础(一)(第二版) | 04538 | 常光萍 | 侯秀峰 | 22.00 |
| 16 | 药用化学基础(二) | 7993 | 陈 蓉 | 宋丹青 | 24.00 |
| 17 | 药物分析技术 | 7336 | 霍燕兰 | 何铭新 | 30.00 |
| 18 | 药品生物测定技术 | 7338 | 汪穗福 | 张新妹 | 29.00 |
| 19 | 化学制药工艺 | 7978 | 金学平 | 张 珩 | 18.00 |
| 20 | 现代生物制药技术 | 7337 | 劳文艳 | 李 津 | 28.00 |
| 21 | 药品储存与养护技术 | 7860 | 夏鸿林 | 徐荣周 | 22.00 |
| 22 | 职业生涯规划(第二版) | 04539 | 陆祖庆 | 陆国民 | 20.00 |
| 23 | 药事法规与管理(第二版) | 04879 | 左淑芬 | 苏怀德 | 28.00 |
| 24 | 医药会计实务(第二版) | 06017 | 董桂真 | 胡仁昱 | 15.00 |
| 25 | 药学信息检索技术 | 8066 | 周淑琴 | 苏怀德 | 20.00 |
| 26 | 药学基础(第二版) | 09259 | 潘 雪 | 苏怀德 | 30.00 |
| 27 | 药用医学基础(第二版) | 05530 | 赵统臣 | 苏怀德 | 39.00 |
| 28 | 公关礼仪 | 9019 | 陈世伟 | 李松涛 | 23.00 |
| 29 | 药用微生物基础 | 8917 | 林 勇 | 黄武军 | 22.00 |
| 30 | 医药市场营销 | 9134 | 杨文章 | 杨 悦 | 20.00 |
| 31 | 生物学基础 | 9016 | 赵 军 | 苏怀德 | 25.00 |
| 32 | 药物制剂技术 | 8908 | 刘娇娥 | 罗杰英 | 36.00 |
| 33 | 药品购销实务 | 8387 | 张 蕾 | 吴闼云 | 23.00 |
| 34 | 医药职业道德 | 00054 | 谢淑俊 | 苏怀德 | 15.00 |
| 35 | 药品 GMP 实务 | 03810 | 范松华 | 文 彬 | 24.00 |
| 36 | 固体制剂技术 | 03760 | 熊野娟 | 孙忠达 | 27.00 |
| 37 | 液体制剂技术 | 03746 | 孙彤伟 | 张玉莲 | 25.00 |
| 38 | 半固体及其他制剂技术 | 03781 | 温博栋 | 王建平 | 20.00 |
| 39 | 医药商品采购 | 05231 | 陆国民 | 徐 东 | 25.00 |
| 40 | 药店零售技术 | 05161 | 苏兰宜 | 陈云鹏 | 26.00 |
| 41 | 医药商品销售 | 05602 | 王冬丽 | 陈军力 | 29.00 |
| 42 | 药品检验技术 | 05879 | 顾 平 | 董 政 | 29.00 |
| 43 | 药品服务英语 | 06297 | 侯居左 | 苏怀德 | 20.00 |
| 44 | 全国医药中等职业技术教育专业技能标准 | 6282 | 全国医药职业技术教育研究会 | | 8.00 |

欲订购上述教材,请联系我社发行部:010-64519684,010-64518888

如果您需要了解详细的信息,欢迎登录我社网站:www.cip.com.cn